Wolf D. Behschnitt
Die Französische Revolution

Quellen und Darstellungen

 **Ernst Klett Stuttgart**

1. Auflage 1 5 4 3 2 1 | 1982 81 80 79 78

Alle Drucke dieser Auflage können im Unterricht nebeneinander benutzt werden. Die letzte Zahl bezeichnet das Jahr des Druckes.
© Ernst Klett Verlag, Stuttgart 1978. Nach dem Urheberrechtsgesetz vom 9. Sept. 1965 i. d. F. vom 10. Nov. 1972 ist die Vervielfältigung oder Übertragung urheberrechtlich geschützter Werke, also auch der Texte, Illustrationen und Graphiken dieses Buches, nicht gestattet. Dieses Verbot erstreckt sich auch auf die Vervielfältigung für Zwecke der Unterrichtsgestaltung — mit Ausnahme der in den §§ 53, 54 URG ausdrücklich genannten Sonderfälle —, wenn nicht die Einwilligung des Verlages vorher eingeholt wurde. Im Einzelfall muß über die Zahlung einer Gebühr für die Nutzung fremden geistigen Eigentums entschieden werden. Als Vervielfältigung gelten alle Verfahren einschließlich der Fotokopie, der Übertragung auf Matrizen, der Speicherung auf Bändern, Transparenten oder anderen Medien.

Satz und Druck: Wilhelm Röck, Weinsberg
ISBN 3-12-433800-6

Inhalt

1.	**Die sozio-ökonomischen Strukturen des Ancien régime im 18. Jahrhundert**	7
2.	**Faktoren der vorrevolutionären Krisen**	11
2.1	Die Bevölkerungsexplosion	11
2.2	Die wirtschaftliche Entwicklung	11
2.2.1	Zahlenmäßige Aufteilung des Grundeigentums am Ende des Ancien régime	11
2.2.2	Grundherrliche und fiskalische Abgaben und Profit des Pächters (Getreideverkäufer)	13
2.2.3	Leinenproduktion	14
2.2.4	Steinkohleproduktion	15
2.2.5	Hausse langer Dauer der Preise einiger wichtiger Agrarprodukte (1726–1789)	16
2.2.6	Der Einkommensanteil, der 1789 von Pariser Arbeitern auf Brot ausgegeben wurde	16
2.3	Die Kritik der politischen Institutionen und die öffentliche Meinung	17
2.3.1	Montesquieu: Vom Geist der Gesetze (1748)	17
2.3.2	Rousseau: Der Gesellschaftsvertrag (1762)	20
2.3.3	Das Echo der amerikanischen Revolution in den Klubs (1778)	23
2.3.4	Die Verbreitung der neuen Ideen und die Bildung der öffentlichen Meinung	23
2.4	Reformversuche und Adelsrevolte (1787–1788)	24
2.4.1	Calonne: Reformvorschläge der Regierung (22. 2. 1787)	24
2.4.2	Revolte des Adels und der Parlamente	25
2.4.3	Die Funktion der Parlamente	27
3.	**Die neuen Werte – Ziele der Revolutionäre**	29
3.1	Sieyès: Was ist der Dritte Stand? (Januar 1789)	29
3.2	Beschwerdeschrift der Pfarrgemeinde Letteguives vom 29. 3. 1789 (Bezirk Rouen)	30
3.3	Erklärung der Menschen- und Bürgerrechte (26. 8. 1789)	31
3.4	O. de Gouges: Erklärung der Frauen- und Bürgerinnenrechte (September 1791)	33
3.5	Dekret über die Gleichberechtigung der Juden (28. 9. 1791)	33
3.6	Die Marseillaise (April 1792)	34
3.7	Die Abschaffung der Negersklaverei in den Kolonien (4. 2. 1794)	35
3.8	Babeuf: „Das Manifest der Plebejer" (30. 11. 1795)	36
4.	**Revolutionäre politische Praxis (1789–1799)**	39
4.1	Die Träger der drei Revolutionen des Sommers 1789	39
4.1.1	Die staatsrechtliche Revolution der Abgeordneten des Dritten Standes	39
4.1.1.1	Wahl und Zusammensetzung der Generalstände	39

4.1.1.2	Die Schaffung der Nationalversammlung	39
4.1.1.3	Der offene Konflikt zwischen König und Drittem Stand: Die Thronsitzung am 23. 6. 1789	41
4.1.2	Die Revolution in den Städten	43
4.1.2.1	Journée: 14. Juli 1789 – Der Sturm der Bastille	43
4.1.2.2	Die Reaktion des Königs auf die Ereignisse des 14. Juli 1789	47
4.1.2.3	Die Munizipalrevolution in der Provinz	47
4.1.3	Die Revolution der Bauern	48
4.1.3.1	Die Große Furcht	48
4.1.3.2	Bauernrevolution und bürgerliche Revolution	50
4.2	Die Errichtung der konstitutionellen Monarchie (1789–10. 8. 1792)	50
4.2.1	Die Verfassung von 1791	50
4.2.1.1	Politische und soziale Zusammensetzung der Verfassunggebenden Nationalversammlung und der Gesetzgebenden Nationalversammlung	50
4.2.1.1.1	Die Parteigruppierungen der Verfassunggebenden Nationalversammlung (1789–30. 9. 1791)	50
4.2.1.1.2	Die Zusammensetzung der Gesetzgebenden Nationalversammlung (1. 10. 1791–20. 9. 1792)	51
4.2.1.1.2.1	Das Wahlsystem	51
4.2.1.1.2.2	Die Parteigruppierungen	52
4.2.1.2	Die Gewaltenteilung nach der Verfassung von 1791	52
4.2.2	Wirtschafts- und Sozialpolitik	53
4.2.2.1	Die Abschaffung der Feudalität (11. 8. 1789)	53
4.2.2.2	Die Nationalisierung der Kirchengüter (Dekret der Nationalversammlung, 2. 11. 1789)	56
4.2.2.3	Die Assignaten (19. 12. 1789)	56
4.2.2.4	Das Gesetz Le Chapelier (14. 6. 1791)	56
4.2.3	Der Kampf gegen den inneren und äußeren Feind	58
4.2.3.1	Der Kampf gegen die Kirche: Der Priestereid (27. 11. 1790)	58
4.2.3.2	Barnave: Die Revolution beenden (15. 7. 1791)	59
4.2.3.3	Der Krieg	60
4.2.3.3.1	Brissot: Für den Krieg (16. 12. 1791)	60
4.2.3.3.2	Robespierre: Gegen den Krieg (2. 1. 1792)	61
4.2.3.3.3	Das Manifest des Herzogs von Braunschweig (25. 7. 1792)	63
4.3	Die Radikalisierung der Revolution: Die jakobinische Republik (10. 8. 1792 – 9. Thermidor 1794)	65
4.3.1	Journée: 10. August 1792	65
4.3.1.1	Bericht eines Augenzeugen	65
4.3.1.2	Dekret der Gesetzgebenden Versammlung (10. August 1792)	67
4.3.1.3	Marat: „Der Volksfreund" an die französischen Patrioten (10. August 1792)	67
4.3.2	Über Grundsätze und Mittel der Politik	68
4.3.2.1	Danton	68
4.3.2.2	Robespierre (25. 12. 1793)	70
4.3.2.3	Ein Sansculotte	71

4.3.2.4	Die Anfänge der Frauenrechtsbewegung	72
4.3.3	Die Verfassung	74
4.3.3.1	Die Parteigruppierungen des Nationalkonvents	74
4.3.3.2	Der Prozeß Ludwigs XVI.	74
4.3.3.2.1	Saint-Just: Für den Tod des Königs (13. 11. 1792)	74
4.3.3.2.2	R. de Sèze: Verteidigung des Königs (26. 12. 1792)	75
4.3.3.3	Die Verfassung der Französischen Republik (24. 6. 1793)	76
4.3.4	Wirtschafts- und Sozialpolitik	77
4.3.4.1	Robespierre: Über das Eigentum (24. 4. 1793)	77
4.3.4.2	Die endgültige Beseitigung der Feudalität und der Verkauf der Nationalgüter	79
4.3.4.3	Sektion „Sans-Culottes": Adresse an den Nationalkonvent (2. 9. 1793)	79
4.3.4.4	Gesetz über das „große" Maximum (Festsetzung von Höchstpreisen für Grundlebensmittel und Bedarfswaren, 29. 9. 1793)	81
4.3.5	Kampf gegen den inneren und äußeren Feind	82
4.3.5.1	Gesetz über die Verdächtigen (17. 9. 1793)	82
4.3.5.2	Zahlenmäßiger Anteil an Hinrichtungen in den Departements (1793/94)	83
4.3.5.3	Die belagerte Republik (Juli – August 1793)	84
4.3.5.4	Das Volksaufgebot (Levée en masse, 23. 8. 1793)	84
4.4	Die Eindämmung der Revolution: Die bürgerliche Republik (9. Thermidor 1794–18. Brumaire 1799)	85
4.4.1	Die Direktorialverfassung von 1795 und ihre Organe	85
4.4.2	Wirtschafts- und Sozialpolitik zwischen Exekutivgewalt und Gesetzgebung	86
4.4.2.1	Grundzüge der Wirtschafts- und Sozialpolitik	86
4.4.2.2	Der Verfall der Assignaten und der Territorialmandate (bis April 1796)	88
4.4.3	Kampf gegen den inneren und äußeren Feind	89
4.4.3.1	Journée: Prairial 1795 – Erklärung der Aufständischen (1. Prairial/20. 5./1795)	89
4.4.3.2	Die Verschwörung der Gleichen (1796)	90
4.4.3.3	Die Etappen des Krieges und der französischen Expansion (1794–1799)	91
4.4.3.4	Die Armee – Retter der Republik Bonaparte: Proklamation an die Armee, Mailand, 26. Messidor des Jahres V [14. 7. 1797]	92
4.4.4	Der Staatsstreich vom 18. Brumaire 1799 und das Ende der Revolution	93
4.4.4.1	Die letzte Krise der Revolution	93
4.4.4.2	Proklamation der Konsuln über die Beendigung der Revolution (15. 12. 1799 / 24. Frimaire VIII)	94
5.	**Die neue Ordnung**	**95**
5.1	Sozio-ökonomischer Wandel	95

5.2	Die Gesellschaftsordnung im Spiegel des Rechts: Der Code civil (Code Napoléon) (1804)	96
5.3	Der Staatsapparat	97
5.4	Die Auswirkung der Revolution auf das europäische Staatensystem	98
6.	**Zur Theorie des sozialen Wandels**	**100**
6.1	Zum Begriff „Revolution"	100
6.2	K. Marx: Die Ursache sozialer Revolution	101
6.3	Ch. Johnson: Die Ursachen der Revolution	103
6.4	A. Glucksmann: Die drei ewigen Etappen der Revolution	104
6.5	Chr. v. Krockow: Reform und Revolution	105
7.	**Beurteilungen der französischen Revolution**	**108**
7.1	Beurteilungen der Gesamtrevolution	108
7.1.1	W. Markov/A. Soboul	108
7.1.2	H. Lüthy	109
7.1.3	A. Cobban	109
7.2	Die Diskussion über die Ursachen der Französischen Revolution	110
7.2.1	J. Michelet	110
7.2.2	J. Jaurès	111
7.2.3	C.-E. Labrousse	111
7.3	Zum Problem der Reformen	112
7.3.1	J. Egret: Das Reformproblem in der Phase der „Vorrevolution"	112
7.3.2	A. Soboul: Antwort an J. Egret	113
7.3.3	A. de Tocqueville	114
7.4	Die Kontroverse über die Jakobinerherrschaft	116
7.4.1	K. Marx	116
7.4.2	F. Furet	116
7.5	Die Beurteilung der bürgerlichen Republik (1794–1799)	117
7.5.1	A. Soboul	117
7.5.2	F. Furet/D. Richet	119
8.	**Zeittafel**	**120**
9.	**Literaturhinweise**	**125**

Hinweis

Angaben in eckigen Klammern [ ] und Anmerkungen mit Stern (*) wurden von W. D. Behschnitt gemacht; Übersetzungen stammen – sofern nicht anders vermerkt – ebenfalls von ihm.

1. Die sozio-ökonomischen Strukturen des Ancien régime im 18. Jahrhundert

a) Der Adel

Der Adel umfaßte vor der Revolution etwa 350 000 Personen, d. h. ungefähr 1¹/₃ Prozent der circa 26 Millionen Einwohner. Er war unter Ludwig XVI. trotz der absolutistischen Staatsform und der bürgerlichen Vormacht in Wirtschaft und Kultur der eigentliche Beherrscher des Staates, hatte also die politische Stellung zurückerobert, die Ludwig XIV. ihm – unter Belassung seiner wirtschaftlich-sozialen Privilegien – entzogen hatte. Neu war im 18. Jh. die völlige Verschmelzung des Schwert- und des Amtsadels – wenn man von gewissen dem ersteren eigenen Ehrenvorrechten wie der Hoffähigkeit absieht – und die immer stärkere Abschließung dieser gemeinsamen Gruppe nach unten. Die Parlamente, dreizehn Gerichtshöfe mit administrativen Kompetenzen und politischem Einfluß, wurden zu den wirksamsten Verteidigern der Adelsprivilegien. Im 16. und 17. Jh. war der Aufstieg vom Bürgertum in den Amtsadel bei Ausübung eines hohen Staats- oder Gemeindeamts, ferner bei Kauf eines Adelsbriefes sehr häufig gewesen. Diese Möglichkeiten wurden im 18. Jh. immer stärker eingeengt.
Die wirtschaftliche Grundlage des Schwert- und des Amtsadels bildete der Grundbesitz, der in den einzelnen Regionen von unterschiedlicher Größe war [siehe Mat. Nr. 2.2.1]. Die Einkünfte aus dem Grundbesitz kamen von den in Eigenbewirtschaftung stehenden Gütern und von den an Bauern verpachteten Gütern, im weiteren bestanden sie aus anderen grundherrlichen und gerichtsherrlichen Einnahmen. Außerdem zog der Adel Einnahmen aus den Gehältern für einträgliche Ämter, aus Pensionen und Gratifikationen für den Hofadel, aus Spekulationen. Überdies waren einige Arten wirtschaftlicher Betätigung dem Adel erlaubt und zogen nicht wie jede sonstige Form „bürgerlichen" Geldverdienens den sofortigen Verlust der Privilegien nach sich: Teilnahme am Übersee- und Kolonialhandel, Unternehmungen des Bergbaus, der metallurgischen und gelegentlich auch anderer Industrien. Die meisten Adligen verachteten jedoch auch solche wirtschaftliche Betätigung. – Es gab jedoch innerhalb des Adels gewaltige Vermögensunterschiede. Neben Spitzeneinkünften wie denen des Herzogs von Orléans, die 1789 fast 7 Mill. Livres jährlich betrugen, stand eine große Menge wenig begüterter, oft ausgesprochen armer Landadliger in den Provinzen, deren Einkünftige vielfach unter 600 Livres lagen. Diese Schicht kämpfte 1789 besonders verbissen um die Vorrechte des Adels.
Die Stellung des Adels innerhalb der Gesellschaft wurde durch Ehrenvorrechte (Waffentragen, Ehrenplätze in Kirche und Theater), durch seinen privilegierten Gerichtsstand und durch seine Befreiung von den meisten Steuern und öffentlichen Lasten gekennzeichnet. Befreit war er insbesondere von der Taille*, von einem Teil der Verbrauchssteuern, z. B. Wein, von der Straßenbaufron, von der Einquartierung von Militär. Von der Kopfsteuer und dem Zwanzigsten war er zwar nicht ausgenommen, wurde aber hier ausnehmend niedrig veranlagt.

b) Der Klerus

Der Klerus setzte sich vor 1789 aus etwa 130 000 Personen, das waren rund 0,5 Prozent der Bevölkerung, zusammen (60 000 Pfarrer und Vikare, 60 000 Mönche und Nonnen, 10 000 Prälaten, Domherren, Stiftskanoniker und andere höhere Geistliche). Seit dem Tod Ludwigs XIV. wurden die Ämter der Bischöfe und Äbte immer mehr zu einem Mittel der Versorgung jüngerer Söhne der führenden Adelsfamilien. Die 8 000 Dom- und Stiftskanoniker kamen in dieser Zeit ebenfalls aus dem Adel.
Der Grundbesitz geistiger Institutionen schwankte je nach der Landschaft [siehe Mat. Nr. 2.2.1]. Ihre Haupteinnahmen kamen aus städtischen Liegenschaften und dem Ertrag des Zehnten, den alle Grundbesitzer zu entrichten hatten. – Es bestand ein skandalöser Gegensatz zwischen den Einkünften und Rechten der Bischöfe und denen der Pfarrer und Vikare, welche die Last der Seelsorge zu tragen hatten und die Not des Volkes teilten; der hohe Klerus führte das Leben des hohen Adels. Die Einkünfte der Bischöfe schwankten je nach der Diözese zwischen 400 000 und 4 000 Livres jährlich (die meisten unter 100 000). Der Erzbischof von Straßburg hatte mindestens 1,2 Millionen Einkünfte. Die Masse der Pfarrer waren dagegen auf ein Mindesteinkommen, welches ihnen die Prälaten übriglassen mußten, angewiesen. Es wurde vom König 1768 von 300 auf 500, 1786 auf 750 Livres im Jahr erhöht. Die Vikare, die fast die Hälfte des Weltklerus ausmachten, erhielten nur 300 Livres.
Die theoretische Rechtfertigung für die – auf die Kopfsteuer und den Zwanzigsten bezogene – Steuer- und Abgabenfreiheit des Klerus, auf die sich dessen Versammlungen immer wieder beriefen, wenn sie alle fünf Jahre ihre freiwilligen Leistungen für den Staat bewilligten, war, daß dem Klerus neben einigen öffentlichen Aufgaben [Führung der Zivilstandsregister] die Unterhaltung des Kults und der Kirchengebäude, das Unterrichtswesen, die Armen- und Krankenpflege oblägen. Jedoch stellte man immer wieder fest, daß der hohe Klerus, der den weitaus größten Teil der Kircheneinkünfte absorbierte, im allgemeinen recht wenig dafür tat.

c) Der Dritte Stand

Der Dritte Stand, dem 98 Prozent der Bevölkerung angehörten, bestand aus sehr unterschiedlichen sozialen Gruppen, die nur durch die Ablehnung der rechtlichen und wirtschaftlichen Privilegien der beiden anderen Stände geeint wurden. Nur etwa 15 Prozent der Franzosen lebten vor der Revolution in den Städten. Von dieser städtischen Bevölkerung machte wiederum nur etwa die Hälfte, wahrscheinlich noch weniger, das eigentliche Bürgertum aus, jene Schicht, die zum wesentlichen Träger der Entwicklung in Wirtschaft, Kultur und – seit 1789 – Politik geworden ist.
Dieses eigentliche Bürgertum, die Bourgeoisie, setzte sich wiederum aus verschiedenen, deutlich unterscheidbaren Gruppen zusammen. Da waren die „Rentiers", die vom Ertrag ihres Kapitals und ihrer Güter lebten [zum Anteil am Grundbesitz siehe Mat. Nr. 2.2.1] und vor 1789 mindestens 10 Prozent des Bürgertums ausmachten. Sodann die bis doppelt so starke Gruppe der freien Berufe (Anwälte, Notare, Ärzte) und die höheren nichtadligen Beamten. Schließlich das Kleinbürgertum: Handwerker (Meister, Gesellen, Facharbeiter)und kleine Geschäftsleute (Ladeninhaber, Wirte usw.), eine Gruppe, die etwa

zwei Drittel des gesamten Bürgertums ausmachte und deren Übergänge zur Arbeiterschaft fließend waren. Ein kleine Minderheit innerhalb des Bürgertums bildete schließlich das geschäftliche Großbürgertum: Die Financiers, Bankiers, Großkaufleute, Reeder und Industriellen, die Leute also, welche die eigentlichen Motoren und Träger des wirtschaftlichen Fortschritts und der Entwicklung zum Kapitalismus waren. – Der andere, wahrscheinlich größere Teil der städtischen Bevölkerung bestand aus Arbeitern, die, selbst wenn sie nicht arbeitslos waren, unter sehr schwierigen Bedingungen lebten: 16–18-Stunden-Tag, ständig sinkendes Realeinkommen [siehe Mat. Nr. 2.2.6]. Versuche, durch Absprachen, Zusammenschlüsse und Streiks willkürlichen Herabsetzungen der Löhne entgegenzuwirken, wurden mit Hilfe des Staates streng geahndet.

Den zahlenmäßig größten Bestandteil des Dritten Standes machten die Bauern und Landarbeiter aus. 1789 lebten schätzungsweise 85 Prozent der französischen Bevölkerung, also über 22 Millionen, auf dem Land. Ihr Anteil am Grundbesitz war größer als der von Adel und Klerus zusammen, wenn man das Untereigentum der Bauern als volles Eigentum rechnet[1]. Die Situation der Bauern war sowohl innerhalb derselben Gemeinden als vor allem von Landschaft zu Landschaft überaus verschieden. Im Gegensatz zu Osteuropa spielte die Leibeigenschaft nur noch eine geringe Rolle. Die 1 bis 1$^{1}/_{2}$ Millionen Leibeigenen waren, wie auch die in West- und Süddeutschland, in der Regel keiner persönlichen, sondern nur noch einer dinglichen Leibeigenschaft (mainmorte) unterworfen, die ihre Erbfähigkeit und teilweise ihr Recht zum Wegzug gewissen Beschränkungen unterwarf, im übrigen jedoch nur in einer zusätzlichen Abgabe bestand. Der Philosoph Voltaire hatte ein großes Verdienst an dem Edikt vom 8. 7. 1779, mit dem der Finanzminister Necker wenigstens auf den königlichen Domänen die Leibeigenschaft abschaffte. Adel und Klerus folgten jedoch kaum diesem Beispiel, da sie nicht auf die Sonderabgaben ihrer Leibeigenen verzichten wollten.

Die Landbevölkerung teilt sich in drei Gruppen: 1. Die großen Bauern, die genügend eigenen oder gepachteten Grund hatten, um ihn rationell bewirtschaften und Überschüsse verkaufen zu können. Sie hatten von Preissteigerungen mehr Vor- als Nachteile 2. Die Kleinbauern, die entweder nichts oder nur in guten Jahren etwas verkaufen konnten, die vielfach nebenbei auf Heimarbeit angewiesen, daher anfällig gegen industrielle Krisen waren und in Jahren schlechter Ernten nach Entrichtung ihrer Naturalabgaben an Adel und Klerus, um selbst leben zu können, sogar noch Getreide kaufen mußten. Diese Bevölkerungsschicht litt in Krisenzeiten, besonders 1787/89, Not. 3. Die landlosen Tagelöhner schließlich, die höchstens ein kleines Haus besaßen und von der Verdingung ihrer Arbeitskraft lebten, bekamen die volle Wucht der Teuerung bei bereits gesunkener Kaufkraft der Löhne am härtesten zu spüren [siehe Mat. Nr. 2.2.6]. Der Anteil der Tagelöhner wird für 1791 auf etwa 40 % der Landbevölkerung, d. h. auf 8 bis 9 Mill. Menschen, geschätzt.

---

[1] Der Unterschied zwischen dem Anteil der einzelnen Stände am Grund und Boden in Frankreich und in dem doch ganz ähnlich strukturierten West- und Süddeutschland erklärt sich dadurch, daß man in Deutschland bei solchen Berechnungen stets das Obereigentum (dominium directum) zugrunde legte, während man in Frankreich von den Grundbuchkommissaren des 18. Jahrhunderts bis zur heutigen Forschung bei allen Berechnungen von dem alten Grundsatz ausgeht: „Wer das Untereigentum (domaine utile) hat, der heißt Eigentümer, wer das Obereigentum (domaine directe) hat, heißt einfach Grundherr (seigneur)", man also als Eigentum das Untereigentum rechnet.

* Die Taille war eine direkte Einkommensteuer, die auf nichtprivilegierten Personen oder – und zwar in Südfrankreich – auf Grund und Boden lastete; dabei war der adlige Grundbesitz in der Regel von der Taille ausgenommen. Die Taille war beim Dritten Stand besonders verhaßt, weil sie erstens praktisch nur von ihm erhoben wurde und zweitens in den einzelnen Regionen uneinheitlich hoch war. – Vgl. zu den regionalen Unterschieden des Steuerwesens z. B.: Großer historischer Weltatlas. III. Teil. Neuzeit. Hrsg. v. Bayerischen Schulbuch-Verlag. München 1957, S. 140.

Arbeitstext nach Eberhard Weis: Frankreich von 1661 bis 1789. In: Handbuch der europäischen Geschichte. Hrsg. v. *Theodor Schieder.* Bd. 4, S. 272–278.

2. Faktoren der vorrevolutionären Krisen

2.1 Die Bevölkerungsexplosion

Während vor 1730 die Bevölkerung Westeuropas durch rapide und tiefgehende Schwankungen – katastrophale Abnahmen, verursacht von Pestepidemien oder Kriegen, gefolgt von spektakulären Zunahmen, die auf extrem hohe Geburtenraten zurückzuführen sind – gekennzeichnet ist, hört sie nach 1730 nicht mehr auf zu wachsen. Auf dem Kontinent steigt sie von 118 Millionen Einwohner um 1700 auf 187 Millionen am Ende des Jahrhunderts, in Frankreich von 18 Millionen 1715 auf 26 1789, in England von 5 auf 9 Millionen im gleichen Zeitraum.

Man kennt die Ursachen dieser Vermehrung noch ungenau*. Aber man kann die beträchtlichen Folgen feststellen. In der „Alterspyramide" haben seitdem die jungen Menschen das Übergewicht. Besonders Frankreich wird 1789 von der Jugend beherrscht; nur 24 % seiner Bevölkerung sind älter als 40 Jahre, während 40 % zwischen 20 und 40 Jahre und 36 % weniger als 20 Jahre alt sind. Obwohl die relative Bevölkerungszunahme in ganz Europa fast dieselbe war, gibt es Länder, die schon 1789 „überbevölkert" sind – das ist in Frankreich der Fall. Gerade in Frankreich bilden die jungen Menschen die zahlreichste und explosivste Masse, weil sie „unterbeschäftigt" ist. Das erklärt zum Teil die Rolle, die Frankreich in Europa von 1789 bis 1815 spielen wird ... – Es ist sicher, daß der Bevölkerungsdruck in den armen Klassen und überbevölkerten Ländern viel spürbarer war; denn wenn die Armen überleben, leben sie schlecht.

Jacques Godechot: Les Révolutions (1770–1799). Paris: Presses Universitaires de France 1963, S. 85 f.

2.2 Die wirtschaftliche Entwicklung

2.2.1 Zahlenmäßige Aufteilung des Grundeigentums am Ende des Ancien régime

	Adel %	Klerus %	Bourgeoisie %	Bauern %
Nordregion				
Norden	21–22	19–20	16–17	30–31
Küstenebene von Flandern	9	11	50	20
Pays au Bois	13	6	28	50

* Zu den Ursachen der Bevölkerungszunahme scheinen in dieser Zeit weniger eine wirkungsvollere medizinische Versorgung und Hygiene zu gehören als vielmehr bessere Ernährung und damit erhöhte körperliche Widerstandsfähigkeit der Bevölkerung. Die Gründe dafür sind: Erschließung bisher ungenutzter Anbauflächen, Verbesserung der Anbaumethoden, Erhöhung des Fleischverbrauchs. Vgl. *Weis* (Mat. Nr. 1), S. 263.

	Adel %	Klerus %	Bourgeoisie %	Bauern %
Region Cambrai	15	40	8	28
Weidegebiet der Sambre	35–40	12–15	5–6	30
Pas-de-Calais: Plateau von Artois				
(27 Pfarreien)	31,77	19,77	9	37,65
Aisne: Region Laon (51 Pfarreien)	30,1	20,5	19,4	30
Dorf Mons (Region Laon)	14,33	24,12	45,80	15,71
Region Paris				
Seine-et-Oise				
Saint-Cyr (Domäne: 13,8 %)	44,4[3]	60,6		10,8
Vélizy (Domäne: 69,17 %)	24,93	0,5	0,5	4,87
Seine-et-Marne (Brie)	40	20	?	?
Loiret (15 Pfarreien)	15	12,22	14,72	45,67
Yonne: Distrikt Sens	31,70	4,5	16,47	44,66
Osten				
Meuse: Distrikt Bar-le-Duc	25	16	15	28
Westen				
Calvados: Distrikt Vire				
(16 Kommunen)	13,2	1,6	12	69,9
Orne: Dorf Monnain				49,25
Burgund				
Bezirke [bailliages] Semur-en-Auxois, Saulien (Côte-d'Or), Arnay-le-Duc (Beaune) (18 Dörfer)	35	11	20	33
Limousin				
Haute-Vienne: Südostregion	15	3,13	27	54,87
Corrèze: Steuergerichtsbezirk [élection]				
Tulle (81 Pfarreien)	14,7	3,7	25,8	55,46
Corrèze: Steuergerichtsbezirk [élection]				
Brive (37 Pfarreien)	16,8	0,8	26,7	54,8

[3] Adel und Bourgeoisie zusammen.

	Adel %	Klerus %	Bourgeoisie %	Bauern %
Toulousain				
Distrikt Toulouse (77 Kommunen)	44,5	6,5	25,2	22,5
Dorf Larrazet (Tarn-et-Garonne)	16,5	6,2	25,4	51,4
Dorf Rieumes (Distrikt Muret)	15,51	1,46	26,9	44,21
Pyrenäen-Region				
Distrikt Saint-Gaudens (85 Kommunen; Gemeindegüter: 14,87 %)	15,84	2,14	38,37	29,13

Georges Lefebvre: Études sur la Révolution française. 2. überarbeitete Aufl. Paris: Presses Universitaires de France 1963, S. 298–300.

2.2.2 Grundherrliche und fiskalische Abgaben und Profit des Pächters (Getreideverkäufer)

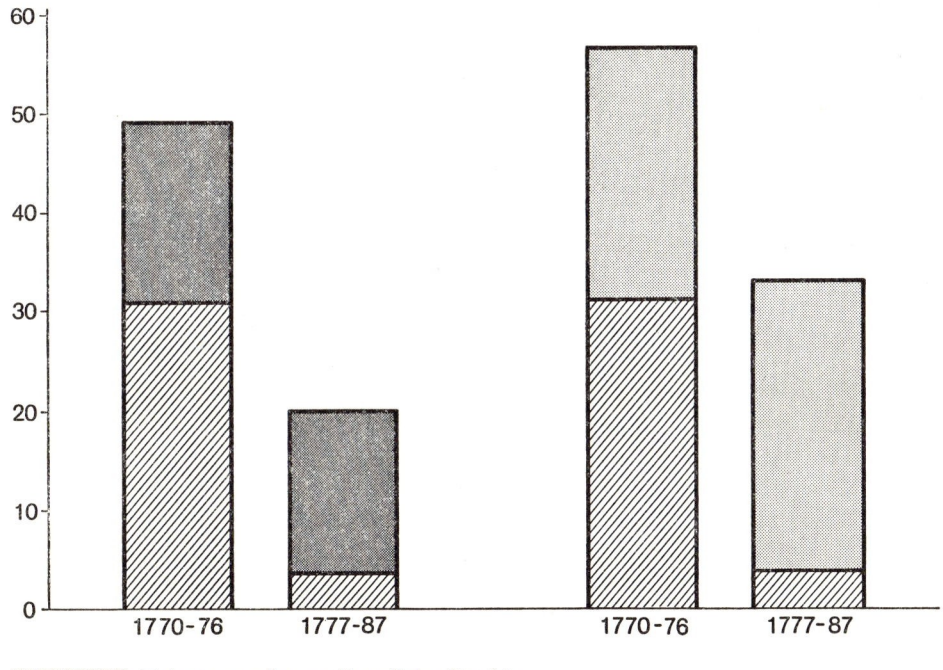

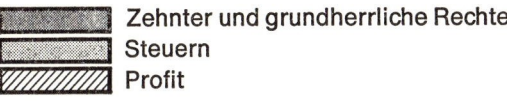
Zehnter und grundherrliche Rechte
Steuern
Profit

C.-E. Labrousse: La crise de l'économie française à la fin de l'Ancien Régime et au début de la Révolution. Paris: Presses Universitaires de France 1944, S. 627.

2.2.3 Leinenproduktion

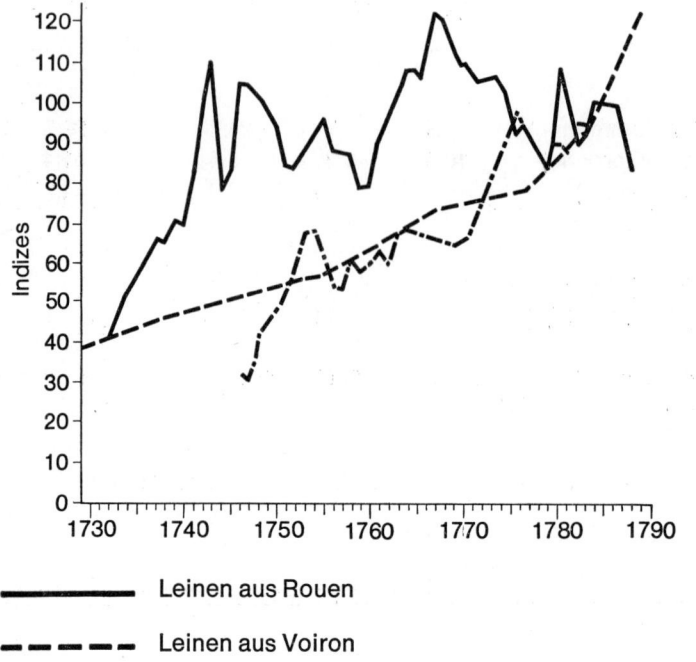

━━━━━ Leinen aus Rouen

━ ━ ━ ━ Leinen aus Voiron

▬·▬·▬·▬ Leinen aus Valenciennes und Cambrai

Indexbasis: 1786 = 100

Pierre Léon: L'élan industriel et commercial. In: Histoire économique et sociale de la France. Bd. 2. Hrsg. v. *Ernest Labrousse, Pierre Léon* u. a. Paris: Presses Universitaires de France 1970, S. 518.

2.2.4 Steinkohleproduktion

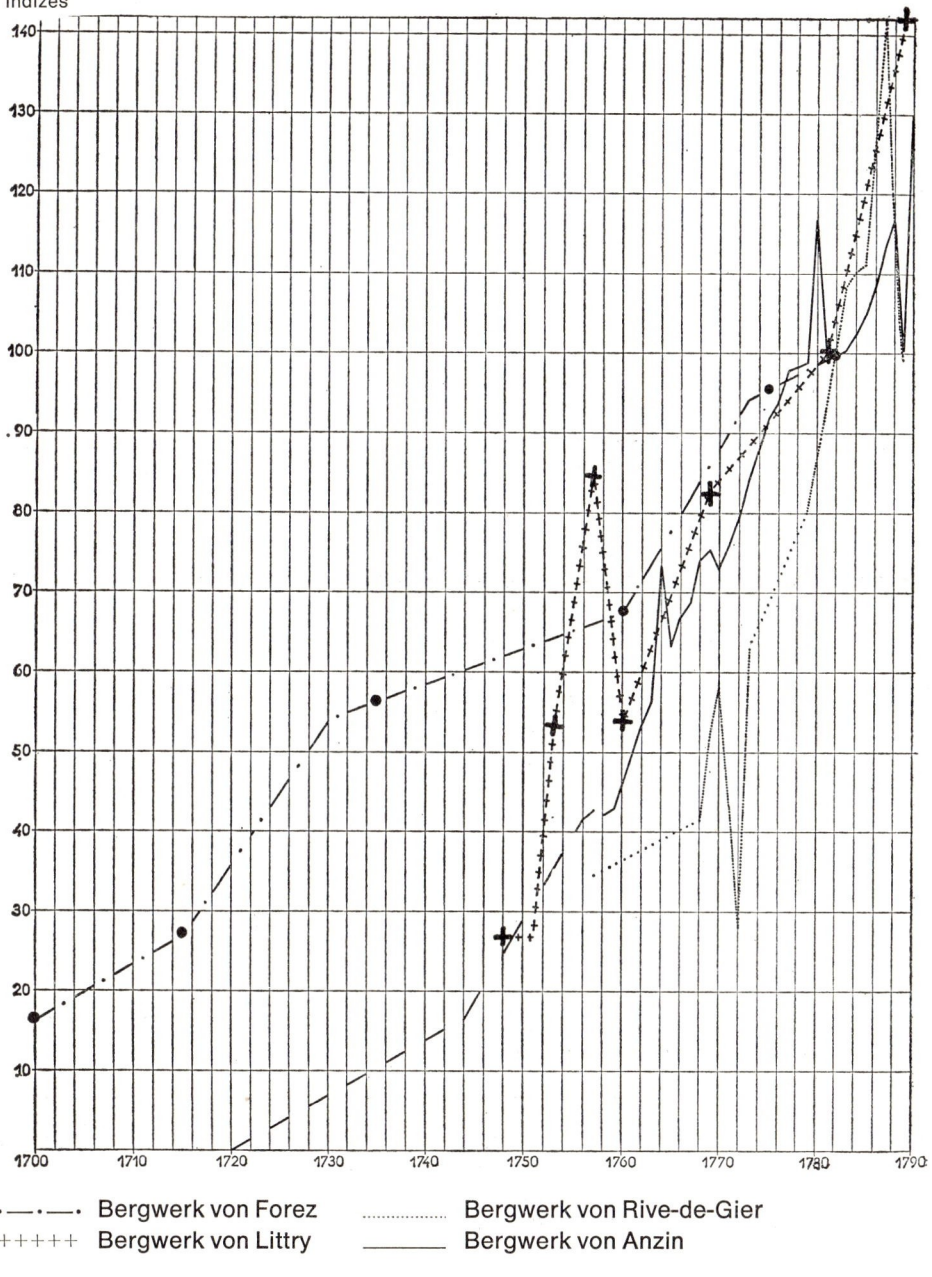

•—•—• Bergwerk von Forez   .... Bergwerk von Rive-de-Gier
+++++ Bergwerk von Littry   ———— Bergwerk von Anzin

Indexbasis: 1782 = 100 (für Littry: 1781 = 100)

Pierre Léon (Mat. Nr. 2.2.3), S. 520.

2.2.5 Hausse langer Dauer der Preise einiger wichtiger Agrarprodukte (1726–1789)

	1726–1741	1771–1789	1785–1789
Käse	100	156	166
Roggen	100	160	171
Gerste	100	152	165
Hafer	100	174	176
Getreidearten	100	160	169
Saubohnen	100	160	172
Wein	100	135	113
Fleisch [2]	100	155	167
Brennholz	100	163	191

[2] Mittelwert von Rind-, Hammel- und Schweinefleisch.

Ernest Labrousse: Les „bons prix" agricoles du XVIIIe siècle. In: Histoire économique et sociale de la France. Bd. 2. Hrsg. v. *Ernest Labrousse, Pierre Léon* u. a. Paris: Presses Universitaires de France 1970, S. 399.

2.2.6 Der Einkommensanteil, der 1789 von Pariser Arbeitern auf Brot ausgegeben wurde

Beruf	Lohn pro Tag	„Realverdienst" pro Tag [2]	Ausgaben für Brot in Prozent des Einkommens bei			
			9 S	14,5 S	13,5 S	12 S
Arbeiter in der Fabrik Réveillons	25 S	15 S	60	97	90	80
Bauarbeiter	30 S	18 S	50	80	75	67
Maurergeselle	40 S	24 S	37	60	56	50
Schlosser-, Schreinergeselle usw.	50 S	30 S	30	48	45	40
Bildhauer, Goldschmied	100 S	60 S	15	24	22,5	20

[2] Bei der Berechnung des „Realverdienstes" [S = Sous] sind die zahlreichen Feiertage des Ancien Régime berücksichtigt worden. Diese werden hier mit 111 im Jahr angenommen (*G. M. Jaffé, Le Mouvement ouvrier à Paris pendant la Révolution française*, S. 26–27). Weiterhin sollte auch die Zeit einbezogen werden, die durch Krankheit verlorenging.

George Rudé: Die Massen in der Französischen Revolution. München/Wien: R. Oldenbourg Verlag 1961, S. 339.

2.3 Die Kritik der politischen Institutionen und die öffentliche Meinung

2.3.1 Montesquieu: Vom Geist der Gesetze (1748)

Von der Verfassung Englands
In jedem Staat gibt es drei Arten von Gewalt: *die gesetzgebende Gewalt* [puissance législative], *die vollziehende Gewalt in Ansehung der Angelegenheiten, die vom Völkerrechte abhängen, und die vollziehende Gewalt hinsichtlich der Angelegenheiten, die vom bürgerlichen Recht abhängen.*
Vermöge der ersten gibt der Fürst oder Magistrat Gesetze auf Zeit oder für immer, verbessert er die bestehenden oder hebt sie auf. Vermöge der zweiten schließt er Frieden oder führt er Krieg, schickt oder empfängt Gesandtschaften, befestigt die Sicherheit, kommt Invasionen zuvor. Vermöge der dritten straft er Verbrechen oder spricht das Urteil in Streitigkeiten der Privatpersonen. Ich werde diese letzte die *richterliche Gewalt* [puissance de juger] und die andere schlechthin die *vollziehende Gewalt* [puissance exécutrice] des Staates nennen.
Die politische Freiheit des Bürgers ist jene Ruhe des Gemüts, die aus dem Vertrauen erwächst, das ein jeder zu seiner Sicherheit hat. Damit man diese Freiheit hat, muß die Regierung so eingerichtet sein, daß ein Bürger den anderen nicht zu fürchten braucht.
Wenn in derselben Person oder der gleichen obrigkeitlichen Körperschaft die gesetzgebende Gewalt mit der vollziehenden vereinigt ist, gibt es keine Freiheit; denn es steht zu befürchten, daß derselbe Monarch oder derselbe Senat tyrannische Gesetze macht, um sie tyrannisch zu vollziehen.
Es gibt ferner keine Freiheit, wenn die richterliche Gewalt nicht von der gesetzgebenden und vollziehenden getrennt ist. Ist sie mit der gesetzgebenden Gewalt verbunden, so wäre die Macht über Leben und Freiheit der Bürger willkürlich, weil der Richter Gesetzgeber wäre. Wäre sie mit der vollziehenden Gewalt verknüpft, so würde der Richter die Macht eines Unterdrückers haben. ...
Alles wäre verloren, wenn derselbe Mensch oder die gleiche Körperschaft der Großen, des Adels oder des Volkes diese drei Gewalten ausüben würde: die Macht, Gesetze zu geben, die öffentlichen Beschlüsse zu vollstrecken und die Verbrechen oder die Streitsachen der einzelnen zu richten.
Da in einem freien Staate jeder, dem man einen freien Willen zuerkennt, durch sich selbst regiert sein sollte, so müßte das Volk als Ganzes die gesetzgebende Gewalt haben. Das aber ist in den großen Staaten unmöglich, in den kleinen mit vielen Mißhelligkeiten verbunden. Deshalb ist es nötig, daß das Volk durch seine Repräsentanten das tun läßt, was es nicht selbst tun kann.
Man kennt viel besser die Bedürfnisse der eigenen Stadt als die der anderen Städte, und man urteilt besser über die Fähigkeit der Nachbarn als über die der sonstigen Staatsgenossen. Es ist darum nicht erforderlich, daß die Mitglieder der gesetzgebenden Körperschaft gemeinhin aus dem ganzen Volke entnommen werden; aber es ist angebracht, daß die Bewohner jedes Hauptorts sich einen Repräsentanten wählen.
Der große Vorteil der Repräsentanten besteht darin, daß sie fähig sind, die Angelegenheiten zu verhandeln. Das Volk ist dazu keinesfalls geschickt. Das macht einen der großen Nachteile der Demokratie aus.
Es ist nicht nötig, daß die Repräsentanten, die von ihren Wählern eine allgemeine Anweisung erhalten haben, noch eine besondere für jede Angelegenheit bekommen, wie

das im deutschen Reichstag üblich ist. Gewiß würde auf diese Weise das Wort der Abgeordneten in höherem Grade der Ausdruck der Stimme der Nation sein. Aber das würde in nicht endende Verzögerungen hineinführen, würde jeden Abgeordneten zum Herrn aller übrigen machen, und in den dringendsten Angelegenheiten könnte die ganze Kraft der Nation durch eine Laune gehemmt sein.

Wenn die Abgeordneten, wie Sidney treffend bemerkt, eine Vertretung des Volkes darstellen, wie in Holland, müssen sie ihren Auftraggebern Rechenschaft ablegen. Anders, wenn sie durch die Marktflecken entsandt werden, wie in England.

Alle Bürger in den verschiedenen Bezirken müssen das Recht haben, ihre Stimme bei der Wahl des Repräsentanten abzugeben, mit Ausnahme derer, die in einem solchen Zustand der Niedrigkeit leben, daß ihnen die allgemeine Anschauung keinen eigenen Willen zuerkennt.

Die Mehrzahl der alten Republiken hatte einen großen Fehler; das Volk hatte nämlich das Recht, aktive Entschließungen zu fassen, die eine Durchführung erfordern, etwas, wozu es ganz und gar unfähig ist. Es soll in die Regierungssphäre nur hineingelassen werden, um die Abgeordneten zu wählen, was seinen Fähigkeiten durchaus entspricht. Zwar gibt es wenige, die den ganzen Grad der Fähigkeiten der Menschen kennen; trotzdem ist jeder in der Lage, im allgemeinen zu wissen, ob derjenige, dem er seine Stimme gibt, aufgeklärter ist als die meisten übrigen.

Der repräsentative Körper soll nicht gewählt werden, damit er einen unmittelbar wirksamen Beschluß fasse, wozu er nicht geeignet ist, sondern um Gesetze zu machen und darauf zu achten, daß die von ihm gemachten Gesetze wohl ausgeführt werden. Dazu ist er sehr geeignet, das kann niemand besser als er.

Zu allen Zeiten gibt es im Staat Leute, die durch Geburt, Reichtum oder Ehrenstellungen ausgezeichnet sind. Würden sie mit der Masse des Volkes vermischt und hätten sie nur eine Stimme wie alle übrigen, so würde die gemeine Freiheit ihnen Sklaverei bedeuten. Sie hätten an ihrer Verteidigung kein Interesse, weil die meisten Entschließungen sich gegen sie richten würden. Ihr Anteil an der Gesetzgebung muß also den übrigen Vorteilen angepaßt sein, die sie im Staate genießen. Das wird der Fall sein, wenn sie eine eigene Körperschaft bilden, die berechtigt ist, die Unternehmungen des Volkes anzuhalten, wie das Volk das Recht hat, den ihrigen Einhalt zu gebieten.

So wird die gesetzgebende Gewalt sowohl der Körperschaft des Adels wie der gewählten Körperschaft, welche das Volk repräsentiert, anvertraut sein. Beide werden ihre Versammlungen und Beratungen getrennt führen, mit gesonderten Ansichten und Interessen.

Von den drei Gewalten, die wir erörtert haben, ist die richterliche in gewisser Weise gar nicht vorhanden [en quelque façon nulle]. Es bleiben also nur zwei übrig. Diese bedürfen einer ordnenden Macht, um sie zu mäßigen. Der aus dem Adel zusammengesetzte Teil des gesetzgebenden Körpers ist sehr geeignet, diese Wirkung hervorzubringen.
...

Die vollziehende Gewalt muß in den Händen eines Monarchen liegen. Denn dieser Teil der Regierung, der fast immer der augenblicklichen Handlung bedarf, ist besser durch einen als durch mehrere verwaltet, während das, was von der gesetzgebenden Gewalt abhängt, häufig besser durch mehrere als durch einen einzelnen angeordnet wird.

Gäbe es keinen Monarchen und wäre die vollziehende Gewalt einer bestimmten Zahl von Personen anvertraut, die der gesetzgebenden Körperschaft entnommen wären, so gäbe es keine Freiheit mehr. Denn die beiden Gewalten wären vereinigt, die gleichen Personen

hätten manchmal nach ihrem Willen sogar dauernd Anteil an der einen wie der anderen.
...

Hat die vollziehende Gewalt nicht das Recht, den Unternehmungen der gesetzgebenden Körperschaft Einhalt zu tun, so wird diese despotisch sein. Denn da sie sich alle erdenkliche Macht zusprechen kann, wird sie die übrigen Gewalten vernichten.

Andererseits bedarf es jedoch nicht der entsprechenden Möglichkeit für die gesetzgebende Gewalt, der vollziehenden Gewalt Einhalt zu gebieten. Da die Vollziehung ihre natürlichen Grenzen hat, ist es unzweckmäßig, sie zu beschränken, ganz abgesehen davon, daß die vollziehende Gewalt sich fast immer in augenblicklichen Angelegenheiten bestätigt. ...

Wenn aber in einem freien Staat die gesetzgebende Gewalt nicht das Recht haben soll, die vollziehende Gewalt anzuhalten, hat sie das Recht und muß sie die Möglichkeit haben, nachzuprüfen, wie die von ihr erlassenen Gesetze ausgeführt worden sind. ...

Aber welcher Art diese Nachprüfung auch sei, die gesetzgebende Körperschaft darf nicht das Recht haben, über die Person und demgemäß auch über das Verhalten dessen, der die vollziehende Funktion wahrnimmt, richterlich zu urteilen. Seine Person muß unantastbar sein, da es für den Staat notwendig ist, daß die gesetzgebende Körperschaft nicht tyrannisch wird. In dem Augenblick, wo der Träger der Vollziehung angeklagt oder verurteilt würde, gäbe es keine Freiheit mehr.

Dann wäre der Staat keine Monarchie mehr, sondern eine unfreie Republik. Aber der Träger der Vollziehung kann nichts schlecht vollziehen ohne schlechte Ratgeber, die die Gesetze als Minister hassen, obgleich sie ihnen als Menschen zugute kommen. Diese können zur Untersuchung gezogen und bestraft werden. ...

Die vollziehende Gewalt soll, wie wir dargelegt haben, mit dem Vetorecht an der Gesetzgebung teilhaben. Ohne diese Befugnis wäre sie bald ihrer Vorrechte beraubt. Nimmt aber die gesetzgebende Gewalt an der Vollziehung teil, so wird die vollziehende Gewalt ebenso verloren sein.

Nähme der Monarch an der Gesetzgebung mit dem Beschlußrecht teil, so gäbe es keine Freiheit mehr. Aber da er gleichwohl an der Gesetzgebung teilhaben muß, um sich verteidigen zu können, muß er mit dem Vetorecht beteiligt sein.

Dies ist die verfassungsmäßige Grundordnung der Regierung, von der wir handeln: die gesetzgebende Körperschaft aus zwei Teilen zusammengesetzt, deren jeder den anderen durch ein wechselseitiges Vetorecht bindet. Beide sind gebunden durch die vollziehende Gewalt, die es ihrerseits wieder durch die Gesetzgebung ist.

Aus diesen drei Gewalten müßte ein Zustand der Ruhe oder Untätigkeit hervorgehen. Aber da sie durch die notwendige Bewegung der Dinge gezwungen sind, fortzuschreiten, werden sie genötigt sein, dies gemeinsam zu tun.

Da die vollziehende Gewalt an der Gesetzgebung nur vermöge des Vetorechts teilhat, kann sie nicht in die Erörterung der Angelegenheiten eingreifen. Es ist nicht einmal notwendig, daß sie Anträge stellt. Denn weil sie die Entschließungen jederzeit zu mißbilligen vermag, kann sie Beschlüsse über Anträge, die nach ihrer Ansicht nicht hätten gestellt werden sollen, verwerfen.

Charles-Louis de Secondat et de Montesquieu: Vom Geist der Gesetze. In neuer Übertragung eingeleitet u. herausgegeben v. *Ernst Forsthoff.* 1. Bd. Tübingen: H. Laupp'sche Buchhandlung 1951, S. 214–226.

2.3.2 Rousseau: Der Gesellschaftsvertrag (1762)

Wie findet man eine Gesellschaftsform, die mit der ganzen gemeinsamen Kraft die Person und das Vermögen jedes Gesellschaftsgliedes verteidigt und schützt, und kraft deren jeder einzelne, obgleich er sich mit allen vereint, gleichwohl nur sich selbst gehorcht und so frei bleibt wie vorher? Dies ist die Hauptfrage, deren Lösung der Gesellschaftsvertrag gibt.

Die Klauseln dieses Vertrages sind durch die Natur der Verhandlung so bestimmt, daß die geringste Abänderung sie nichtig und wirkungslos machen müßte. Die Folge davon ist, daß sie, wenn sie auch vielleicht nie ausdrücklich ausgesprochen wären, doch überall gleich, überall stillschweigend angenommen und anerkannt sind, bis nach Verletzung des Gesellschaftsvertrages jeder in seine ursprünglichen Rechte zurücktritt und seine natürliche Freiheit zurückerhält, während er zugleich die auf Übereinkommen beruhende Freiheit, für die er auf jene verzichtete, verliert.

Alle diese Klauseln lassen sich, wenn man sie richtig auffaßt, auf eine einzige zurückführen, nämlich auf das gänzliche Aufgehen jedes Gesellschaftsgliedes mit allen seinen Rechten in der Gesamtheit, denn indem sich jeder ganz hingibt, so ist das Verhältnis zunächst für alle gleich, und weil das Verhältnis für alle gleich ist, so hat niemand ein Interesse daran, es den anderen drückend zu machen.

Da ferner dieses Aufgehen ohne allen Vorbehalt geschieht, so ist die Verbindung so vollkommen, wie sie nur sein kann, und kein Gesellschaftsgenosse hat irgend etwas Weiteres zu beanspruchen, denn wenn den einzelnen irgendwelche Rechte blieben, so würde in Ermangelung eines gemeinsamen Oberherrn, der zwischen ihnen und dem Gemeinwesen entscheiden könnte, jeder, der in irgendeinem Punkte sein eigener Richter ist, auch bald verlangen, es in allen zu sein; der Naturzustand würde fortdauern, und die gesellschaftliche Vereinigung tyrannisierend oder zwecklos sein.

Während sich endlich jeder allen übergibt, übergibt er sich damit niemandem, und da man über jeden Gesellschaftsgenossen das nämliche Recht erwirbt, das man ihm über sich gewährt, so gewinnt man für alles, was man verliert, Ersatz und mehr Kraft, das zu bewahren, was man hat.

Scheidet man also vom Gesellschaftsvertrag alles aus, was nicht zu seinem Wesen gehört, so wird man sich überzeugen, daß er sich in folgende Worte zusammenfassen läßt: „Jeder von uns stellt gemeinschaftlich seine Person und seine ganze Kraft unter die oberste Leitung des allgemeinen Willens, und wir nehmen jedes Mitglied als untrennbaren Teil des Ganzen auf."

An die Stelle der einzelnen Person jedes Vertragsschließenden setzt solcher Gesellschaftsvertrag sofort einen geistigen Gesamtkörper, dessen Mitglieder aus sämtlichen Stimmabgebenden bestehen, und der durch ebendiesen Akt seine Einheit, sein gemeinsames Ich, sein Leben und seinen Willen erhält. Diese öffentliche Person, die sich auf solche Weise aus der Vereinigung aller übrigen bildet, wurde ehemals Stadt[3] genannt und heißt jetzt Republik oder Staatskörper. Im passiven Zustand wird er von seinen Mitgliedern Staat, im aktiven Zustand Oberhaupt, im Vergleich mit anderen seiner Art Macht genannt. Die Gesellschaftsgenossen führen als Gesamtheit den Namen Volk und nennen sich einzeln als Teilhaber der höchsten Gewalt Staatsbürger und im Hinblick auf den Gehorsam, den sie den Staatsgesetzen schuldig sind, Untertanen. ...

In der Tat kann jeder einzelne als Mensch einen besonderen Willen haben, der dem allgemeinen Willen, den er als Staatsbürger hat, zuwiderläuft oder mit dem er doch nicht überall in Einklang steht. Sein besonderes Interesse kann ganz andere Anforderungen an ihn stellen als das gemeinsame Interesse; sein selbständiges und von Natur unabhängiges Dasein kann ihm das, was er dem Gemeinwesen schuldig ist, als eine freiwillige Beisteuer erscheinen lassen, deren Verlust den anderen einen geringeren Schaden bereiten würde, als ihm die Last der Abtragung verursacht. Das Individuum würde die moralische Person, die den Staat ausmacht, nur als eine Idee auffassen können, weil sie eben kein Mensch ist, und die Rechte des Staatsbürgers genießen, ohne die Pflichten des Untertans erfüllen zu wollen, eine Ungerechtigkeit, deren Umsichgreifen den Untergang des Staatskörpers herbeiführen würde.

Damit demnach der Gesellschaftsvertrag keine leere Form sei, enthält er stillschweigend folgende Verpflichtung, die allein den übrigen Kraft gewähren kann; sie besteht darin, daß jeder, der dem allgemeinen Willen den Gehorsam verweigert, von dem ganzen Körper dazu gezwungen werden soll; das hat keine andere Bedeutung als daß man ihn zwingen werde, frei zu sein. Denn die persönliche Freiheit ist die Bedingung, die jedem Bürger dadurch, daß sie ihn dem Vaterland einverleibt, Schutz gegen jede persönliche Abhängigkeit verleiht, eine Bedingung, die die Stärke und Beweglichkeit der Staatsmaschine ausmacht und den bürgerlichen Verpflichtungen, die ohne sie sinnlos, tyrannisch und den ausgedehntesten Mißbräuchen ausgesetzt wären, Rechtmäßigkeit gibt.

Ich schließe dieses Kapitel und dieses Buch mit einer Bemerkung, die jedem gesellschaftlichen Plan als Grundlage dienen muß: der Grundvertrag hebt nicht etwa die natürliche Gleichheit auf, sondern setzt im Gegenteil an die Stelle der physischen Ungleichheit, die die Natur unter den Menschen hätte hervorrufen können, eine sittliche und gesetzliche Gleichheit, so daß die Menschen, wenn sie auch an körperlicher und geistiger Kraft ungleich sein können, durch Übereinkunft und Recht alle gleich werden [4].

...

Man muß verstehen, daß weniger die Anzahl der Stimmen den Willen verallgemeinert als vielmehr das allgemeine Interesse, die sie vereinigt, denn bei dieser Einrichtung unterwirft sich ein jeder den Bedingungen, die er den anderen auferlegt. Es herrscht ein bewundernswerter Einklang des Interesses und der Gerechtigkeit, der den gemeinsamen Beschlüssen einen Charakter der Billigkeit verleiht, die bei der Erörterung jeder Privatangelegenheit sichtlich verlorengeht, weil kein gemeinschaftliches Interesse vorhanden ist, das die Anschauung des Richters mit der der Partei in Einklang und Übereinstimmung bringt.

Von welcher Seite aus man auch auf das Prinzip zurückgehen möge, stets gelangt man zu dem Schluß, daß der Gesellschaftsvertrag unter den Staatsbürgern eine derartige Gleichheit herstellt, daß sich alle auf dieselben Bedingungen hin verpflichten und alle derselben Rechte genießen müssen. Der Natur des Vertrages gemäß verpflichtet oder begünstigt jede Handlung der Staatshoheit, d. h. jede authentische Handlung des allgemeinen Willens, alle Staatsbürger in gleicher Weise, so daß das Staatsoberhaupt lediglich den Körper der Nation kennt und von allen, die ihn bilden, keinen unterscheidet. Was ist denn nun eigentlich eine Handlung der Staatshoheit? Nicht eine Übereinkunft des Höheren mit dem Niederen, sondern eine Übereinkunft des Körpers mit jedem seiner Glieder; sie ist rechtmäßig, weil sie den Gesellschaftsvertrag zur Grundlage hat; sie ist billig, weil alle gleichen Anteil daran haben; sie ist nützlich, weil sie nur auf das allgemeine Beste ausgehen kann und auch dauerhaft, da die Staatskraft und die oberste Gewalt für sie eintreten.

Solange die Untertanen nur den in solcher Übereinkunft angenommenen Gesetzen unterworfen sind, gehorchen sie niemand als ihrem eigenen Willen; und die Frage aufstellen, bis wohin sich die gegenseitigen Rechte des Staatsoberhauptes und der Staatsbürger erstrecken, heißt nichts anderes als fragen, bis wie weit sich letztere gegen sich selbst, jeder gegen alle und alle gegen jeden verpflichten können.
...
Die Staatshoheit kann aus demselben Grund, der ihre Veräußerung unstatthaft macht, auch nicht vertreten werden; sie besteht wesentlich im allgemeinen Willen, und der Wille läßt sich nicht vertreten; er bleibt derselbe oder er ist ein anderer; ein mittleres kann nicht stattfinden. Die Abgeordneten des Volkes sind also nicht seine Vertreter und können es gar nicht sein; sie sind nur seine Bevollmächtigten und dürfen nichts beschließen. Jedes Gesetz, das das Volk nicht persönlich bestätigt hat, ist null und nichtig; es ist kein Gesetz. Das englische Volk wähnt frei zu sein; es täuscht sich außerordentlich; nur während der Wahlen der Parlamentsmitglieder ist es frei; haben diese stattgefunden, dann lebt es wieder in Knechtschaft, ist es nichts. Die Anwendung, die es in den kurzen Augenblicken seiner Freiheit von ihr macht, verdient auch wahrlich, daß es sie wieder verliert.
... In den alten Republiken, ja sogar in den Monarchien hat das Volk nie Vertreter; man hatte in der Sprache nicht einmal ein Wort dafür. Es ist höchst auffallend, daß man sich in Rom, wo die Tribunen so heilige Personen waren, nie einfallen ließ, sie könnten sich die oberherrlichen Rechte des Volkes anmaßen und daß sie sich inmitten einer so großen Volksmasse nie versucht fühlten, aus eigener Machvollkommenheit eine Volksabstimmung zu umgehen. Von der Unordnung, die eine Volksmasse bisweilen herbeiführte, kann man sich jedoch nach dem ein Urteil bilden, was sich zur Zeit der Gracchen ereignete, wo viele Bürger ihre Stimmen von den Dächern herab abgaben.
Wo Recht und Freiheit alles sind, bedeuten solche Mißbräuche nichts. Bei jenem weisen Volk hatte alles das rechte Maß. ...

[3] Der wahre Sinn dieses Wortes hat sich in der Neuzeit fast ganz verwischt. Die Stadt im ursprünglichen Sinn ist in Wirklichkeit ein Stadtstaat und nicht eine umwallte Ansammlung von Häusern. Das ist eine nur allzu häufige Verwechslung. Die Häuser bilden die Stadt, aber die Bürger den Stadtstaat im griechischen Sinne. Dieser Irrtum kam seinerzeit den Karthagern teuer zu stehen. Soviel ich weiß, hat man die Untertanen eines Fürsten niemals cives genannt. Die Bezeichnung führten in alter Zeit weder die Mazedonier, noch jetzt die Engländer, die doch von allen Völkern der Freiheit am nächsten sind. Allein die Franzosen nennen sich vertraulich Staatsbürger, citoyens, weil sie keine richtige Vorstellung von der Bedeutung dieses Wortes haben, wie man ihren Wörterbüchern entnehmen kann; sonst würden sie mit dem Gebrauch dieser Bezeichnung ein Majestätsverbrechen begehen. Das Wort hat bei ihnen moralische, aber nicht staatsrechtliche Bedeutung. Auch Bodin hat mit der Verwechslung der Wörter Staatsbürger (citoyen) und Bürger (bourgeois) Fehler gemacht. Nur d'Alembert hat sich nicht irreführen lassen und unterscheidet in seinem Artikel *Genf* vortrefflich die vier Stände – fünf sogar, wenn man die Fremden hinzurechnet –, die unsere Stadt bewohnen, und von denen nur zwei die Republik ausmachen. Kein anderer französischer Schriftsteller hat meines Wissens den wahren Sinn des Wortes Staatsbürger verstanden.

[4] Unter schlechten Regierungen ist diese Gleichheit nur scheinbar und trügerisch; sie dient nur dazu, den Armen in seinem Elend und den Reichen in seinem widerrechtlich erlangten Besitz zu erhalten. In Wahrheit sind die Gesetze immer nur für diejenigen wohltätig, die etwas besitzen, und den Besitzlosen schädlich, woraus folgt, daß den Menschen der gesellschaftliche Zustand nur solange vorteilhaft ist, als jeder etwas und keiner zuviel hat.

Jean-Jacques Rousseau: Der Gesellschaftsvertrag oder die Grundsätze des Staatsrechtes. Stuttgart: Ph. Reclam jun. 1971, S. 18 f., 22, 27, 36 f., 107 f.

2.3.3 Das Echo der amerikanischen Revolution in den Klubs (1778)

Der Aufstand der Amerikaner hat in Marseille eine so lebhafte Erregung verursacht, daß man ein Fest eingeführt hat, um die Erinnerung daran für immer zu bewahren und zu feiern: Es gibt einen Klub nach englischem Vorbild; er setzt sich aus 13 Personen zusammen, Symbol der 13 vereinigten Kolonien ... Bei jedem dieser Festessen singt man Lieder, liest Verse oder literarische Stücke, die sich auf den Gegenstand der Einrichtung beziehen – dann ist auch die Öffentlichkeit zugelassen und nimmt an der Sitzung teil ... Beim Eintritt in den Saal wurde ich vom Anblick einer Menge Porträts überrascht, die alle illustre Aufständische darstellten: Aber das Porträt von Herrn Franklin hat vor allem meine Blicke wegen der Devise auf sich gezogen: Eripuit coelo fulmen sceptrumque tyrannis (er raubte dem Himmel den Blitz und den Tyrannen das Zepter) ... Zuerst wird der Gründungschoral gesungen, der anläßlich der Eröffnung der Gesellschaft komponiert wurde: ... 3. Strophe [im Original gereimt]: Ganz Europa empört sich / Beim Bericht von diesen Grausamkeiten. / Über euren blutigen Schädeln, / Soldaten, erhebt sich die Freiheit. ... 12. Strophe: Franzosen, verlaßt den Schoß eurer Städte. / Glorreiche Tage stehen bevor. / Sucht an anderen Stätten / Marathon und die Thermopylen.

Bericht eines englischen Agenten: L'espion anglais ou correspondance secrète entre Milord All'eye et Milord All'ear. London 1786. Zit. nach *Jean-Paul Bertaud:* Les origines de la Révolution française. Paris: Presses Universitaires de France 1971, S. 53 f.

2.3.4 Die Verbreitung der neuen Ideen und die Bildung der öffentlichen Meinung

Die philosophischen und politischen Ideen der Aufklärung wurden auf verschiedenen Wegen verbreitet und stellten eine öffentliche Meinung her, deren soziale Basis die gehobenen Schichten des Bürgertums, Teile des Adels und des Klerus sowie die Intelligenz bildeten. Dabei spielten neben den politischen Klubs (vgl. Mat.Nr. 2. 3.3), die nach vorübergehender Schließung durch die Regierung 1788 wieder zugelassen wurden, andere Vereinigungen wie Lesevereine, Salons, Freimaurerlogen und bestimmte Treffpunkte in den Städten – beispielsweise Cafés und der Palais Royal, Pariser Stadtschloß des Herzogs von Orléans („Philippe Égalité") – eine hervorragende Rolle. Besonders berühmt waren die Salons einiger adliger und bürgerlicher Damen in Paris. Hier begegneten sich Vertreter des kulturellen Lebens, Politiker, einflußreiche Adlige, Financiers, diskutierten über die neuen Ideen und knüpften Verbindungen. Die Freimaurerlogen dienten im Grunde den gleichen Funktionen, sie waren aber Geheimbünde mit bestimmten philanthropischen Zielen und fester Organisationsform. Die Zahl der Logen belief sich in Frankreich 1742 auf 200 und stieg 1771 auf 154 in Paris, 322 in der Provinz und 21 in der Armee. Die Bedeutung der Logen und Salons lag nicht nur darin, daß sie Stätten der Verbreitung neuer Gedanken waren, sondern daß sie zudem die Kommunikation ihrer Mitglieder bzw. Besucher ohne Rücksicht auf deren Standeszugehörigkeit ermöglichten.
Ein weiteres Medium der Formung des öffentlichen Bewußtseins war das Theater. Große Erfolge errangen die Komödien Beaumarchais' „Der Barbier von Sevilla" (zunächst verboten, 1775 schließlich aufgeführt) und „Die Hochzeit des Figaro" (1781 vorgelesen, aber erst nach Erteilung der Spielerlaubnis durch den König 1784 aufgeführt). Als satirischer Ausdruck von Sozialkritik triumphierte in der Gestalt des Figaro das Talent

(„homme à talent") über den durch Geburt Privilegierten („homme né").
Einen wesentlichen Beitrag zur Verbreitung der neuen Ideen leistete die Presse. Nachdem sich die Pressefreiheit mit stillschweigender Billigung seitens der Regierung in den siebziger Jahren praktisch durchgesetzt hatte, nahm die Zahl der Publikationen ständig zu. Allein Ende 1788 zählte man fast 3000 Broschüren, von denen die Abhandlung des Abbé Sieyès „Was ist der dritte Stand?" (siehe Mat. Nr. 3.1) besonders einflußreich war. Zahllose Maueranschläge förderten als Wandzeitungen den Meinungsbildungsprozeß der breiten Volksschichten. Diese Steigerung der Veröffentlichungen erklärt sich auch daraus, daß der König am 8. 8. 1788 die Einberufung der Generalstände zum 1. 5. 1789 zugesagt hatte und damit die Gelegenheit zur Beeinflussung der öffentlichen Meinung in diesem Zeitraum sehr erfolgversprechend war. Ein umfassendes Bild der öffentlichen Meinung vermittelten die ungefähr 50 000 Beschwerdeschriften (Cahiers de doléances), die traditionsgemäß von den einzelnen Ständen und Korporationen der Gemeinden und Bezirke vor der Einberufung der Generalstände verfaßt wurden. Trotz der unterschiedlichen sozialen Herkunft der Autoren war der Tenor der Forderungen im großen und ganzen einhellig (siehe Mat. Nr. 3.2). Der Grund dafür lag auch in der Unfähigkeit der breiten Bevölkerungsschichten, ihre Interessen und Wünsche schriftlich zu formulieren, so daß die Redaktion der Beschwerdeschriften in vielen Fällen nach einheitlichen Mustern, die von Komitees – wie die der Freunde des Herzogs von Orléans – erstellt wurden, oder durch bürgerliche Advokaten erfolgte.

Arbeitstext nach: *Eberhard Weis* (Mat. Nr. 1), S. 292 ff.; *Albert Soboul:* La civilisation et la Révolution française. Bd. 1: La crise de l'Ancien régime. Paris: Arthaud 1970, S. 203; *Walter Markov/Albert Soboul:* 1789. Die Große Revolution der Franzosen. Berlin (Ost): Akademie-Verlag 1973, S. 86.

Zur Diskussion über die Ursachen der Französischen Revolution siehe 7.2.

2.4 Reformversuche und Adelsrevolte (1787–1788)

2.4.1 Calonne: Reformvorschläge der Regierung (22. 2. 1787) *

Sie wissen, wie sehr diese Anleihen notwendig waren. Sie haben dazu gedient, eine gewaltige Marine zu schaffen; sie haben dazu gedient, ruhmreich einen Krieg zu tragen, der – nach seinem Prinzip und Ziel – mit Recht nationaler Krieg genannt worden ist; sie haben der Befreiung der Meere gedient, und sie haben schließlich dazu gedient, einen soliden und dauerhaften Frieden zu errichten. ... Aber es ist unmöglich, den Staat in der unaufhörlich drohenden Gefahr zu lassen, der er durch das gegenwärtige Defizit ausgesetzt ist. ... In der Abschaffung der Mißstände besteht das einzige Mittel, alle Bedürfnisse zu befriedigen. [Nach scharfer Verurteilung einiger konkreter „Mißstände" schlug Calonne vor:]
Seine Majestät hat entschieden, daß das einzige Mittel, diese Mißstände durch die Anwendung der Regeln einer gerechten und genauen Verteilung zu beseitigen, die Steuer auf ihr grundlegendes Prinzip zurückzuführen und zu ihrem wahren Wert zu bringen – wobei man niemand überbelastet und dem Volk sogar Erleichterungen zukommen läßt –, jedes Privileg in der Art und Weise seiner Wahrnehmung unanwendbar zu machen,

[daß dieses Mittel] darin besteht, die Zwanzigsten durch eine allgemeine Subvention zu ersetzen, die – indem sie sich auf das ganze Königreich bezieht – in einem proportionalen Anteil an allen Produkten besteht, sei es in Naturalien bei denjenigen, die sie geben können, sei es in Geld bei den anderen, und die weder eine Ausnahme, selbst nicht in bezug auf ihre Domäne, noch andere Unterscheidungen zuläßt wie die, die sich aus der unterschiedlichen Qualität des Bodens und den Schwankungen der Ernten ergeben.

Die Kirchengüter sind notwendigerweise in diese allgemeine Veranlagung eingeschlossen, die, um gerecht zu sein, die Gesamtheit der Ländereien umfassen muß ... Als Folge des gleichen Gerechtigkeitsprinzips, das keine Ausnahme hinsichtlich der Territorialbesteuerung zuläßt, hält es Seine Majestät für angemessen, daß die beiden ersten Stände ihres Staates – welche im Besitz ehrebringender Auszeichnungen sind, die Seine Majestät ihnen zu bewahren beabsichtigt und die die Stände nach dem Wunsch Seiner Majestät in Zukunft noch vollständiger genießen sollen – von jeglicher Art persönlicher Steuer ausgenommen sind und folglich nicht mehr die Kopfsteuer bezahlen. ...

Die völlige Freiheit des Getreidehandels wird zugunsten der Landwirtschaft und des Eigentums zugesichert, unter dem einzigen Vorbehalt, dem Verlangen der Provinzen nachzugeben, wenn einige von ihnen es für nötig halten, vorübergehend den Export ins Ausland zu verbieten ... [Es wird weiterhin vorgeschlagen:] Die Abschaffung der Frondienste in Natur und die Umwandlung dieser zu harten Forderung in eine Geldabgabe, die mit größerer Gerechtigkeit umgelegt und in einer Art und Weise angewendet wird, daß ihr Zweck unantastbar gesichert ist. Die Befreiung des Verkehrs im Innern, die Zurücknahme der Grenzstationen, die Aufstellung eines einheitlichen Tarifs, der mit den Interessen des Handels verbunden ist, die Abschaffung verschiedener Rechte, die der Industrie schädlich oder zu sehr geeignet sind, Schikanen hervorzurufen, und die Linderung der Last der Salzsteuer, von der ich niemals Seiner Majestät berichtete, ohne daß ihre Seele empfindlich von dem Bedauern gerührt wurde, ihre Untertanen davon nicht ganz befreien zu können.

* Als sich 1786 die Staatseinnahmen auf 475 Millionen Livres und die Ausgaben auf 575 Millionen beliefen, schlug der Finanzminister Calonne vor, eine Versammlung vom König ausgewählter Notabeln einzuberufen (wie zuletzt 1626), die seine Pläne für die Steuer- und Wirtschaftsreformen billigen sollten. Ähnliche Pläne wie die obigen – von Calonne auf der Notablenversammlung vorgetragen – waren schon von früheren Finanzministern Ludwigs XVI., z. B. Turgot (1774–1776), Necker (1777–1781), entworfen worden, aber nach halbherziger Unterstützung durch den König aufgrund der Widerstände der Privilegierten in den Parlamenten immer wieder gescheitert.

Archives parlementaires de 1787 à 1860. Première série. Bd. 1, 2. Aufl. Paris 1879 ff., S. 188 ff. Zit. nach *Bertaud* (Mat. Nr. 2.3.3), S. 56; French Revolution Documents. Bd. 1. Hrsg. v. *J. M. Roberts*. Oxford: Basil Blackwell 1966, S. 4 f.

2.4.2 Revolte des Adels und der Parlamente

[Aus der Rede des Siegelbewahrers Lamoignon* auf der Thronsitzung in Anwesenheit von Mitgliedern des Parlaments von Paris am 19. 11. 1787:]
„Die Würde des Thrones erlaubt Seiner Majestät nicht, länger zu dieser Angelegenheit** zu schweigen, und der Augenblick ist endlich gekommen, den Gesuchen der Gerichts-

höfe*** die Prinzipien der Monarchie gegenüberzustellen. ... Zunächst, meine Herren, war es leicht für Sie vorauszusehen, daß sich aufgrund des berechtigten Ansehens, dessen sich das erste Parlament des Königreichs erfreut, die neue und unüberlegte Doktrin, die Sie sich zueigen gemacht haben, verbreiten und eine gefährliche Übereinstimmung zwischen Ihren Prinzipien und den Forderungen der anderen Gerichtshöfe des Königreichs herstellen würde. ... Wenn Seine Majestät das Beispiel, das Sie Ihren Gerichtshöfen gegeben haben, tadelt, so hat sie doch niemals daran gezweifelt, daß Sie zu den wahren Prinzipien zurückkehren werden. ... Diese allgemein von der Nation anerkannten Prinzipien bezeugen, *daß allein dem König die souveräne Gewalt in seinem Königreich gehört;*
daß er Gott allein für die Ausübung der obersten Gewalt verantwortlich ist;
daß das Band, das König und Nation verbindet, von Natur aus unauflösbar ist;
daß wechselseitige Interessen und Pflichten zwischen dem König und seinen Untertanen die Fortdauer dieses Bundes gerade sichern;
daß die Nation ein Interesse daran hat, daß die Rechte seines Oberhaupts keiner Änderung unterliegen;
daß der König souveränes Oberhaupt der Nation und mit ihr eins ist;
schließlich, daß die gesetzgebende Gewalt von der Person des Souveräns ausgeht, ohne Abhängigkeit und *ohne Teilung.* ...
Als unsere Könige die Parlamente errichteten, meine Herren, wollten sie Ämter [officiers] einrichten, die mit der Verbreitung der Gerechtigkeit und der Aufrechterhaltung der Ordnung im Königreich betraut sind, nicht aber damit in ihren Ständen eine Gewalt schaffen, die mit der königlichen Autorität rivalisiert. ...
[Die Thronsitzung (Große Hofversammlung) wurde in einen Großen Gerichtstag (siehe Mat. Nr. 2.4.3) umgewandelt, und die Edikte wurden ohne Diskussion und Abstimmung registriert. Da protestierte der Herzog von Orléans:]
„Sire, ich bitte demütig Euere Majestät zu erlauben, daß ich ihr zu Füßen und im Schoß des Gerichtshofs die Erklärung abgebe, daß ich diese Registrierung für ungesetzlich halte und daß es für die Entlastung der Personen, die hier angeblich Beschlüsse gefaßt haben, notwendig ist hinzuzufügen, daß dies auf ausdrücklichen Befehl des Königs geschehen ist." Der König antwortete: „Die Registrierung ist gesetzlich, da ich die Meinung aller gehört habe."
... Seine Majestät verließ mit der gewöhnlichen Zeremonie den Saal, begleitet von den Prinzen und den Beamten. Nachdem der Herr Herzog von Orléans und der Herr Herzog von Bourbon in den Saal zurückgekehrt waren, beriet man über das, was sich auf der Sitzung ereignet hatte und beschloß Folgendes:
„Der Gerichtshof erklärt, daß er – in Anbetracht der Ungesetzlichkeit dessen, was sich auf der Thronsitzung ereignet hat, wo nicht auf die von den Anordnungen vorgeschriebene Art und Weise abgestimmt wurde, so daß der Beschluß unvollständig war – nicht an der befohlenen Eintragung des Edikts in die Register beteiligt war, [jenes Edikts,] das die Einrichtung von graduellen und sukzessiven Anleihen für die Jahre 1788, 1789, 1790, 1791, 1792 verfügt. ..."
So endete diese Sitzung. Am nächsten Tag erfuhr man, daß der Herr Herzog von Orléans in seine Ländereien von Raincy ins Exil geschickt worden war.

* Lamoignon trug hier u. a. einen vom Finanzminister Brienne, Nachfolger des am 9. 4. 1787 entlassenen Calonne, verfaßten Antrag eines Edikts für eine Anleihe vor. Diese Anleihe war notwendig geworden, nachdem Briennes Reformpolitik – die eine Fortsetzung der Pläne

Calonnes war – am Widerstand der Parlamente (zur Funktion der Parlamente siehe Mat. Nr. 2.4.3) gescheitert war. Brienne wurde am 24. 8. 1788 entlassen, da er das Haushaltsdefizit nicht decken konnte. Als Nachfolger wurde – zum zweiten Mal – Necker berufen.

** Lamoignon bezieht sich hier auf die Forderung nach Einberufung der Generalstände, die am 24. 7. 1787 vom Parlament von Paris – dem bedeutendsten der 13 Parlamente – erhoben worden war. Siehe auch Mat. Nr. 2.3.4; 2.4.3, Anm. *; 4.1.1.1.

*** Gemeint sind die Parlamente bzw. Parlamentsgerichtshöfe; siehe Mat. Nr. 2.4.3

Archives parlementaires (Mat. Nr. 2.4.1), Bd. 1, S. 265–269. Zit. nach: French Revolution Documents (Mat. Nr. 2.4.1), Bd. 1, S. 17–21.

2.4.3 Die Funktion der Parlamente

Auf welche geheimnisvolle Weise sind diese Gerichtshöfe, diese dreizehn *Parlements* des Ancien Régime plötzlich zu ihrer politischen Rolle gekommen? Über das Recht der Registrierung, eine öffentliche Amtshandlung, die für jede königliche Verordnung, jedes Edikt vorgeschrieben ist. Zwar können die Parlamente letzten Endes die Registrierung der Gesetze nicht verweigern, aber sie haben das Recht, dem König bei dieser Gelegenheit „Remonstrationen", Vorhaltungen, zu machen und können ihn sogar zwingen, die Registrierung in einer außerordentlichen Sitzung zu befehlen: durch ein *lit de justice*, einen Großen Gerichtstag. Dann erst müssen sich die Richter beugen. – So jedenfalls bestimmt es das absolute System. Aber die Rechtspraxis hat sich zwischen Ludwig XIV. und Ludwig XVI. erheblich geändert.

Einer der Gründe für diese Entwicklung ist die Tatsache, daß den Parlamentsräten ihr gekauftes Amt „gehört". Das verhilft ihnen zu einer gewissen Unabhängigkeit von der Macht und auch zu einem starken Korpsgeist oder, wenn man so will, zu einem Kastenbewußtsein. Denn die Parlamentsherrschaft ist nicht nur teuer, sie bringt auch den persönlichen Adel ein und ist gegen eine Gebühr vom Vater auf den Sohn übertragbar. ...

Diese adelige Oligarchie der hohen Richter des Königreichs kann getrost immer wieder Beweise ihrer konservativen Kastengesinnung geben; ... Wenn sie nacheinander gegen den von allen zu erhebenden „Hundertsten" und dann gegen den „Zwanzigsten", gegen die Abschaffung der Wegefron oder gegen die allgemeine Stempelsteuer kämpft, so erblicken die Städte darin nicht einen Widerstand gegen die steuerliche Gleichbehandlung, sondern eine Auflehnung gegen den Absolutismus und eine anerkennenswerte Bemühung um die Wahrung des alten Grundsatzes der gewährten statt der auferlegten Steuern. „Das Volk", so sagt Voltaire, der die Parlamentsräte nicht liebt, „sieht im Parlament nur den Feind der Steuern, und die Reichen ermutigen das Murren des Pöbels." – Um was es jeweils in der Sache geht, ist nicht so wichtig: das Parlament ersetzt zunächst einmal die gewählte Versammlung, die sich der Dritte Stand erträumt. Im übrigen hat die Krone im 18. Jahrhundert bei jedem Versuch, sich gegen das Parlament durchzusetzen, am Ende nachgeben müssen. ... Das ist eines der verwirrenden politischen Phänomene des 18. Jahrhunderts: der Angriff auf das absolute Regiment führt über eine der typischsten Institutionen dieses Ancien Régime.

Aber diese politische Mehrdeutigkeit, die sich das ganze Jahrhundert hindurch gehalten hat, zerbricht mit der Krise des Regimes, ... Die Gebote sind zu rasch gestiegen; die Parlamentsräte können bei dieser Versteigerung nicht mehr lange mitbieten. Dabei haben sie selber die große Parole ausgegeben: Einberufung der Generalstände! * Aber sie haben an Generalstände in der gewohnten Form gedacht mit der Vertretung nach Ständen, die den Privilegierten automatisch die Mehrheit sichert. Das Parlament von Paris bezieht sich im Oktober 1788 ganz ausdrücklich auf die Modalitäten von 1614.

* Die Generalstände waren zuletzt 1614 einberufen worden. Sie sollten als wahre Vertreter der Nation über die Steuerbewilligung entscheiden. Die Generalstände setzten sich aus der jeweils gleichen Anzahl von Abgeordneten der drei Stände zusammen, die Abstimmung erfolgte nach Ständen. Aber im Juli 1788 hatte sich in der Dauphiné ein Präzedenzfall für einen neuen Abstimmungsmodus ereignet: Dort hatten sich nach einem Aufruhr der Bevölkerung – Folge des Konflikts zwischen Regierung und dem Parlament in Grenoble – die Provinzialstände selbständig versammelt und dabei den Dritten Stand verdoppelt.

Francois Furt / Denis Richet: Die Französische Revolution. Frankfurt a. M.: G. B. Fischer 1968, S. 57–60.

Zum Problem der Reformen siehe 7.3.

3. Die neuen Werte — Ziele der Revolutionäre

3.1 Sieyès: Was ist der Dritte Stand? (Januar 1789)

Der Plan dieser Schrift ist ganz einfach. Wir haben uns drei Fragen vorzulegen.
1. Was ist der Dritte Stand? ALLES.
2. Was ist er bis jetzt in der politischen Ordnung gewesen? NICHTS.
3. Was verlangt er? ETWAS ZU SEIN. ...
Was ist eine Nation? Eine Körperschaft von Gesellschaftern (associés), die unter einem *gemeinschaftlichen* Gesetz leben und durch dieselbe *gesetzgebende Versammlung* repräsentiert werden usw.
Ist es nicht nur zu gewiß, daß der adlige Stand Vorrechte und Befreiungen genießt, die er sogar sein Recht zu nennen wagt und die von den Rechten der großen Körperschaft der Bürger gesondert sind? Dadurch stellt er sich außerhalb der gemeinschaftlichen Ordnung und des gemeinschaftlichen Gesetzes. Also schon seine bürgerlichen Rechte machen aus ihm ein eigenes Volk in der großen Nation. Das ist wahrhaftig *imperium in imperio*.
Was seine *politischen* Rechte betrifft, so übt er sie gleichfalls abgesondert aus. Er hat seine eigenen Repräsentanten, die in keiner Weise mit der Vollmacht der Bevölkerung betraut sind. Die Körperschaft seiner Abgeordneten hält ihre Sitzungen abgesondert; und sollte sie sich einmal in demselben Saal mit den Abgeordneten der einfachen Bürger versammeln, dann wäre ebenso gewiß seine Vertretung dem Wesen nach von ihnen geschieden und getrennt; sie ist der Nation fremd, zum einen durch ihr *Prinzip,* da ja ihr Auftrag nicht vom Volk ausgeht; und zum anderen durch ihr *Ziel,* das ja darin besteht, nicht das Gemeininteresse, sondern das Eigeninteresse zu verteidigen.
Der Dritte Stand umfaßt also alles, was zur Nation gehört; und alles, was nicht der Dritte Stand ist, kann sich nicht als Bestandteil der Nation ansehen. Was also ist der Dritte Stand? ALLES. ...
Welche Möglichkeiten bleiben dem Dritten Stand unter diesen Umständen, wenn er seine politischen Rechte auf eine Art und Weise wiedererlangen will, die der Nation nützt? Zu diesem Ziel bieten sich zwei Wege an.
Wenn er den ersten Weg beschreitet, muß sich der Dritte Stand gesondert versammeln; er darf nicht mit dem Adel und der Geistlichkeit zusammenarbeiten, er darf nicht gemeinsam mit ihnen abstimmen, weder nach *Ständen* noch nach *Köpfen*. Ich bitte zu beachten, welch gewaltiger Unterschied zwischen der Versammlung des Dritten Standes und den Versammlungen der beiden anderen Stände besteht. Ersterer vertritt fünfundzwanzig Millionen Menschen und berät über die Interessen der Nation. Die beiden letzteren haben, sollten sie zusammentreten, nur die Vollmacht von ungefähr zweihunderttausend Einzelpersonen und denken nur an ihre Vorrechte. Man wird sagen, der Dritte Stand allein könne keine *Generalstände* bilden. Nun, um so besser, dann wird er eben eine *Nationalversammlung* bilden! Ein so wichtiger Vorschlag bedarf jedoch der klarsten und zuverlässigsten Rechtfertigung, welche die guten Grundsätze bieten.
Ich behaupte, daß die Abgeordneten der Geistlichkeit und des Adels mit der Nationalrepräsentation nichts zu tun haben, daß auf den Generalständen keinerlei Bündnis zwischen den drei Ständen möglich ist und daß diese nicht *gemeinsam* abstimmen können, also weder nach *Ständen* noch nach *Köpfen*. ...

Ich habe oben von zwei Wegen gesprochen, auf denen der Dritte Stand wieder den Platz einnehmen kann, der ihm in der politischen Ordnung zukommt. Wenn nun der erste Weg, den ich eben beschrieben habe, zu schroff erscheint, wenn man glaubt, der Öffentlichkeit Zeit lassen zu müssen, um sich an die Freiheit zu gewöhnen, und wenn man weiter meint, die nationalen Rechte, so selbstverständlich sie auch sind, bedürften, sobald auch nur die kleinste Minderheit sie bestreite, einer Art gesetzlichen Urteils, das sie sozusagen festlege und ihnen die letzte Bestätigung verleihe, so will ich das alles zugeben; dann rufen wir eben das Tribunal der Nation an, den einzigen Richter, der für alle die Verfassung betreffenden Streitfragen zuständig ist. Dies ist der zweite Weg, der sich dem Dritten Stand bietet.

Emmanuel Joseph Sieyès: Was ist der Dritte Stand? In: *Ders.:* Politische Schriften 1788 bis 1790. Übersetzt u. hrsg. v. *Eberhard Schmitt / Rolf Reichardt.* Darmstadt/Neuwied: H. Luchterhand Verlag 1975, S. 117–195, hier S. 119, 124 f., 179 f., 184.

3.2 Beschwerdeschrift der Pfarrgemeinde Letteguives vom 29. 3. 1789 (Bezirk Rouen)

1. Der König wird demütig gebeten, allen Eigentümern zu verbieten, mehrere Pachten an denselben Pächter zu verpachten, denn daraus ergibt sich vielerlei Mißbrauch wie der, daß die Großbauern, die mehrere Pachten haben, nicht soviel Vieh halten; folglich gibt es weniger Fleisch, Milch, Butter und andere Lebensmittel, weniger Dünger und schlechter bearbeitete Felder; man braucht auch weniger Knechte und Mägde; und die Armen haben keine Arbeit und können keine Nahrung bekommen, weil die gewöhnlichsten Fleischsorten, Rind- und Schweinefleisch, seit mehreren Jahren 10 und 12 Sous das Pfund von 16 Unzen und Butter desselben Gewichts 20 und 30 Sous kosten. ...
2. Diese Großbauern, die so viele Pachten haben, selbst ganze Pfarrgemeinden, haben alle Weiden der Pfarrgemeinden und selbst der Gemeinden. Schließlich werden sie auch Herren der Lebensmittelpreise und des Schicksals der Allgemeinheit und verkaufen ihr Getreide erst, nachdem sie es mehrere Jahre aufbewahrt haben, und sie halten es sogar zurück, wenn sie können, was zu dem Preis führt, wie er ist, also bei Brot das Pfund von 16 Unzen 4 Sous macht. Dieser hohe Preis ist die Ursache der Zerstörung des ganzen Handels, weil man keine andere Ware mehr kaufen kann, nachdem man Brot gekauft hat. Selbst nicht ein einziger Armer kann die Hälfte seiner Nahrung erhalten, andere haben gar nichts und sterben folglich an Hunger, um die Verhältnisse des Großbauern blühen zu lassen. Diese große Teuerung wird nicht vom Erntemangel verursacht, denn die vorhergehenden Jahre waren überreich, und das letzte Jahr war ein Durchschnittsjahr. Um diesen Mißständen abzuhelfen, möge es der Güte des Königs anheimgestellt sein zu befehlen, daß die Pachten weniger groß seien und jeweils einzeln an Einzelpersonen verpachtet werden: Denn dann bräuchte man mehr Bedienstete, Vieh, die Felder würden besser bearbeitet und gedüngt, und es gäbe mehr Fleisch. ...

(5.) Wir bitten den König noch um Folgendes: Er möge das Getreide festsetzen lassen auf 7 Livres den Pariser Zentner, bei dem 16 Unzen auf das Pfund kommen. ...
(6.) Alle Arten von Bannrechten zu verbieten, weil es Schikane ist und oft zu ruinösen Prozessen führt, die die Müller den Vasallen, die den Bannrechten unterworfen sind, machen und sie sogar so weit bringen, daß sie ihre Möbel verkaufen. Für diese Schikane

möge der gütige König eine Reform finden, die geeignet ist, diesen großen Mißstand abzuschaffen.

(7.) Die Stimmberechtigten der Pfarrgemeinde Letteguives sind instruiert worden, daß gewisse Handwerker Maschinen [méchaniques] erfunden haben, die für die Baumwollspinnerei von großem Übel sind; und wenn sie weiter bestehen, sind sie verheerend für die Unglücklichen ohne Arbeit. Es möge im Wohlgefallen des Königs liegen, diese Arten von Maschinen zu verbieten.

(8.) Möge der König, wenn es ihm gefällt, vor dem Bankrott bewahren, der den Handel noch ruiniert.

(9.) Ein Mißstand, der gegenwärtig Erregung hervorruft, besteht darin, daß die Armen Miete für die Bänke in der Kirche bezahlen, damit sie ein gewisses Einkommen hat, um zu existieren.

(10.) Die Einstellung des Getreideexports.

(11.) Daß es keine Generalpacht mehr gibt.

(12.) Wenn es dem König gefällt: Aufhebung des Vertrags, der mit den Engländern gemacht worden ist und ihnen den Handel in Frankreich erlaubt.

(14.) Daß die Salzsteuer abgeschafft werde und der Verkauf von Salz frei sei.

(15.) Teilreform der Verordnung über die Wahl der Mitglieder der Munizipalversammlung, die besagt, daß man nur unter denen wählen kann, die dem König 30 Livres bezahlen. Der König möge befehlen, daß man eine niedrigere Summe nehme, um Mißbrauch zu vermeiden.

(16.) Die drei Stände mögen dem König im Verhältnis zu ihren Einkünften zahlen.

(18.) Der König wird demütig gebeten, die Generalstände alle fünf Jahre einzuberufen, um von unserem Unglück zu erfahren.

Cahiers de doléances du Tiers État du bailliage de Rouen pour les Etats généraux de 1789. Hrsg. v. *Marc Bouloiseau*. Bd. 2. Rouen: Imprimerie administrative de la Seine-Maritime 1960, S. 369–372.

3.3 Erklärung der Menschen- und Bürgerrechte (26. 8. 1789)

...

Infolgedessen erkennt und erklärt die Nationalversammlung in Gegenwart und unter dem Schutze des Allerhöchsten folgende Menschen- und Bürgerrechte:

Art. 1. Die Menschen sind und bleiben von Geburt frei und gleich an Rechten. Soziale Unterschiede dürfen nur im gemeinen Nutzen begründet sein.

Art. 2. Das Ziel jeder politischen Vereinigung ist die Erhaltung der natürlichen und unveräußerlichen Menschenrechte. Diese Rechte sind Freiheit, Eigentum, Sicherheit und Widerstand gegen Unterdrückung.

Art. 3. Der Ursprung jeder Souveränität ruht letztlich in der Nation. Keine Körperschaften, kein Individuum können eine Gewalt ausüben, die nicht ausdrücklich von ihr ausgeht.

Art. 4. Die Freiheit besteht darin, alles tun zu können, was einem anderen nicht schadet. So hat die Ausübung der natürlichen Rechte eines jeden Menschen nur die Grenzen, die den anderen Gliedern der Gesellschaft den Genuß der gleichen Rechte sichern. Diese Grenzen können allein durch Gesetz festgelegt werden.

Art. 5. Das Gesetz ist der Ausdruck des allgemeinen Willens. Alle Bürger haben das

Recht, persönlich oder durch ihre Vertreter an seiner Formung mitzuwirken. Es soll für alle gleich sein, mag es beschützen, mag es bestrafen. Da alle Bürger in seinen Augen gleich sind, sind die gleicherweise zu allen Würden, Stellungen und Beamtungen nach ihrer Fähigkeit zugelassen ohne einen anderen Unterschied als den ihrer Tugenden und ihrer Talente.

Art. 7. Jeder Mensch kann nur in den durch das Gesetz bestimmten Fällen und in den Formen, die es vorschreibt, angeklagt, verhaftet und gefangengehalten werden. Diejenigen, die willkürliche Befehle betreiben, ausfertigen, ausführen oder ausführen lassen, sollen bestraft werden. Doch jeder Bürger, der auf Grund des Gesetzes vorgeladen oder ergriffen wird, muß sofort gehorchen. Er macht sich durch Widerstand strafbar.

Art. 8. Das Gesetz soll nur solche Strafen festsetzen, die offenbar unbedingt notwendig sind. Und niemand kann auf Grund eines Gesetzes bestraft werden, das nicht vor Begehung der Tat erlassen, verkündet und gesetzlich angewandt worden ist.

Art. 9. Da jeder Mensch so lange für unschuldig gehalten wird, bis er für schuldig erklärt worden ist, wenn seine Verhaftung für unumgänglich erachtet wird, jede Härte, die nicht notwendig ist, um sich seiner Person zu versichern, durch Gesetz streng vermieden sein.

Art. 10. Niemand soll wegen seiner Meinungen, selbst religiöser Art, beunruhigt werden, solange ihre Äußerungen nicht die durch das Gesetz festgelegte öffentliche Ordnung stört.

Art. 11. Die freie Mitteilung der Gedanken und Meinungen ist eines der kostbarsten Menschenrechte. Jeder Bürger kann also frei schreiben, reden, drucken unter Vorbehalt der Verantwortlichkeit für den Mißbrauch dieser Freiheit in den durch Gesetz bestimmten Fällen.

Art. 12. Die Sicherung der Menschen- und Bürgerrechte erfordert eine Streitmacht. Diese Macht ist also zum Vorteil aller eingesetzt und nicht für den besonderen Nutzen derer, denen sie anvertraut ist.

Art. 13. Für den Unterhalt der Streitmacht und für die Kosten der Verwaltung ist eine allgemeine Abgabe unumgänglich. Sie muß gleichmäßig auf alle Bürger unter Berücksichtigung ihrer Vermögensumstände verteilt werden.

Art. 14. Alle Bürger haben das Recht, selbst oder durch ihre Abgeordneten die Notwendigkeit der öffentlichen Abgabe festzustellen, sie frei zu bewilligen, ihre Verwendung zu überprüfen und ihre Höhe, ihre Veranlagung, ihre Eintreibung und Dauer zu bestimmen.

Art. 15. Die Gesellschaft hat das Recht, von jedem öffentlichen Beamten Rechenschaft über seine Verwaltung zu fordern.

Art. 16. Eine Gesellschaft, in der die Verbürgung der Rechte nicht gesichert und die Gewaltenteilung nicht festgelegt ist, hat keine Verfassung.

Art. 17. Da das Eigentum ein unverletzliches und heiliges Recht ist, kann es niemandem genommen werden, wenn es nicht die gesetzlich festgelegte, öffentliche Notwendigkeit augenscheinlich erfordert und unter der Bedingung einer gerechten und vorherigen Entschädigung.

Günther Franz (Hrsg.): Staatsverfassungen. Eine Sammlung wichtiger Verfassungen der Vergangenheit und Gegenwart in Urtext und Übersetzung. 2. erw. u. ergänzte Aufl. München: R. Oldenbourg 1964, S. 305–307.

3.4 Olympe de Gouges: Erklärung der Frauen- und Bürgerinnenrechte (September 1791)*

Art. 1. Die Frau ist frei geboren und bleibt dem Manne gleich an Rechten. Soziale Unterschiede dürfen nur im gemeinen Nutzen begründet sein.

Art. 4. Die Freiheit und die Gerechtigkeit bestehen darin, alles zurückzugeben, was einem anderen gehört; so hat die Ausübung der natürlichen Rechte der Frau Grenzen nur in der ewigen Tyrannei, die der Mann ihr entgegensetzt; diese Grenzen sollen ** durch die Gesetze der Natur und der Vernunft neu festgelegt [réformées] werden.

Art. 6. Das Gesetz soll Ausdruck des allgemeinen Willens sein: Alle Bürger und Bürgerinnen sollen persönlich oder durch ihre Repräsentanten an seiner Formung mitwirken; es soll für alle gleich sein; da alle Bürger und Bürgerinnen gleich sind, sollen sie gleicherweise zu allen Würden, Stellungen und öffentlichen Ämtern nach ihren Fähigkeiten zugelassen sein ohne andere Unterschiede als die ihrer Tugenden und ihrer Talente.

Art. 10. Niemand soll wegen seiner Meinungen, selbst fundamentaler Art, beunruhigt werden; die Frau hat das Recht, das Schafott zu besteigen, sie soll gleichfalls das Recht haben, die Rednertribüne zu besteigen, vorausgesetzt, daß ihre Manifestationen nicht die durch das Gesetz errichtete öffentliche Ordnung stören.

Art. 11. Die freie Mitteilung der Gedanken und Meinungen ist eines der kostbarsten Frauenrechte, da ja diese Freiheit die rechtmäßige Vaterschaft [légitimité] der Väter gegenüber ihren Kindern sichert. Jede Bürgerin kann doch nicht frei sagen: ich bin Mutter eines Kindes, das Euch gehört, – ohne daß ein barbarisches Vorurteil sie zwingt, die Wahrheit zu verbergen; dieses Recht gilt unter dem Vorbehalt, daß dem Mißbrauch dieser Freiheit in den vom Gesetz bestimmten Fällen entgegengewirkt wird.

* Olympe de Gouges (geboren am 7. 5. 1748) formulierte als erste die Frauenrechte als Pendant zur Erklärung der Menschen- und Bürgerrechte (Mat. Nr. 3.3). Die hier nicht wiedergegebenen – der insgesamt 17 – Artikel entsprechen weitgehend den jeweiligen Artikeln der Erklärung der Menschen- und Bürgerrechte – allerdings mit dem wesentlichen Unterschied, daß de Gouges die Wörter „homme" (Mensch, Mann) und „citoyen" (Bürger) durch „femme" (Frau) bzw. „citoyenne" (Bürgerin) ersetzte oder letztere Wörter hinzufügte. – De Gouges wurde als Anhängerin der konstitutionellen Monarchie und scharfe Gegnerin Robespierres am 3. 11. 1793 hingerichtet.

** Die jeweiligen Formen des Hilfsverbs „devoir" (müssen, sollen) wurden in den Artikeln 4, 6, 10 mit den entsprechenden Formen von „sollen" übersetzt.

Olympe de Gouges: Déclaration des Droits de la Femme et de la Citoyenne. In: *Jeanne Bouvier:* Les femmes pendant la Révolution. Paris: Éditions Eugène Figuière 1931, S. 285–287.

3.5 Dekret über die Gleichberechtigung der Juden (28. 9. 1791)

In der Erwägung, daß die notwendigen Voraussetzungen dafür, ein französischer Bürger zu sein, durch die Verfassung festgelegt sind und daß jeder, der diese Voraussetzung erfüllt und sich durch die Leistung des Bürgereides zur Erfüllung aller von der Verfassung ihm auferlegten Pflichten bereit erklärt, ein Recht auf sämtliche Vorteile hat, die sie zusichert, widerruft die Nationalversammlung alle in ihre früheren Dekrete aufgenommen

Benachteiligungen, Vorbehalte und Ausnahmebestimmungen bezüglich der jüdischen Personen, die den Bürgereid leisten; dieser gilt als Verzicht auf alle in der Vergangenheit zu ihren Gunsten beschlossenen Privilegien und Befreiungen.

Moniteur, Bd. 9, S. 795. Zit. nach: *Walter Grab* (Hrsg.): Die Französische Revolution. Eine Dokumentation. München: Nymphenburger Verlagshandlung 1973, S. 94 f.

3.6 Die Marseillaise (April 1792) [1]

Auf, Frankreichs Söhne, auf die Warten!
Jetzt naht der Tag des ew'gen Ruhms.
Frech drohen uns die Blutstandarten
Mordgierigen Tyrannentums.
Brüllt nicht in Frankreichs schönen Gauen
Der feindlichen Soldaten Wut?
Ein jeder Herd ist rot vom Blut
Erwürgter Freunde, Kinder, Frauen!
Franzosen! Auf zum Kampf! Schart alle euch zum Krieg!
Vorwärts! Durch Feindesblut bahnt euch den Weg zum Sieg!

Soll eine Horde fremder Sklaven
Uns frevelnd dem Verderben weihn?
Und sollen fortan unsre Braven
Durch Niedertracht gefesselt sein?
Ha! Welch ein Schimpf dem Vaterlande!
Wie bebt nicht ein Franzosenherz
Und zuckt in Wut und wildem Schmerz
Ob dieser ungewohnten Schande!
Franzosen! Auf zum Kampf! Schart alle euch zum Krieg!
Vorwärts! Durch Feindesblut bahnt euch den Weg zum Sieg!

Nie tragen feile Söldnerscharen
Verhaßtes Recht in unser Land –
Nein, stark in Stürmen und Gefahren,
Hält Frankreichs stolze Jugend stand!
Herrgott! Wir sprengen unsre Ketten
Und wollen mit bewehrter Hand
Dich, Frankreich, liebes Vaterland,
Vor niedrigen Despoten retten!
Franzosen! Auf zum Kampf! Schart alle euch zum Krieg!
Vorwärts! Durch Feindesblut bahnt euch den Weg zum Sieg!

Erbebt, Verräter! Bebt, ihr Wichte!
Ihr, aller Braven Schimpf und Hohn,
Erzittert vor dem Strafgerichte,
Wir zahlen euch den Sündenlohn.
Ganz Frankreich starrt in Wehr und Waffen

Ein jeder spürt Soldatenkraft!
Und wird ein Held dahingerafft,
Wird unsre Erde neue schaffen.
Franzosen! Auf zum Kampf! Schart alle euch zum Krieg!
Vorwärts! Durch Feindesblut bahnt euch den Weg zum Sieg!

O stärke uns, du heil'ge Liebe
Zum Vaterland, im Rachestreit!
O Freiheit, herrlichster der Triebe,
Gib deinen Scharen das Geleit!
Der Sieg marschiert mit unsren Fahnen,
Wenn du uns mannhaft rufst zur Schlacht!
Und röchelnd sollen deine Macht
Die hingestreckten Feinde ahnen!
Franzosen! Auf zum Kampf! Schart alle euch zum Krieg!
Vorwärts! Durch Feindesblut bahnt euch den Weg zum Sieg!

[1] Rouget de l'Isle (1760–1836) dichtete als Pionieroffizier in der Nacht vom 24. zum 25. April 1792 in Straßburg ein revolutionäres Kampflied und setzte es auch selbst in Musik. Es wurde als „Chant de guerre pour l'armée du Rhin" [Kriegslied der Rheinarmee] in Straßburg gedruckt, am 30. Juli 1792 von einem Marseiller Freiwilligenbataillon beim Einmarsch in Paris gesungen, verbreitete sich rasch durch ganz Frankreich als Kampflied der demokratisch-republikanischen Revolution und wurde zur französischen Nationalhymne.

Paul Hartig (Hrsg.): Die Französische Revolution. 4. Aufl. Stuttgart: Klett Verlag 1973 (Quellen- und Arbeitshefte zur Geschichte und Politik, Nr. 4227), S. 42 f.

3.7 Die Abschaffung der Negersklaverei in den Kolonien (4. 2. 1794)*

Der Nationalkonvent erklärt die Sklaverei der Neger in allen Kolonien für abgeschafft. Demzufolge dekretiert er, daß alle Menschen ohne Unterschied der Hautfarbe, die in den Kolonien ihren Wohnsitz haben, französische Bürger sind und sämtliche durch die Verfassung garantierten Rechte besitzen.
Der Nationalkonvent beauftragt den Wohlfahrtsausschuß, ihm unverzüglich einen Bericht über die notwendigen Maßnahmen vorzulegen, um die Durchführung des vorliegenden Dekretes sicherzustellen.

* Die Verfassunggebende Nationalversammlung entzog sich lange einer Entscheidung über die Sklaverei. Erst das auf Vorschlag Barnaves beschlossene Dekret vom 8. 3. 1790 und die damit verbundene Instruktion vom 28. 3. gaben allen Männern ab 25 Jahren, die Immobilien besaßen und steuerpflichtig waren, den Status des Aktivbürgers für die Wahlen zu den Volksvertretungen der Kolonien. Nach dieser Bestimmung konnten auch frei geborene Mischlinge, Mulatten und freigelassene Schwarze – nicht aber Negersklaven – Aktivbürger sein. In Santo Domingo verhinderten jedoch die Kolonisten gewaltsam die Beteiligung dieser Farbigengruppen an der Wahl. Im Gegenzug revoltierten die Mulatten. Am 24. 9. 1791 entzog die Nationalversammlung allen Farbigen die Bürgerrechte. Das obige Dekret des Nationalkonvents über die Befreiung der Negersklaven wurde am 10. 5. 1802 aufgehoben und damit die Sklaverei wieder eingeführt. Vgl. *Jacques Godechot:* Les institutions de la France sous la Révolution et l'Empire. 2., überarbeitete u. vermehrte Aufl. Paris: Presses Universitaires de France 1968, S. 56–58, 559.

Jean-Baptiste Duvergier (Hrsg.): Collection complète des lois, décrets, ordonnances, réglements, avis du conseil d'état. 2. Aufl. Bd. 7. Paris 1834, S. 30. Zit. nach: Grab (Mat. Nr. 3.5), S. 222.

3.8 Babeuf: „Das Manifest der Plebejer" (30. 11. 1795)

Es ist Zeit, daß das mit Füßen getretene und gemeuchelte Volk großartiger, feierlicher, allgemeiner als es je getan, seinen Willen kundgibt, auf daß nicht nur die Symptome, die Begleiterscheinungen des Elends, sondern die Wirklichkeit, das Elend selbst, ausgerottet werden. Möge das Volk sein Manifest erlassen! Möge es in demselben bestimmen, wie es die Demokratie verstanden wissen will, und wie sie in Übereinstimmung mit den wahren Grundsätzen wirklich sein soll. Möge es darin aufzeigen, daß die Demokratie solchen, die zuviel haben, Verpflichtung ist, diejenigen, die nicht genug haben, mit allem, was ihnen fehlt, zu versehen! ...
Müssen wir zur Wiederherstellung der Rechte des Menschengeschlechtes und zur Beseitigung aller gegenwärtigen Übelstände uns auf den heiligen Berg zurückziehen, brauchen wir eine plebejische Vendée[2]? ...
Die Eingebung der republikanischen Gottheiten manifestieren sich ganz einfach als Verheißungen der Natur (des höchsten Gottes) im Herzen der Republikaner. So ist uns denn verkündet, daß, während eines Tages neue Josuas in der Ebene kämpfen werden, ohne nötig zu haben, die Sonne in ihrem Lauf aufzuhalten, anstelle des einen Gesetzgebers der Hebräer manche sich auf dem wirklichen plebejischen Berg befinden werden. Dort werden sie, inspiriert von der ewigen Gerechtigkeit, die Zehn Gebote der heiligen Menschheit, des Sansculottismus, der unverletzlichen Gleichheit aufzeichnen. Unter dem Schutz unserer hunderttausend Lanzen und Feuerschlünde werden wir den ersten wahren Kodex der Natur verkünden, dessen Vorschriften nie hätten verletzt werden dürfen.
Wir werden deutlich aussprechen, was das gemeinte Glück, Ziel der Gesellschaft, ist.
Wir werden zeigen, daß beim Übergang aus dem Naturzustand zum gesellschaftlichen Zustand das Los keines einzigen sich hätte verschlechtern dürfen.
Wir werden die Grenzen des Eigentumsrechts festsetzen.
Wir werden beweisen, daß Grund und Boden nicht einzelnen, sondern allen gehört.
Wir werden beweisen, daß alles, was sich jemand mehr davon aneignet als er zu seiner Ernährung braucht, Diebstahl an der Gesellschaft ist.
Wir werden beweisen, daß das angebliche Veräußerungsrecht ein infames, volksmörderisches Verbrechen darstellt.
Wir werden beweisen, daß das Erbrecht der Familie ein nicht minder großer Greuel ist; daß es alle Mitglieder der Gesellschaft voneinander isoliert und aus jedem Haushalt eine kleine Republik macht, die gezwungen ist, gegen die große Republik zu konspirieren und die Ungleichheit zu verewigen.
Wir werden beweisen, daß alles, was ein Glied des Gesellschaftskörpers weniger besitzt als es zur Befriedung seiner verschiedenen Bedürfnisse immer braucht, einen Raub an seinem natürlichen persönlichen Eigentum darstellt, begangen von denen, welche die gemeinschaftlichen Güter an sich reißen.
Daß ähnlicherweise alles, was ein Glied des Gesellschaftskörpers mehr besitzt als es zur Befriedung seiner verschiedenen Bedürfnisse immer braucht, Ergebnis einer Beraubung

anderer Gesellschaftglieder ist, die eine mehr oder minder große Zahl von Menschen um ihren rechtmäßigen Anteil an den gemeinschaftlichen Gütern gebracht haben.

Daß auch die scharfsinnigsten Einwendungen an diesen unabänderlichen Wahrheiten nichts ändern können.

Daß Überlegenheit der Talente und des Fleißes nur ein Märchen, ein blendender Betrug ist, der zu allen Zeiten den Komplotten der Verschwörer gegen die Gleichheit einen Schein von Rechtfertigung verschafft hat.

Daß die Unterschiede des Wertes und des Verdienstes am Produkt der Arbeit der Menschen nur auf der Ansicht beruhen, die einige von ihnen darüber gehegt und zum Sieg verholfen haben.

Daß zweifellos zu Unrecht auf Grund dieser Ansicht der Arbeitstag dessen, der eine Uhr macht, zwanzigmal höher geschätzt wird als der Arbeitstag dessen, der Furchen zieht.

Daß jedoch nur dank dieser falschen Schätzung der Verdienst des Uhrmachers diesen befähigt, das Erbteil von zwanzig Arbeitern an der Pflugschar zu erwerben, die er auf derartige Weise enteignet hat.

Daß alle Proletarier nur zu solchen geworden sind infolge des gleichen Schwindels in der Anwendung von Vergleichsmaßstäben, die alle ausschließlich auf dem Unterschied des Wertes beruhen, der den Sachen bloß auf Geheiß jener Ansicht beigemessen wird.

Daß es widersinnig und ungerecht ist, eine größere Belohnung für denjenigen zu verlangen, dessen Arbeit einen höheren Grad von Intelligenz, mehr Fleiß und geistige Anstrengung erfordert; daß diese keineswegs die Kapazität seines Magens vergrößern. ...

Daß die Erziehung eine Ungeheuerlichkeit ist, wenn sie ungleich, nur das ausschließliche Vorrecht eines Teils der Gesellschaft ist, weil sie dann in den Händen dieses Teils eine Anhäufung von Maschinen, ein Arsenal von Waffen aller Art wird, mit deren Hilfe dieser Teil gegen den anderen, der waffenlos ist, kämpft und folglich leicht dazu gelangt, ihn zu erdrosseln, zu betrügen, zu berauben, in entwürdigende Ketten zu schlagen.

Daß es keine bedeutsamere Wahrheit gibt als die, welche wir bereits lobend erwähnten und die ein Philosoph folgendermaßen verkündet hat: Redet soviel ihr wollt über die beste Regierungsform, ihr werdet nichts ausgerichtet haben, solange ihr nicht die Keime der Habgier und des Ehrgeizes zerstört habt [5]. Daß daher die gesellschaftlichen Einrichtungen dahin führen müssen, daß sie jedem Individuum die Hoffnung nehmen, jemals durch seine Kenntnisse reicher, mächtiger oder angesehener zu werden als irgendeiner seinesgleichen.

Daß, um es noch genauer zu sagen, man dahin kommen muß, das Schicksal anzuketten, das Los jedes Mitglieds der Gesellschaft unabhängig zu machen von allen glücklichen und unglücklichen Zufällen und Umständen; jedem einzelnen und seinen Nachkommen, wie groß ihre Zahl auch sei, den ausreichenden Bedarf, aber auch nichts als diesen, zu sichern; und allen jeden nur möglichen Weg zu versperren, um jemals mehr als ihren rechtmäßigen Anteil an den Produkten der Natur und der Arbeit zu erlangen.

Daß das einzige Mittel, dies zu erreichen, darin besteht, die gemeinschaftliche Verwaltung einzuführen, das Sondereigentum aufzuheben, jedem Menschen nach seiner Anlage und seiner beruflichen Fähigkeit die für ihn geeignete Tätigkeit zuzuweisen; ihn zu verpflichten, die Frucht derselben in natura an das gemeinschaftliche Magazin abzuliefern, eine einfache Distributionsverwaltung einzurichten, eine Lebensmittelverwaltung, die über alle Individuen und Sachen Buch führt, und die die letzteren in peinlichster Gleichheit verteilt und jedem Bürger in seine Behausung zuführt.

Daß diese Regierung, welche die Erfahrung als ausführbar bewiesen hat, weil es die gleiche ist, die gegenüber den zwölfhunderttausend Mann unserer zwölf Armeen angewandt wird (und was im Kleinen möglich ist, ist es auch im Großen), daß diese Regierung die einzige ist, aus der ein allgemeines, unvergängliches, ungetrübtes Glück hervorgehen kann – das gemeine Glück, Ziel der Gesellschaft. ...

[2] Der *heilige Berg:* Die römischen Plebejer zogen sich im Jahre 493 v. Chr. auf den „mons sacer" zurück, bis ihren Wünschen entsprochen wurde: tribuni plebis (Volkstribunen) wurden eingesetzt, um sie vor Übergriffen der Patrizier zu schützen. Babeuf erlaubt sich hier wohl zugleich ein Wortspiel mit der „Montagne", der Bergpartei im Konvent. Der (royalistische) Aufstand der Vendée brach Anfang 1793 aus und wurde erst 1797 bezwungen.

[5] Die lobende Erwähnung in: Le Tribun du Peuple, Nr. 35, S. 93. Der Philosoph ist Morelly; Babeuf – in Übereinstimmung mit einem erst im 19. Jahrhundert festgestellten Irrtum – hält Diderot für den Verfasser des Code de la nature [Kodex der Natur]. Von einem wörtlichen Zitat (im Original ist der angeblich vom Philosophen herrührende Satz kursiviert) kann nicht die Rede sein. Morelly (Code de la nature ou le véritable esprit de ses lois, de tous temps négligé ou méconnu. Introduction par V. P. Volguine, Paris 1953, S. 46–47) erwähnt die von Babeuf genannten Laster (allerdings erscheint Morellys „avarice" [Geiz] bei Babeuf als „cupidité" [Habgier]), die es unmöglich machten, „die Einigkeit einer Gesellschaft" zu behaupten.

Gracchus Babeuf: Abriß des großen Manifests, das verkündet werden soll, um die tatsächliche Gleichheit wieder einzuführen. Notwendigkeit für alle unglücklichen Franzosen, sich auf den heiligen Berg zurückzuziehen oder eine plebejische Vendée zu bilden. In: Le Tribun du Peuple [Der Volkstribun], Nr. 35, 30. 11. 1795. Der Text wurde unter dem Titel „Manifest der Plebejer" bekannt. Zit. nach: *Frits Kool / Werner Krause* (Hrsg.): Die frühen Sozialisten. Bd. 1. München: Deutscher Taschenbuch Verlag 1972, S. 114–121.

4. Revolutionäre politische Praxis (1789—1799)

4.1 Die Träger der drei Revolutionen des Sommers 1789

4.1.1 Die staatsrechtliche Revolution der Abgeordneten des Dritten Standes

4.1.1.1 Wahl und Zusammensetzung der Generalstände

Entsprechend der von der Regierung ausgearbeiteten Wahlordnung wurden die Abgeordneten der Generalstände auf der Verwaltungsebene der Amtsbezirke (bailliage, sénechaussée) im Frühjahr 1789 in nach Ständen getrennten Wahlversammlungen gewählt. An den Wahlversammlungen des Klerus nahmen auch die Gemeindepfarrer teil, wodurch der niedere Klerus die Mehrheit erhielt. Für den Dritten Stand waren alle Franzosen wahlberechtigt, die mindestens 25 Jahre alt waren, einen Wohnsitz nachweisen konnten und in den Steuerlisten geführt wurden. Die Wahlbeteiligung ist nicht mehr feststellbar.
Die am 5. 5. 1789 in Versailles versammelten – etwas weniger als 1200 – Abgeordneten der Generalstände setzten sich hinsichtlich ihrer politischen Orientierung und sozialen Herkunft folgendermaßen zusammen: 1. Von den 291 Abgeordneten des Klerus neigten über 200 zu Reformen, und zwar in der Mehrheit Geistliche niederen Rangs. Aber auch unter den 46 Bischöfen gab es Reformwillige wie Talleyrand. 2. Dem 270 Abgeordnete zählenden Adel gehören 90 Liberale oder Patrioten an, darunter der durch seine Teilnahme am amerikanischen Unabhängigkeitskrieg bekannte La Fayette. 3. Von den 578 Abgeordneten des Dritten Standes waren ungefähr 200 Juristen, z. B. Barnave, Mounier, Le Chapelier und Robespierre. Außerdem waren etwa 100 Kaufleute, Bankiers und Industrielle, 50 reiche Grundbesitzer der ländlichen Bourgeoisie und Gelehrte wie der Astronom Bailly vertreten. Bauern, Handwerker und Arbeiter waren nicht gewählt worden. Wortführer des Dritten Standes wurden zwei Überläufer aus den privilegierten Ständen: Graf Mirabeau und Abbé Sieyès. Im Gegensatz zu den beiden privilegierten Ständen waren sich die Abgeordneten des Dritten Standes darin einig, für den Staat eine neue rechtliche Grundlage zu schaffen.

Arbeitstext nach: *Albert Soboul:* Die Große Französische Revolution. Ein Abriß ihrer Geschichte (1789–1799). 2. durchgesehene Aufl. der deutschen Ausgabe. Frankfurt a. M.: Europäische Verlagsanstalt 1973 (Druck 1976), S. 100 f., 103 f.; *Furet/Richet* (Mat. Nr. 2.4.3), S. 88 f.

4.1.1.2 Die Schaffung der Nationalversammlung

Die Eröffnungssitzung [der Generalstände] fand am 5. Mai 1789 statt. Ludwig XVI. warnte die Abgeordneten in weinerlichem Ton vor jedem Neuerungsgeist. Der Siegelbewahrer Barentin, ein Gegner alles Neuen, fuhr mit einer inhaltslosen Rede fort. Necker erhob sich schließlich in gespannter Stille; aber sein dreistündiger Bericht beschränkte sich auf die Erörterung von Finanzfragen; kein politisches Programm und nichts zur Frage der Abstimmung nach Ständen oder nach Köpfen. Der in seinen Reformerwartungen tief enttäuschte Tiers zog sich schweigend zurück. Am Abend der ersten Sitzung der Stände schien der Konflikt zwischen den privilegierten Ständen und dem Tiers unvermeidlich. Das Königtum hatte der Verdoppelung zugestimmt: es wollte indessen keinen weiteren

Schritt auf dem Wege der Konzessionen tun. Ebensowenig aber wagte es, offen für die privilegierten Stände Partei zu ergreifen. Es zögerte und ließ den günstigen Zeitpunkt verstreichen, in dem es durch Zugeständnisse an den Tiers, das heißt an die Nation, sich hätte erneuern und überdauern und eine nationale Einstellung gewinnnen können. Angesichts des Zögerns der Monarchie wurde es dem Tiers bewußt, daß er nur auf sich selbst zählen durfte. Die Verdoppelung bedeutete nichts, wenn die Beratung und Abstimmung nach Ständen fortgelten würde. Das Abstimmen nach Ständen hätte die Ausschaltung des Tiers bedeutet, der bei vielen die Privilegien berührenden Fragen gewärtig sein mußte, daß sich die Koalition der beiden ersten Stände gegen ihn wandte. Wenn man demgegenüber das Prinzip der allgemeinen Beratung und Abstimmung annehmen würde, hätte der Tiers, der der Zustimmung des niederen Klerus und des liberalen Adels gewiß war, mit Sicherheit über eine große Mehrheit verfügt. Diese zentrale Frage war über einen Monat lang Gegenstand der Debatten der Generalstände und der Aufmerksamkeit der Nation.

Am Abend des 5. Mai nahmen die Tiersabgeordneten von je einer Provinz Kontakt auf; die bretonischen Abgeordneten um Le Chapelier und Lanjuinais waren besonders aktiv. Ein einheitlicher Wille bildete sich heraus: in dem Beschluß vom 6. Mai 1789 weigerten sich die Vertreter des Tiers, nunmehr unter der Bezeichnung *Abgeordnete der Gemeinen*, sich in einer besonderen Kammer zu konstituieren; die erste politische Tat des Tiers hatte einen revolutionären Charakter: die Gemeinen erkannten die traditionelle Trennung der Stände nicht mehr an. Unterdessen hatte der Adel die Abstimmung nach Köpfen mit 141 gegen 47 Stimmen abgelehnt und begann mit der Wahlprüfung seiner Abgeordneten. Beim Klerus wiesen nur 133 gegen 114 Stimmen jedes Zugeständnis zurück.

Die Frage war von derartiger Wichtigkeit, daß ein Entgegenkommen ausgeschlossen war. Entweder der Adel gab nach (denn die Politik der beiden ersten Stände wurde hauptsächlich vom Adel geführt), und das hätte das Ende der Privilegien und den Beginn einer neuen Ära bedeutet; oder der Tiers gab sich geschlagen, und das wäre gleichbedeutend gewesen mit dem Fortbestand des Ancien Régime und der Enttäuschung der Hoffnungen, die zur Einberufung der Stände geführt hatten. Dies sahen diejenigen Abgeordneten der Gemeinen ein, die wie Mirabeau dachten, daß es ausreichen würde, „standhaft zu bleiben, um ihren Gegnern Furcht einzuflößen". Die öffentliche Meinung war auf ihrer Seite; der Klerus zögerte, er war durch das Verhalten eines Teils des niederen Klerus unter der Führung des Abbé Grégoire untergraben.

Auf Vorschlag von Sieyes entschieden sich die Gemeinen am 10. Juni 1789 zu einem letzten Schritt, indem sie ihre Kollegen in den Saal der Stände einluden, um eine gemeinsame Wahlprüfung vorzunehmen. Der allgemeine Aufruf aller einberufenen Bailliages sollte am gleichen Tage erfolgen, zur Prüfung sollte geschritten werden „sowohl in Anwesenheit als auch in Abwesenheit der privilegierten Stände". Diese dringende Aufforderung wurde dem Klerus am 12. Juni übermittelt: dieser versprach, die Anliegen des Tiers „mit der größten Sorgfalt" zu prüfen. Der Adel begnügte sich mit der Erklärung, daß er in seiner Kammer darüber beschließen werde. Am selben Abend begann der Tiers mit dem allgemeinen Aufruf aller einberufenen Bailliages für die gemeinschaftliche Wahlprüfung. Im Block der Privilegierten kam es zu Auflösungserscheinungen: am 13. Juni antworteten drei Pfarrer aus der Sénéchaussée von Poitiers auf ihren Namensaufruf, am 14. waren es sechs, darunter der Abbé Grégoire, und am 16. zehn. Der Tiers witterte den Sieg und schritt weiter voran.

Am 15. Juni verlangte Sieyes von den Abgeordneten, „sich unverzüglich mit der Bildung der Versammlung zu befassen": da sie wenigstens sechsundneunzig Hundertstel der Nation vertrete, könne sie mit dem Werk beginnen, das das Land von ihr erwarte. Sieyes machte den Vorschlag, den nunmehr gegenstandslosen Namen Generalstände aufzugeben und statt dessen „Versammlung der bekannten und überprüften Vertreter der französischen Nation" zu sagen. Der mehr legalistisch eingestellte Mounier schlug vor: „Legitime Versammlung der Vertreter des überwiegenden Teils der Nation, die in Abwesenheit des kleineren Teils handeln". Mirabeau verteidigte eine direktere Formulierung: *Vertreter des französischen Volkes*. Schließlich griff Sieyes den von Legrand, dem Abgeordneten des Berry, vorgebrachten Namen: *Assemblé nationale* [Nationalversammlung] auf. In der *Erklärung über die Konstituierung der Versammlung* vom 17. Juni 1789 nahmen die Gemeinen den Antrag von Sieyes mit 490 gegen 90 Stimmen an; unmittelbar danach verabschiedeten sie ein Dekret, das die Steuererhebung und die Zinszahlung für die Staatsschulden sicherte. Der Tiers erhob sich damit selbst zur Nationalversammlung und sprach sich das Recht, Steuern zu genehmigen, zu. Es ist jedoch bezeichnend, daß die Bourgeoisie der Konstituante, nachdem sie einmal bekräftigt hatte, daß die Steuern von der Nation genehmigt werden müssen, und damit zugleich die Regierung mit einem Streik der Steuerpflichtigen bedroht hatte, die Gläubiger des Staates beruhigen wollte. Die Haltung des Tiers erschütterte den Widerstand des Klerus; er gab als erster nach. Am 19. Juni entschied er mit 149 gegen 137 Stimmen, daß die endgültige Wahlprüfung in allgemeiner Versammlung vorgenommen werden sollte. Am gleichen Tag richtete der Adel einen Protest an den König. ...

Soboul (Mat. Nr. 4.1.1.1), S. 105–107.

4.1.1.3 Der offene Konflikt zwischen König und Drittem Stand: Die Thronsitzung am 23. 6. 1789

Die Abgeordneten begaben sich zum angegebenen Zeitpunkt zur gewohnten Tagungsstätte [in Versailles]. Zahlreiche Gardetruppen umgaben den Saal; man hatte Barrieren errichtet, in den benachbarten Straßen und auf der Avenue de Paris waren Abteilungen der Französischen Garden, Schweizer-Garden und Garden der ländlichen Polizei aufgestellt.
Nachdem die Pforten geöffnet worden waren, wurden zunächst den zwei privilegierten Ständen ihre Plätze zugewiesen. Die Mitglieder der Nationalversammlung waren genötigt, mehr als eine Stunde zu warten, die meisten waren dem Regen ausgesetzt. Die Nationalversammlung bekundete ihre Mißbilligung durch wiederholtes Murren. Die zwei Sekretäre beschwerten sich über die Anstandslosigkeit einer so langen Wartezeit. Man schlug vor, sich zurückzuziehen. Da kam Herr de Brezé [der Oberzeremonienmeister] an. Der Herr Präsident sagte, daß er sich beim König wegen des Fehlers der Zeremonienmeister beklagen werde. Um halb elf Uhr traten die Mitglieder der Nationalversammlung zu zweit in tiefstem Schweigen ein. Der Öffentlichkeit war der Zutritt streng verboten.
Der Thron stand am hinteren Ende des Saals; rechts befand sich der Klerus, links der Adel; an den beiden Seiten, von der Mitte bis zum Saalende, waren die Mitglieder der Nationalversammlung; die vier Herolde und der Wappenherold waren in der Mitte plaziert. Der Thron war auf einem Podium errichtet, das den hinteren Teil des Saals bis zur zweiten Säule ausfüllte. Unterhalb dieses Podiums befanden sich die Minister um einen Tisch gereiht. Ein einziger Schemel war leer: der des Herrn Necker.

Gegen elf Uhr verließ der König sein Schloß. Vor und hinter dem Wagen befanden sich die Falknerei, Pagen, Schildknappen und schließlich vier Kompagnien der Leibgarden. Der König betrat den Saal in Begleitung der Prinzen von Geblüt, der Herzöge und Pairs sowie der Hauptmänner der Leibgarden. [Der König läßt zwei Erklärungen verlesen, die er jeweils mit einer kurzen Rede einleitet. In der „Erklärung über die gegenwärtige Sitzungsperiode der Generalstände" wird u. a. bestimmt:]
I. Art. Der König will, daß die alte Unterscheidung der drei Stände vollkommen erhalten bleibt, da sie wesentlich mit der Verfassung seines Königreichs verbunden ist; daß die Abgeordneten – die von jedem der drei Stände frei gewählt wurden, drei Kammern bilden, nach Ständen beraten und mit Billigung des Herrschers beschließen können, gemeinsam zu beraten – allein als Körperschaft der Vertreter der Nation betrachtet werden können. Folglich hat der König die Beschlüsse der Abgeordneten des dritten Standes vom 17. dieses Monats wie alle, die daraus folgen könnten, für null und nichtig erklärt, weil sie ungesetzlich und verfassungswidrig sind.
X. Die von den drei Ständen zu fassenden Beschlüsse, die sich wegen strittiger Gewalten vereinigt haben und über welche sich die interessierten Parteien in den Generalständen einigen können, werden gemäß Stimmenmehrheit angenommen, aber wenn mit zwei Dritteln der Stimmen in einem der drei Stände gegen den Beschluß der Versammlung Einspruch erhoben werden sollte, wird die Angelegenheit dem König vorgelegt und endgültig von Seiner Majestät entschieden.
Erklärung über die Absichten des Königs
I. Art. Keine neue Steuer wird festgesetzt, keine wird über den von den Gesetzen festgelegten Zeitpunkt hinaus verlängert ohne die Zustimmung der Vertreter der Nation.
IX. Da die vom Klerus und Adel angekündigte formelle Bereitschaft, auf ihre geldlichen Privilegien zu verzichten, durch ihre Beschlüsse realisiert sein wird, ist es die Absicht des Königs, sie zu sanktionieren, so daß es bei der Zahlung der Geldabgaben keinerlei Privilegien oder Unterschiede mehr gebe.
XII. Alle Eigentumsrechte [propriétés] werden ohne Ausnahme beständig respektiert, und Seine Majestät versteht ausdrücklich unter der Bezeichnung Eigentum die Zehnten, Pachtzinsen, Renten, feudale und grundherrliche Rechte und Vorrechte, die an Grund und Boden sowie Lehen haften oder Personen gehören.
XV. Der König wünscht die individuelle Freiheit aller seiner Bürger auf solide und dauerhafte Art und Weise zu sichern . . . .
Bevor sich der König zurückzog, hielt er eine dritte Rede, die wir wiedergeben.
„. . . Bedenken Sie, meine Herren, daß keines Ihrer Vorhaben, keine Ihrer Anordnungen ohne meine besondere Billigung Gesetzeskraft erlangen kann. So bin ich der natürliche Garant Ihrer diesbezüglichen Rechte; und alle Stände des Staates können sich auf meine gerechte Unparteilichkeit verlassen. Jede Mißachtung Ihrerseits wäre ein großes Unrecht. Ich bin es, der bis jetzt das ganze Glück meiner Völker macht; und es ist vielleicht selten, daß der einzige Ehrgeiz eines Herrschers darin besteht, schließlich das Einverständnis seiner Untertanen zu erhalten, seine Wohltaten anzunehmen. Ich befehle Ihnen, meine Herren, sich sofort zu trennen und sich morgen früh in die Säle zu begeben, die Ihrem Stand zugewiesen sind, um dort Ihre Sitzungen wieder aufzunehmen. Ich befehle daher dem Oberzeremonienmeister, die Säle vorbereiten zu lassen."
Nach dem Weggang des Königs ziehen sich die Abgeordneten des Adels und ein Teil derjenigen des Klerus zurück. Alle Mitglieder der Nationalversammlung und mehrere

Pfarrer bleiben bewegungslos auf ihren Plätzen. Einige Zeit später nähert sich der Marquis de Brezé dem Präsidenten und sagt: „Meine Herren, Sie haben die Absicht des Königs gehört."
Graf Mirabeau erhebt sich mit Ton und Gesten der Empörung und antwortet folgendermaßen: „Ja, mein Herr, wir haben die Absicht gehört, die man dem König in den Mund gelegt hat, und Sie, der Sie sein Organ in den Generalständen nicht sein können, Sie, der Sie hier weder Sitz noch Stimme noch das Recht zu sprechen haben, Sie sind nicht dazu gemacht, uns an seine Rede zu erinnern. Indes, um jede Zweideutigkeit und jeden Aufschub zu vermeiden, erkläre ich, daß, wenn man Sie beauftragt hat, uns zu veranlassen wegzugehen, Sie sich Befehle zur Anwendung von Gewalt einholen müssen. Denn wir werden unsere Plätze nur vor der Gewalt der Bajonette verlassen."
Einmütig riefen die Abgeordneten aus: „Das ist der Wille der Versammlung." Der Oberzeremonienmeister zieht sich zurück. Dumpfes Schweigen herrscht in der Versammlung. [Schließlich ergreifen einige Abgeordnete das Wort. Dann stimmt die Versammlung mit 493 gegen 34 Stimmen dem Antrag Mirabeaus auf Immunität der Abgeordneten zu.]*

* Am 24. Juni erschien die Mehrheit des Klerus und mischte sich unter die Tiers [Dritter Stand] in der Nationalversammlung. Tags darauf folgten 47 Abgeordnete des Adels unter Führung des Herzogs von Orléans diesem Beispiel. Der König entschloß sich zu bestätigen, was er nicht hatte verhindern können. Am 27. Juni schrieb er eine Empfehlung an die Minderheit des Klerus und an die Minderheit des Adels, an der Nationalversammlung teilzunehmen. *Soboul* (Mat. Nr. 4.1.1.1), S. 109.

L'ancien Moniteur. Réimpression. Bd. 1. Paris: Henri Plon 1858, S. 92–95.

4.1.2 Die Revolution in den Städten

4.1.2.1 Journée: 14. Juli 1789 – Der Sturm der Bastille *

Wie hat sich in drei Tagen das Gesicht aller Dinge verändert! Am Sonntag war ganz Paris bestürzt über die Entlassung Neckers; so sehr ich versuchte, die Geister zu erhitzen, kein Mensch wollte zu den Waffen greifen. Ich schließe mich ihnen an; man sieht meinen Eifer; man umringt mich; man drängt mich, auf einen Tisch zu steigen: in einer Minute habe ich sechstausend Menschen um mich. „Bürger", sage ich nunmehr, „ihr wißt, die Nation hatte gefordert, daß Necker ihr erhalten bliebe, daß man ihm ein Denkmal errichtete: man hat ihn davongejagt! Kann man euch frecher trotzen? Nach diesem Streich werden sie alles wagen, und noch für diese Nacht planen sie, organisieren sie vielleicht eine Bartholomäusnacht für die Patrioten." Ich erstickte fast vor der Menge Gedanken, die auf mich einstürmten, ich sprach ohne Ordnung. „Zu den Waffen", sagte ich, „zu den Waffen! Wir wollen alle die grüne Farbe tragen, die Farbe der Hoffnung." Ich entsinne mich, daß ich mit den Worten schloß: „Die niederträchtige Polizei ist hier. Wohlan! sie soll mich gut betrachten, gut beobachten, ja, ich bin es, der meine Brüder zur Freiheit aufruft." Und indem ich eine Pistole erhob: „Wenigstens", rief ich, „sollen sie mich nicht lebendig in die Hand bekommen, und ich werde verstehen, ruhmvoll zu sterben; es kann mich nur noch ein Unglück treffen: daß ich sehen muß, wie Frankreich zur Sklavin wird." Dann stieg ich hinab; man umarmte mich, erstickte mich fast in Liebkosungen. „Freund", sagten sie alle zu mir, „wir werden Ihnen eine Wache bilden, wir wollen Sie nicht verlassen, wir wollen hingehen, wo Sie hingehen." Ich sagte: ich wollte keinen Befehl haben, ich wollte nichts weiter sein als ein Soldat des Vaterlandes. Ich nahm ein grünes Band und befestigte es als erster an meinem Hut. Mit welcher Geschwindigkeit griff das Feuer um sich! Das Gerücht von diesem Aufruhr dringt bis ins Lager vor; die Kroaten, die Schweizer, die Dragoner, das Regiment Royal-Allemand langen an. Fürst Lambese an der Spitze dieses letztern Regiments zieht zu Pferd in die Tuilerien. Er säbelt selbst einen waffenlosen Mann von der Garde française nieder und reitet über Frauen und Kinder. Die Wut flammt auf. Nun gibt es in Paris nur noch einen Schrei: *Zu den Waffen!* Es war sieben Uhr. Er wagt es nicht, die Stadt zu betreten. Man bricht in die Läden der Waffenhändler ein. Am Montag morgen wird Sturm geläutet. Die Wahlmänner hatten sich im Stadthaus versammelt. Mit dem Vorsteher der Kaufmannschaft an der Spitze gründen sie ein Bürgerwehrkorps von 78 000 Mann in 16 Legionen. Mehr als hunderttausend waren schon schlecht und recht bewaffnet und liefen nach dem Stadthaus, um Waffen zu begehren. Der Vorsteher der Kaufmannschaft will sie hinhalten, er schickt sie zu den Kartäusern und nach Saint-Lazare; er versucht, Zeit zu gewinnen, indem er die Distrikte glauben macht, man werde dort Waffen finden. Die Menge und die Verwegensten begeben sich zum Invalidenhaus; man verlangt Waffen vom Gouverneur; er gerät in Angst und öffnet sein Magazin. Ich bin, auf die Gefahr, zu ersticken, unters Dach gestiegen. Ich sah dort, will mir scheinen, mindestens hunderttausend Flinten. Ich nehme eine ganz neue, an der ein Bajonett steckte, und zwei Pistolen. Das war am Dienstag, der ganze Morgen verging damit, daß man sich bewaffnete. Kaum hat man Waffen, so geht's zur Bastille. Der Gouverneur, der gewiß überrascht war, mit einem Schlag in Paris hunderttausend Flinten mit Bajonetten zu sehen, und nicht wußte, ob diese Waffen vom Himmel gefallen waren, muß sehr in Verwirrung gewesen sein. Man knallt ein oder zwei Stunden drauf los, man schießt herunter, was sich auf den Türmen sehen läßt; der Gouverneur, Graf von Launay, ergibt sich; er läßt die Zugbrücke herunter, man stürzt drauf los; aber er zieht sie sofort wieder hoch und schießt mit Kartätschen drein. Jetzt schlägt die Kanone der Gardes-françaises eine Bresche. Ein Kupferstecher steigt als erster hinauf, man wirft ihn hinunter und bricht ihm die Beine entzwei. Ein Mann von der Garde-française ist der nächste, er hat mehr Glück, er packt die Lunte eines Kanoniers und wehrt sich, und binnen einer halben Stunde ist der Platz im Sturm genommen. Ich war beim ersten Kanonenschlag herbeigeeilt, aber, es grenzt ans Wunderbare, um halb drei Uhr war die Bastille schon genommen. Die Bastille hätte sich sechs Monate halten können, wenn sich irgend etwas gegen das französische Ungestüm halten könnte; die Bastille genommen von Bürgersleuten und führerlosen Soldaten, ohne einen einzigen Offizier! Derselbe Gardist, der im Sturm als erster nach oben gekommen war, verfolgt Herrn von Launay, nimmt ihn bei den Haaren und macht ihn zum Gefangenen. Man führt ihn zum Stadthaus und schlägt ihn unterwegs halbtot. Er ist so geschlagen worden, daß es mit ihm zu Ende gehen will; man gibt ihm auf dem Grèveplatz den Rest, und ein Schlächter schneidet ihm den Kopf ab. Den trägt man auf der Spitze einer Pike und gibt dem Gardisten das Kreuz des heiligen Ludwig; zur selben Zeit nimmt man einen Kurier fest, man findet bei ihm in seinen Strümpfen einen Brief für den Vorsteher der Kaufmannschaft; man führt ihn aufs Stadthaus. Schon von Montag morgen an nahm man alle Kuriere fest. Man brachte alle Briefe nach dem Stadthaus; die an den König, die Königin und den Premierminister gerichteten öffnete man und las sie öffentlich vor. Man las einen Brief, der an Herrn von Flesselles [1] gerichtet war; man sagte ihm, er solle dergestalt die Pariser ein paar Tage hinhalten. Er konnte sich nicht verteidigen; das Volk riß ihn von seinem Sitz herunter und schleppte ihn aus dem Saal hinaus, in dem er den Vorsitz der Versammlung geführt hatte; und kaum war er die Treppe des Stadthauses hinabgekommen, als ein junger Mann die Pistole auf ihn anlegte und ihm eine Kugel vor den Kopf schoß; man ruft: bravo; man schneidet ihm den Kopf ab, setzt ihn auf eine Pike, und ich habe auch sein Herz auf einer Pike gesehen, das man in ganz Paris herumgeführt hat; am Nachmittag knüpfte man den Rest der Besatzung auf, den man mit den Waffen in der Hand ergriffen hatte; man hängte sie an die Laterne des Grèveplatzes. Man begnadigte ein paar von ihnen und alle Invaliden durch Zurufe. Es wurden auch vier oder fünf Diebe auf der Tat ergriffen und auf der Stelle gehängt; was die Spitzbuben derart in Bestürzung versetzte, daß man sagt, sie hätten sich alle aus dem Staub gemacht. Der Herr stellvertretende Polizeidirektor war so erschreckt über das tragische Ende des Vorstehers, daß er seine Demission ins Stadthaus sandte. Die Unterdrücker wollten sich alle aus Paris flüchten; aber von Montag abend an war immer eine Patrouille von fünfzigtausend Mann auf den Beinen. Man hat niemanden aus der Hauptstadt hinausgelassen. Alle Barrieren wurden verbrannt und alle Zollbeamten sind in Verzweiflung, das könnt ihr euch denken. Die Schweizer, Wachen des Königlichen Schatzes, haben die Waffen niedergelegt. Man hat dort 24 Millionen gefunden, deren sich die Stadt Paris bemächtigt hat. Nach dem Handstreich, der die Bastille gestürmt hatte, glaubte man, die Truppen, die rings um Paris lagerten, könnten eindringen, und niemand legte sich schlafen. In dieser Nacht waren alle Straßen beleuchtet; man warf Stühle, Tische, Fässer, Pflastersteine, Wagen auf die Straßen, um sie zu verbarrikadieren und den Pferden die Beine zu brechen. In dieser Nacht waren 70 000 Mann unter den Waffen. Die Gardes-françaises patrouillierten mit uns zusammen. Ich war die ganze Nacht durch auf Wache. Gegen 11 Uhr nachts traf ich auf ein Husarendetachement, das eben durch das Tor Saint-Jacques eingezogen war. Der Gendarm, der uns befehligte, rief: Wer da! Der Husarenoffizier rief: Frankreich, die französische Nation; wir wollen uns ergeben und euch unsern Beistand anbieten. Da man etwas mißtrauisch war, sagte man ihnen, sie sollten erst die Waffen niederlegen, und als sie sich weigerten, dankte man für ihre Dienste, und es wäre nicht einer von ihnen entkommen, wenn sie nicht fortwährend drauf los geschrien hätten: Hoch die Pariser! Es lebe der dritte Stand! Man führte sie zu den Barrieren zurück, wo wir ihnen gute Nacht wünschten. Wir hatten sie eine Zeitlang in Paris herumgeführt, wo sie die gute Ordnung und den Patriotismus bewundern mußten. Die Frauen brachten Wasser zum Kochen, um es auf die Köpfe zu gießen; sie sahen die glühend gemachten Pflastersteine an den Fenstern, die dazu bestimmt waren, auf sie geschmettert zu werden, und rings um sich die zahllosen Milizen von Paris, die mit Säbeln, Degen, Pistolen und mehr als 60 000 Bajonetten bewaffnet waren, über 150 Kanonen, die an den Straßeneingängen aufgeprotzt waren. Ich glaube, ihr Bericht war es, wodurch das Lager in Schrecken und Starrheit versetzt wurde. Wir hatten die Pulvervorräte der Bastille, des Arsenals, 50 000 Patronen, die im Invalidenhaus gefunden wurden. Mein Rat war, nach Versailles zu gehen. Der Krieg wäre damit zu Ende gewesen, die ganze Familie wäre aufgehoben worden, alle Aristokraten in einem Fischzug gefangen. Ich war sicher, daß die unbegreifliche Eroberung der Bastille in einem Sturm von einer Viertelstunde das Schloß von Versailles und das Lager fassungslos gemacht hatte und daß sie nicht die Zeit gehabt hätten, zu sich zu kommen. Gestern morgen ging der eingeschüchterte König in die Nationalversammlung; er ergab sich der Versammlung bedingungslos, und nun sind alle seine Sünden vergeben. Unsere Abgeordneten führten ihn im Triumph zum Schloß zurück. Er weinte viel, hat man

versichert. Er kehrte zu Fuß zurück und hatte nur unsre Abgeordneten zu Wachen, die ihn zurückführten. Target[2] sagte mir, es sei ein schöner Aufzug gewesen. Am Abend war der Umzug noch schöner. 150 Abgeordnete der Nationalversammlung, Klerus, Adel und Gemeine setzten sich in königliche Equipagen, um den Frieden zu verkünden. Um halb vier Uhr langten sie auf der Place Louis XV. an, verließen die Wagen und gingen zu Fuß über die Rue Saint-Honoré bis zum Stadthaus. Sie schritten unter den Fahnen der Gardes-françaises, die sie küßten, und wobei sie sagten: Das sind die Fahnen der Nation, der Freiheit, und 100 000 Bewaffnete und 800 000 Menschen mit rot-blauen Kokarden waren um sie. Das Rot, um zu zeigen, daß man bereit war, sein Blut zu vergießen, und das Blau für eine himmlische Verfassung. Die Abgeordneten trugen ebenfalls die Kokarde. Man machte halt vor dem Palais Royal und vor dem Gardisten der Garde-française, der auf dem Phaeton des Herrn von Launay saß, das ihm die Stadt, ebenso wie die Pferde, die der geköpfte Gouverneur nicht mehr brauchte, zum Geschenk gemacht hatte. Er trug eine Bürgerkrone auf dem Kopf. Er reichte allen Abgeordneten die Hand. Ich marschierte mit bloßem Degen neben Target, mit dem ich plauderte; er war von einer unaussprechlichen Freude erfüllt. Sie strahlte aus allen Augen, und ich habe nie etwas dergleichen gesehen. Unmöglich kann der Triumph des Aemilius Paulus schöner gewesen sein. Trotzdem war meine Freude am Tag vorher noch größer gewesen, als ich auf die Bresche der eroberten Bastille trat und man die Fahne der Garden und Bürgerwehren dort aufpflanzte. Dort waren die meisten der eifrigen Patrioten beisammen. Wir umarmten uns, wir küßten den Gardisten die Hände und weinten vor Freude und Trunkenheit.
Nachschrift. Gestern haben die 150 Abgeordneten und die Wahlmänner im Stadthaus den Frieden proklamiert. Der Marquis von La Fayette ist zum General der 16 Legionen Pariser Milizen ernannt worden, die französischen und Schweizer Garden wurden zu Nationaltruppen erklärt und sollen künftig, ebenso wie die zwei ersten unsrer 16 Legionen im Sold der Nation stehen. Herr Bailly ist zum Maire [Bürgermeister] von Paris ernannt worden. In diesem Augenblick legt man die Bastille nieder; Necker ist zurückgerufen; die neuen Minister haben abgedankt oder sind abgedankt worden; Foulon ist vor Angst gestorben; der Abbé Roy ist gehängt; der Gouverneur und Untergouverneur der Bastille und der Vorsteher der Kaufmannschaft sind enthauptet; fünf Diebe sind an die Laterne gehängt worden; etwa 100 Menschen auf beiden Seiten sind bei der Bastille umgekommen. Seit Sonntag sind die Theater geschlossen geblieben, etwas Unerhörtes!

[1] Das war der Vorsteher der Kaufmannschaft; so lautete der aus feudaler Zeit stammende Titel. Es handelte sich in Wahrheit um den Stadtvogt, den Inhaber der obersten Polizeigewalt, der in Diensten des Königs stand.
[2] Einer der berühmtesten Advokaten von Paris, einer der Vertreter von Paris in der Nationalversammlung. Radikaler Politiker, nicht ohne Verdienst am Verfassungswerk, aber ein geschwollener Redner. Berühmt ist sein Pleonasmus, über den die Monarchisten weidlich spotteten: „Die Versammlung will nur Frieden und Eintracht, und in ihrem Gefolge Ruhe und Stille."
[*] Brief Camille Desmoulins' (geb. 1760) vom 16. 7. 1789 an seinen Vater. Desmoulins wurde einer der einflußreichsten Journalisten während der Revolution. Er war Mitglied des Klubs der Cordeliers und Abgeordneter des Nationalkonvents. Er gehörte zum Kreis um Danton und wurde mit ihm am 5. 4. 1794 hingerichtet.

Gustav Landauer (Hrsg.): Briefe aus der Französischen Revolution. Bd. 1. Frankfurt a. M.: Rütten u. Loening 1919, S. 148–156.

4.1.2.2 Die Reaktion des Königs auf die Ereignisse des 14. Juli 1789

Trotz der bedeutsamen Ereignisse des 12. und 13. Juli in Paris war der König in gutem Glauben. Sein Tagebuch ist bezeichnend. Es lautet: „Dienstag, den 7.: Hirschjagd in Port-Royal, zwei erlegt. Mittwoch, den 8.: Nichts. Donnerstag, den 9.: Nichts. Gesandtschaft der Stände. Freitag, den 10.: Nichts. Antw.[ort] an die Gesandtschaft der Stände. Samstag, den 11.: Nichts. Abreise von Herrn Necker. Sonntag, den 12.: Abendandacht. Abreise von Herrn de Moutmorin, Saint-Priest und La Luzerne. Montag, den 13.: Nichts. Dienstag, den 14.: Nichts." ... Sofort schickte die Nationalversammlung [nachdem sie am Abend des 14. Juli über die Ereignisse in Paris informiert worden war] eine Gesandtschaft an Ludwig XVI., um ihn über die Lage in Paris zu unterrichten. Dieser gab, vielleicht im Vertrauen auf einen vom [Kriegsminister] de Broglie vorbereiteten Gegenangriff schriftlich eine banale Antwort. Er erklärte, daß er Befehle gegeben habe, daß sich Generäle an die Spitze der Bürgermiliz stellen und die auf dem Marsfeld kampierenden Soldaten Paris verlassen sollten. ... – Dieser Geisteszustand des Königs gebar zweifellos ein berühmtes, aber wahrscheinlich legendäres Wort wie viele andere dieser Art. Graf de La Rochefoucauld-Liancourt erzählt in dem „Leben" seines Vaters, 1827 geschrieben, daß der Herzog de Liancourt Ludwig XVI. in der Nacht vom 14. zum 15. Juli weckte, um ihm zu berichten, was sich in Paris ereignet habe. „Aber das ist eine Revolte?" soll der König gesagt haben. „Nein, Sire, das ist eine Revolution", antwortete der Herzog. ...
[Am 17. 7. begab sich der König nach Paris.] Der Botschafter Österreichs, Mercy-Argenteau, notiert auch die Kälte des Empfangs: „Es ist sicher, daß bei der Hinfahrt der alte Ruf ‚Es lebe der König' sehr selten war und daß man ihn selbst in der Stadt kaum hörte, während man von allen Seiten rief: ‚Es lebe die Nation!'" Am Rathaus wurde der König „mit feierlichem Ernst" empfangen: „ein irritiertes und drohendes Volk ist weder höflich noch schmeichlerisch". Bailly [Präsident der Nationalversammlung, am 15. 7. zum Bürgermeister von Paris gewählt] bietet dem König die dreifarbige Kokarde an, die seit dem 15. 7. das Zeichen der Aufständischen geworden war: blau und rot, in den Farben der Stadt Paris, denen man am 16. 7., als man erfahren hatte, daß der König die Truppen von Paris abzog, die weiße Farbe der Monarchie der Bourbonen zugefügt hatte. „Sire", sagte Bailly, „ich habe die Ehre, Euerer Majestät das Erkennungszeichen der Franzosen anzubieten." Der König nahm es freundlich an und steckte es an seinen Hut: Das neue Nationalemblem war geboren, Folge der Revolution des 14. Juli.

Jacques Godechot: La prise de la Bastille. 14 juillet 1789. Paris: Éditions Gallimard 1965, S. 305 f., 308, 317.

4.1.2.3 Die Munizipalrevolution in der Provinz

Die Einnahme der Bastille wurde je nach Entfernung zwischen dem 16. und 19. Juli bekannt. Es gab eine Explosion von Enthusiasmus und Freude. ... In vielen Städten vollzog sich die Munizipalrevolution ohne Gewalt. Die Stadtobrigkeit des Ancien régime gab betäubt den Demonstranten nach. Sie zog eine gewisse Anzahl von Notabeln hinzu oder trat – wie in Bordeaux – vor den Wählern zurück. Anderswo akzeptierte sie die Schaffung eines Lebensmittelausschusses. Oft war sie gezwungen, einen Ständigen Ausschuß für die Leitung der Miliz einzurichten, der sich mehr oder weniger schnell von der Verwaltung trennte. Denn die Formierung einer Nationalgarde, ein wesentlicher Punkt in den Augen der Bourgeoisie, charakterisiert unverwechselbar die Bewegung. ... Es geschieht auch, daß Soldaten mit Bürgern fraternisieren und ebenfalls ihre Abgeordneten haben. – Aber in bestimmten Orten ist das Volk nicht damit zufrieden, sich den Manifestationen der Bourgeoisie anzuschließen. Es verlangt von der Stadtverwaltung den Brotpreis zu senken oder belagert das Rathaus und ruft aus: „Brot für zwei Sous!" Die Stadtverwaltung zögert; fühlt sich bedroht und flieht; der Aufruhr ist entfesselt: Die Häuser der Personen von Autorität, der Getreidekäufer, der reichsten Einwohner werden geplündert oder mehr oder weniger überfallen; zögernd beenden die Miliz oder manchmal auch die Garnisonen die Unordnung. ...

Die Revolution in der Provinz hat also einen unterschiedlichen Charakter angenommen und ist oft auf halbem Wege stehengeblieben. Aber auf jeden Fall war die städtische Autorität gezwungen, allein die Anordnungen der Nationalversammlung zu berücksichtigen; übrigens verließen auch alle Intendanten [hohe königliche Beamte in der Provinz] ihre Posten. In der Provinz war der König wie in Paris aller Autorität entkleidet. ... Man fühlte stark die Notwendigkeit einer Union für das Heil der Revolution: Schon versprachen sich Städte gegenseitig Hilfe und Beistand, die kommenden Föderationen zeichnen sich ab. Aber der Wunsch, die weiteste Form lokaler Autonomie einzurichten und eifersüchtig zu verteidigen, war nicht weniger lebendig, so daß sich Frankreich spontan in eine Föderation von Kommunen verwandelte. Zweifellos erfreute sich die Nationalversammlung eines Ansehens, wie es keine andere je erfahren hatte, aber jede Stadt – und die Pfarrgemeinden auf dem Lande zögerten nicht, sich gleichfalls zu emanzipieren – war nicht weniger Herrin, ihre Dekrete mit mehr oder weniger Eifer und Genauigkeit anzuwenden: Sie wurden nur dann rigoros respektiert, wenn sie klar mit der [öffentlichen] Meinung in Einklang waren. Die Autonomie trug unbestreitbar dazu bei, unter den Bürgern ein gewisses Interesse für die öffentliche Sache zu wecken, die lokalen Größen anzuspornen und ihnen einen Sinn für Initiativen zu geben. Diese außerordentliche Aktivität des munizipalen und regionalen Lebens ist einer der charakteristischsten Züge der Epoche. Die Verteidigung der Revolution zog den Nutzen daraus; seit Juli 1789 war Frankreich von einem Netz von Ausschüssen überzogen, die darauf brannten, die Aristokraten zu überwachen und deren Verschwörungen zu vereiteln.

Georges Lefebvre: Quatre-vingt-neuf. Paris: Éditions sociales 1970, S. 140–143.

4.1.3 Die Revolution der Bauern

4.1.3.1 Die Große Furcht*

Am Montag, den 30. Juli, hatte sich eine unendliche Anzahl von Individuen, Vasallen der Grundherrschaft Hauteville und andere, zum Schloß der Grundherrschaft begeben; sie waren mit Gewehren, Spießen, Heugabeln, Piken und anderen Waffen ausgerüstet. Er [der Verwalter, der Zeuge des Vorgangs**] hatte schon das Schloß verlassen, ging ihnen entgegen und fragte sie, was sie wollten. Ein gewisser Loison, aus der Pfarrgemeinde Chavaigné, stellte sich mit arrogantem Gesichtsausdruck als erster vor und sagte, daß er vor allem Geld brauche, und zwar das, was er für eine wegen Jagens erteilte Geldbuße bezahlt habe, und für ein Gewehr, das man ihm weggenommen habe. Als der Zeuge diese Leute darauf hinwies, daß er ohne Erlaubnis seines Herrn kein Geld geben könne, lärmten sie und

riefen alle: „Wir brauchen Geld, wir brauchen es." Unter dem Druck der Straßenräuber [brigands] sagte er ihnen, daß sie in die Gesinderäume gehen sollten und daß er sie zufriedenstellen wolle. [Er gab einigen Leuten Geld gegen Quittung.]
Am Ende der Geldverteilung stellte sich ihm ein gewisser René Fortin ... vor und sagte, daß der Grundbuchkommissar ihm bei einer Besitzwechselabgabe auferlegt habe, zwanzig Écus zuviel zu bezahlen, und daß er sich freuen würde, wenn er sie wiederhätte. Nachdem der Zeuge ihn darauf hingewiesen hatte, daß es kein Geld mehr gebe, antwortete ihm der besagte Fortin, daß er sie ihm zurückgeben möge, sobald er könne, daß er sich allerdings auf ihn berufen werde und daß es sich anböte, ihn sehen zu lassen, wieso er zuviel bezahlt habe. Nach diesem Wortwechsel verlangten sie alle ungestüm, daß man ihnen die Papiere und Rechtstitel der Grundherrschaft Hauteville übergebe. Als man im Aufbewahrungsraum für die Urkunden war, gab es einen Tumult, die einen wollten, daß er sie herausgebe, die anderen wollten, daß sie vorgelesen würden. Während dieser erregten Situation wurde er hin- und hergestoßen und gewaltsam am Kragen gepackt. Sie verlangten auch die Pläne der Grundherrschaft, die er mit Herrn Pommerolle brachte. Mehrere sagten, daß sie sich nichts aus ihnen machen würden, als man Abbildungen statt des Plans brachte. Er ließ sie alle hinaus, mit Hilfe des Huet, Urkundsbeamter, und des Vallé, Arbeiter und Wächter auf dem Schloß. Nachdem sie alle in den Hof gegangen waren, verlangten sie mit sehr großer Heftigkeit das Grundbuch, das nach ihrer Meinung zwischen 60 und 100 Livres wert sei, und drohten, daß sie in einigen Tagen wiederkommen würden, wenn man die Summe nicht übergeben würde. Er hörte eine Stimme, die ihm sagte, daß man ihn ins Feuer werfen wolle, aber daß er vorher Feuer machen müsse. Als er sich von allen Seiten bedroht sah und selbst um sein Leben fürchtete, bat er um die Gnade, in den Garten gehen zu dürfen, um seine Notdurft zu verrichten. Nachdem er die Erlaubnis mit Mühe erhalten hatte, ging er in den Garten und ließ sich die Pforte von einem gewissen Robillard, Gärtner, öffnen und rettete sich, so schnell er konnte, gegen acht Uhr in den Wald, wo er sich versteckte. Als er floh, hörte er hinter sich einen Gewehrschuß, der, wie man ihm sagte, von einem gewissen René Dubreil gewesen sei.

* Mit dem Ausdruck „Große Furcht" wird die kollektive Mentalität im Juli/August 1789 bezeichnet, die mehrere Ursachen hatte: Die bereits seit dem Frühjahr wegen der Versorgungskrise – Folge der schlechten Ernte 1788 – lokal aufflackernden Bauernaufstände schlugen angesichts der schlechten Ernte 1789 in einigen Regionen in einen „Bürgerkrieg" gegen die Grundherren um. In anderen Gegenden entstand „Panik", hervorgerufen von der Furcht vor Briganten. Denn die schlechte Ernte hatte die Zahl der Bettler – im allgemeinen 10 % der Landbevölkerung – erheblich erhöht und den Übergang vom Bettler zum Straßenräuber gefördert. Vielerorts wurden Furcht und Gewaltaktionen auch von dem Gerücht des „aristokratischen Komplotts" gegen den Dritten Stand und die Nationalversammlung, dessen bezahlte Handlanger die Briganten seien, genährt. Aber insgesamt hatte die Bauernrevolution autonomen Charakter. Vgl. *Georges Lefebvre:* La grande peur de 1789. Neuaufl. (1. Aufl. 1932). Paris: Armand 1970, insbesondere S. 245–247; vgl. *ders.:* La Révolution française et les paysans. In: *Ders.:* (Mat. Nr. 2.2.1), S. 342 f.
** Bericht des Verwalters einer Grundherrschaft im Bas-Maine.

Henri Sée: Les troubles agraires dans le Bas-Maine en juillet 1789. In: Annales historiques de la Révolution française 2 (1925), S. 533 f. (Mit Zustimmung der A.H.R.F.)

4.1.3.2 Bauernrevolution und bürgerliche Revolution

Anfang August stehen die Bauern, ganz gleich aus welchem Grunde *, mit Flinten, Sensen und Knüppeln bereit. Sie klopfen nachdrücklich an die Tür der bürgerlichen Revolution, die zögert, ihnen die Tür aufzumachen. – Die Revolution, von der das Jahrhundert geträumt hat, war nicht die der Waffen. Aber noch weniger die der Ärmsten der Armen. Nun haben sich die Armen Waffen beschafft und stehen in unübersehbarer Menge hinter den Juristen des Dritten Standes. In völliger Anarchie wollen sie das Feudalsystem zerstören. Dieser leidenschaftliche Ausbruch jedoch bedroht schon bald nicht mehr allein die Interessen des Adels. Einmal, weil zahlreiche Bürger, die sich Grundherrschaften gekauft haben, sich mit dem Adel zugleich in Gefahr sehen. Vor allem aber, weil die Grenze zwischen Lehnsbesitz und bürgerlichem Eigentum überhaupt nicht immer leicht zu ziehen ist: schafft man eine bestimmte Grundrente ab, die ursprünglich aus einem Herrenrecht herrührt, oder eine bestimmte in bar zu entrichtende Pacht, die ein Bürgerlicher per Kaufvertrag erworben hat, bedeutet das nicht einen Verstoß gegen die Gültigkeit der Verträge überhaupt, gegen die Grundlage jedes Privateigentums? Die Welt der Aristokratie verteidigt sich, indem sie das Eigentum der Bürger vor sich hin stellt.

So steht die Revolution vor einer schweren Wahl. Sie kann die Ordnung mit Gewalt wieder etablieren, aber das hieße die gemeinsame Front vom 14. Juli zerbrechen, hieße die neuen Bürgermilizen und die königlichen Truppen miteinander gegen das Landvolk aussenden, hieße von der Gnade des Königs abhängen. Oder sie kann das Feuer löschen, indem sie ihm seinen Anteil gönnt, aber dann muß sie in der Enteignung von Adel und Klerus schneller und weiter gehen, als sie es ursprünglich vorgehabt hat. Dann genügt die steuerliche Gleichbehandlung nicht mehr, und auch nicht die Abschaffung aller Reste der alten Leibeigenschaft, soweit sie in Frankreich noch bestehen. – Zunächst neigt sie zur ersten Lösung.

* Zu den Gründen siehe Mat. Nr. 4.1.3.1, Anm. *.

Furet / Richet (Mat. Nr. 2.4.3), S. 108 f.

4.2 Die Errichtung der konstitutionellen Monarchie (1789–10. 8. 1792)

4.2.1 Die Verfassung von 1791

4.2.1.1 Politische und soziale Zusammensetzung der Verfassunggebenden Nationalversammlung und der Gesetzgebenden Nationalversammlung

4.2.1.1.1 Die Parteigruppierungen der Verfassunggebenden Nationalversammlung (1789–30. 9. 1791)

Nachdem sich die Abgeordneten des Dritten Standes in den Generalständen zur Nationalversammlung erklärt hatten (17. 6. 1789), stießen in der Folgezeit die Abgeordneten der beiden privilegierten Stände zur Nationalversammlung. Sie setzte am 7. 7. 1789 einen Ausschuß zur Ausarbeitung der Verfassung ein und gab sich am 9. 7. 1789 die Bezeichnung „Verfassunggebende Versammlung" (Konstituante). Die soziale Zugehörigkeit der Abgeordneten der Konstituante entsprach also zunächst derjenigen in den Generalständen

[Mat. Nr. 4.1.1.1]. Aber die Gesamtzahl der Abgeordneten der Konstituante nahm von 1789 bis 1791 ab. So stimmten am 11. 9. 1789 575 Abgeordnete für das aufschiebende Veto des Königs, 352 dagegen. An der Abstimmung über die Annexion Avignons beteiligten sich 872 Abgeordnete.

Während in der Nationalversammlung ursprünglich nur zwei große Gruppen festzustellen waren – die „Aristokraten" als Anhänger des Ancien régime einerseits, die „Patrioten" oder die sogenannte nationale Partei als Befürworter der neuen Ordnung andererseits –, differenzierte sich in der Folgezeit das ideologisch-politische Spektrum aufgrund unterschiedlicher Positionen zu politischen Kernfragen. Die neuen Parteigruppierungen waren weder Parteien im modernen Sinne, noch verfügten sie über fest umrissene Fraktionen in der Konstituante. Daher läßt sich die politische Einstellung von Abgeordneten oft eher aufgrund ihrer Zugehörigkeit zu gewissen politischen Klubs, die zunehmend parteiorganisatorische Bedeutung erlangten, bestimmen als durch die lockere Bindung an die Gruppierungen der Versammlung. – Es gab folgende Gruppierungen: Die „Schwarzen" oder „Aristokraten" stellten die extremste konservative Gruppierung dar. Die „Monarchisten", die für starke königliche Vorrechte im Rahmen der Verfassung eintraten, orientierten sich in der Folgezeit nach rechts, ihr organisatorischer Mittelpunkt war der Klub der „Freunde der monarchischen Verfassung". Die „Konstitutionellen" umfaßten die Mehrheit der ehemaligen „Patrioten", ihre Führer waren La Fayette und Sieyès. Um das von Barnave, Du Port und de Lameth gebildete „Triumvirat" gruppierten sich liberale Abgeordnete, die sich Ende 1790 dem König näherten. Die „Demokraten", unter denen Robespierre zunehmend eine bedeutende Rolle spielte, sind zu der äußersten Linken zu rechnen, sie traten für das allgemeine Wahlrecht ein.

Die organisatorische Basis der „Patrioten" bildete der Jakobinerklub, dessen Tochtergesellschaften sich über ganz Frankreich verteilten. Von ihm spaltete sich nach dem Fluchtversuch des Königs (21. 6. 1791) der Klub der Feuillants um La Fayette ab. Große Bedeutung erlangte der im April 1790 gegründete Klub der Cordeliers, der im Unterschied zum Jakobinerklub und zu den Feuillants nur einen geringen Mitgliedsbeitrag forderte. Seine führenden Köpfe, Danton und Marat, übten einen starken Einfluß auf die unteren Volksschichten und die Volksgesellschaften in den Distrikten von Paris aus, das am 4. 6. 1790 administrativ in 48 Sektionen eingeteilt wurde [siehe z. B. Mat. Nr. 4.3.4.3, Anm.*].

Arbeitstext nach *Soboul* (Mat. Nr. 4.1.1.1), S. 127, 138–140.

4.2.1.1.2 Die Zusammensetzung der Gesetzgebenden Nationalversammlung (1. 10. 1791–20. 9. 1792)

4.2.1.1.2.1 *Das Wahlsystem*

Die Abgeordneten der Gesetzgebenden Nationalversammlung wurden nach einem Wahlrecht gewählt, das zwischen Aktiv- und Passivbürgern unterschied. Lediglich die Aktivbürger besaßen das Stimmrecht. Aktivbürger waren Männer über 25 Jahre, die nicht als Diener angestellt waren und eine jährliche direkte Steuer im Wert des Verdienstes eines ungelernten Arbeiters in drei Tagen zahlten; das entsprach etwa einer Summe von eineinhalb bis drei Livres. Bei einer Gesamteinwohnerzahl von 25 bis 26 Millionen zählte man im Mai 1971 4 298 960 Aktivbürger. Diese Aktivbürger wählten Wahlmänner, die eine Steuer im Wert des Lohns eines ungelernten Arbeiters in zehn Tagen aufbrachten. Als

Wahlmänner kamen ca. 3 000 000 – und nicht wie oft behauptet wird: 50 000 – Personen in Frage. Die Zahl der tatsächlichen Wahlmänner belief sich 1791 auf 50 000. – Auf Antrag Robespierres durften keine Mitglieder der Konstituante in die Gesetzgebende Versammlung gewählt werden.

Arbeitstext nach *R. R. Palmer:* Das Zeitalter der demokratischen Revolution. Frankfurt a. M.: Athenaion 1970, S. 598–602.

4.2.1.1.2.2 Die Parteigruppierungen

Von 745 Abgeordneten der Gesetzgebenden Nationalversammlung traten 264 dem Klub der Feuillants bei, dessen Führer La Fayette, Barnave, Du Port und Lameth waren, und bildeten die Rechte der Nationalversammlung. 136 Abgeordnete gehörten zum Jakobinerklub – an dessen Sitzungen wegen des geringeren Beitrags viele Kleinbürger, Ladeninhaber und Handwerker teilnahmen – und bildeten die Linke, deren Führer Brissot und Vergniaud waren. Sie wurden Brissotins oder – nach der Heimat ihrer bedeutendsten Mitglieder, der Gironde – Girondisten genannt. Sie kamen aus dem mittleren Bürgertum und hatten Verbindungen zur Geschäfts- und Großbourgeoisie, deren Interessen sie besonders vertraten. Einige wenige Abgeordnete bildeten als Befürworter des allgemeinen Wahlrechts die äußerste Linke, darunter Mitglieder des Klubs der Cordeliers. Das Zentrum bestand aus 345 Abgeordneten, den sogenannten Unabhängigen oder Konstitutionalisten.

Arbeitstext nach *Soboul* (Mat. Nr. 4.1.1.1.), S. 201–203.

4.2.1.2 Die Gewaltenteilung nach der Verfassung von 1791

Die Einleitung der am 3. 9. 1791 verkündeten Verfassung bildete die Erklärung der Menschen- und Bürgerrechte (Mat. Nr. 3.3). Der Wahlzensus der Wahlmänner wurde im Vergleich zum Zensus für die Wahlmänner der Gesetzgebenden Versammlung wesentlich erhöht; er entsprach je nach der Größe der Städte, in denen die Wahlmänner gewählt wurden, dem Lohn von 100 bis 200 Arbeitstagen eines ungelernten Arbeiters. Die Verteilung der öffentlichen Gewalt auf verschiedene politische Institutionen wird durch das unten abgebildete Schema verdeutlicht. – Nachdem der König den Eid auf die Verfassung geleistet hatte, erklärte die Konstituante bei ihrer Auflösung: „Die Revolution ist zum Abschluß gelangt."

Furet / Richet (Mat. Nr. 2.4.3), S. 186.

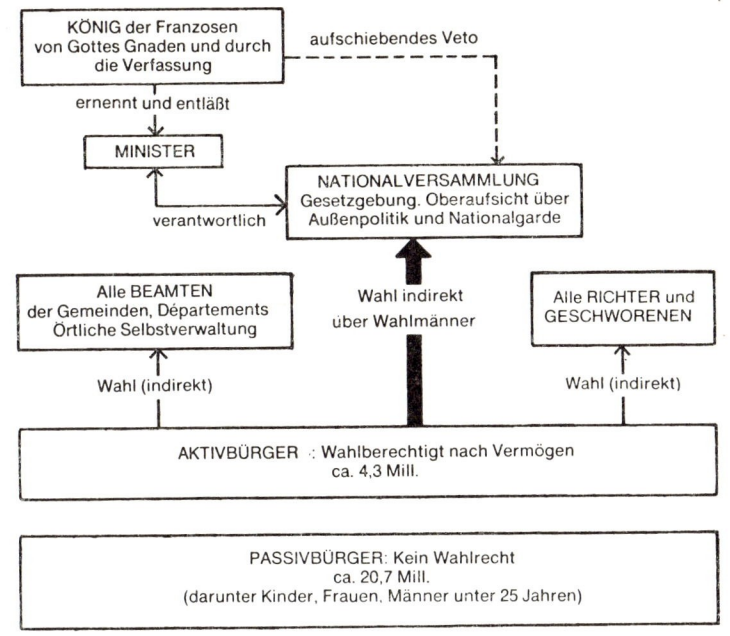

```
┌─────────────────────────┐
│   KÖNIG der Franzosen   │   aufschiebendes Veto
│ von Gottes Gnaden und durch ─ ─ ─ ─ ─ ─ ─ ─ ─ ┐
│    die Verfassung       │                     │
└─────────────────────────┘                     │
  ernennt und entläßt                           │
         ↓                                      │
┌──────────────┐    ┌──────────────────────────────────┐
│   MINISTER   │    │       NATIONALVERSAMMLUNG        │
└──────────────┘    │  Gesetzgebung. Oberaufsicht über │
   ↑                │   Außenpolitik und Nationalgarde │
 verantwortlich     └──────────────────────────────────┘
                                    ↑
┌─────────────────────┐             │             ┌─────────────────────┐
│   Alle BEAMTEN      │        Wahl indirekt      │  Alle RICHTER und   │
│ der Gemeinden, Départements  über Wahlmänner    │    GESCHWORENEN     │
│ Örtliche Selbstverwaltung │                     │                     │
└─────────────────────┘                           └─────────────────────┘
       ↑                                                   ↑
   Wahl (indirekt)                                   Wahl (indirekt)
┌──────────────────────────────────────────────────────────────────────┐
│       AKTIVBÜRGER : Wahlberechtigt nach Vermögen                      │
│                           ca. 4,3 Mill.                               │
└──────────────────────────────────────────────────────────────────────┘

┌──────────────────────────────────────────────────────────────────────┐
│         PASSIVBÜRGER: Kein Wahlrecht                                  │
│                    ca. 20,7 Mill.                                     │
│       (darunter Kinder, Frauen, Männer unter 25 Jahren)               │
└──────────────────────────────────────────────────────────────────────┘
```

Schaubild nach: Fragen an die Geschichte. Hrsg. v. *Heinz Dieter Schmid.* Bd. 3. Frankfurt a. M.: Hirschgraben 1977, S. 137; Arbeitstext von *W. D. Behschnitt.*

4.2.2 Wirtschafts- und Sozialpolitik

4.2.2.1 Die Abschaffung der Feudalität (11. 8. 1789) *

Art. 1. Die Nationalversammlung vernichtet das Feudalwesen völlig. Sie dekretiert, daß von den Feudal- wie Grundzinsrechten und -pflichten sowohl jene, die sich aus unveräußerlichem Besitz an Sachen und Menschen und aus persönlicher Leibeigenschaft herleiten, als auch jene, die an ihre Stelle getreten sind, entschädigungslos aufgehoben werden; alle übrigen Lasten werden für ablösbar erklärt, die Summe sowie die Art und Weise der Ablösung wird die Nationalversammlung festlegen. Die durch dieses Dekret nicht aufgehobenen Abgaben sollen dessenungeachtet bis zu ihrer Rückzahlung weiter erhoben werden.
Art. 2. Das Sonderrecht, Taubenschläge und Taubenhäuser zu halten, wird abgeschafft. Die Tauben werden zu von den Gemeinderäten festgesetzten Zeiten eingesperrt; während dieses Zeitraumes gelten sie als jagdbares Wild, und jeder hat das Recht, sie auf seinem Grund und Boden zu töten.
Art. 3. Ebenso wird das Sonderrecht der Jagd und offenen Wildgehege abgeschafft. Jeder Eigentümer hat, jedoch nur auf seinem Grund und Boden, das Recht, jede Art von Wild zu töten oder töten zu lassen, solange dies im Einklang mit etwaigen zur öffentlichen Sicherheit erlassenen Polizeigesetzen geschieht.
Ebenso werden alle Jägermeistereien, auch die königlichen, und alle Jagdreservate, gleichgültig, unter welchem Titel sie bestehen, aufgelöst. Soweit es sich mit der schuldigen

Achtung vor Eigentum und Freiheit vereinbaren läßt, wird für die Erhaltung der privaten Vergnügungen des Königs gesorgt werden.

Der Präsident wird beauftragt, den König um Begnadigung der wegen einfachen Jagdfrevels zur Galeere oder Deportation Verurteilten, Freilassung der aus solchen Gründen gegenwärtig in Haft Gehaltenen und Einstellung der dieserhalb anhängigen Prozesse zu ersuchen.

Art. 4. Jede grundherrliche Rechtsprechung wird entschädigungslos abgeschafft. Dessenungeachtet sollen die Beamten dieser Gerichte bis zur Einführung einer neuen Justizordnung durch die Nationalversammlung ihre Funktionen weiter ausüben.

Art. 5. Alle – gleichgültig, unter welchem Rechtstitel festgesetzten und erhobenen, auch durch Vorauszahlung abgegoltenen – Zehnten oder dafür eintretenden Grundzinsabgaben, in deren Genuß weltliche oder geistliche Körperschaften, Pfründeninhaber, Kirchenvorstände und alle Einrichtungen der toten Hand, einschließlich des Malteserordens und anderer religiöser und militärischer Orden, kommen, wie auch die auf dem Ersatzweg oder für ein Jahrgehalt kaufweise in Laienhand übergegangenen, werden abgeschafft, mit dem Vorbehalt, daß für die Mittel zur Bestreitung der Kosten für Gottesdienst, Unterhalt der Priester, Armenpflege, Reparatur und Wiederaufbau von Kirchen und Pfarrhäusern sowie für alle Einrichtungen, Seminare, Schulen, Kollegiengebäude, Spitäler, Klöster und andere Gebäude, zu deren Unterhaltung diese Mittel gegenwärtig bestimmt sind, anderweitig gesorgt wird.

Die Nationalversammlung befiehlt jedoch, daß in der Zwischenzeit, bis dies geregelt ist und die alten Eigentümer in den Genuß einer Entschädigung kommen, die obengenannten Zehnten nach den Gesetzen und in der hergebrachten Weise weiter erhoben werden sollen.

Die übrigen Abgaben, gleichgültig welcher Natur, sind ablösbar; die Modalitäten wird die Nationalversammlung festlegen. Bis zu dieser Regelung ordnet die Nationalversammlung ebenfalls ihre Weiterzahlung an.

Art. 6. Alle Formen ewigen Grundzinses, sei es in Naturalien oder Geld, gleichgültig, welcher Art er ist, woher er seinen Ursprung hat, wer sein Nutznießer ist: die Kirche, Gutsherren, sonstige Privilegierte, der Malteserorden, sollen ablösbar sein; desgleichen, zu einer von der Nationalversammlung zu bestimmenden Taxe, die Getreideabgaben (Champarts) jeder Art und jedes Titels. Es wird in Zukunft verboten sein, irgendeinen nicht rückzahlbaren Grundzins festzulegen.

Art. 7. Die Käuflichkeit der Gerichts- und Magistratsämter ist ab sofort aufgehoben. Die Rechtsprechung soll kostenlos erfolgen. Dessenungeachtet sollen die jetzigen Amtsinhaber weiter ihre Funktionen ausüben und ihr Gehalt beziehen, bis die Nationalversammlung die Mittel zu ihrer Abfindung beschafft hat.

Art. 8. Die Nebeneinkünfte der Pfarrgeistlichen auf dem Lande werden abgeschafft und ihre Zahlung wird eingestellt, sobald für die Erhöhung des Jahresgehaltes und die Pension der Pfarrverweser gesorgt ist. Entsprechend wird eine Regelung für die finanzielle Sicherstellung der Pfarrgeistlichen in den Städten getroffen werden.

Art. 9. Die finanziellen, persönlichen und materiellen Privilegien in Gestalt von Subsidien werden für immer abgeschafft. Der Besteuerung sollen alle Bürger und alle Vermögen, nach den gleichen Grundsätzen und in der gleichen Weise, unterliegen. Es werden Maßnahmen getroffen werden, um eine gerechte Verteilung sämtlicher Steuerlasten bereits für die zweite Hälfte des laufenden Steuerjahres durchzuführen.

Art. 10. Da eine nationale Verfassung und die öffentliche Freiheit den Provinzen mehr Vorteile bringt als die Privilegien, die einige bisher genossen, und da deren Opfer zu einer engen Verbindung aller Teile des Staates unumgänglich ist, werden alle besonderen Privilegien von Provinzen, Fürstentümern, Ländern, Bezirken, Städten und Siedlungen, seien sie finanzieller oder sonstiger Art, für unwiderruflich abgeschafft und in dem für alle Franzosen gleichen gemeinsamen Recht aufgegangen erklärt.

Art. 11. Alle Bürger sollen, ohne Unterschied ihrer Geburt, freien Zugang zu allen kirchlichen, zivilen und militärischen Ämtern und Würden haben; niemand, der einem Erwerbsberuf nachgeht, soll dadurch seines Adelsprädikates verlustig gehen.

Art. 12. In Zukunft soll an die römische Kurie, die Vizelegation von Avignon und die Nuntiatur von Luzern kein Heller für Annaten oder irgendeinen anderen Zweck abgeführt werden, sondern die Gläubigen einer Diözese sollen sich wegen jeder Gewährung von Pfründen und Dispensen an ihre Bischöfe wenden; die Gewährung soll, ungeachtet aller Vorbehalte, päpstlicher Anwartschaftsbriefe und Gemeinschaftspfründen, umsonst erfolgen, da alle Kirchen Frankreichs die gleiche Freiheit genießen müssen.

Art. 13. Verfügungsrechte, Erbrechte beim Tod von Geistlichen, Nachlaßstiftungen, Vacat, Pachtzinsrechte, Peterspfennig und andere derartige Einrichtungen, wie sie auch heißen mögen, zugunsten von Bischöfen, Archidiakonen, Erzpriestern, Domkapiteln, Pröpsten und allen anderen Geistlichen werden abgeschafft, mit der Einschränkung, daß für eine angemessene Dotation der mit Einkünften nicht genügend ausgestatteten Archidiakonate und Erzpriesterstellen gesorgt wird.

Art. 14. Eine Häufung von Pfründen wird in Zukunft nicht erlaubt sein, wenn die Einnahmen der Rechtsinhaber von einer oder mehreren Pfründen die Summe von dreitausend Livres übersteigen. Ebensowenig wird es gestattet sein, mehrere Pfründenrenten oder eine Rente und eine Pfründe zugleich zu besitzen, falls die Einkünfte aus derartigem Besitz ebenfalls die Summe von dreitausend Livres übersteigen.

Art. 15. Anhand der ihr vorzulegenden Liste über die Höhe der Pensionen, Gnadengeschenke und festen Gehälter wird die Nationalversammlung, im Einvernehmen mit dem König, darangehen, diejenigen von ihnen, die auf keinem Verdienst beruhen, aufzuheben und die übrigen, soweit sie das gewöhnliche Maß übersteigen, zu reduzieren, vorbehaltlich einer für die Zukunft festzusetzenden Summe, über die der König für derartige Zwecke frei verfügen kann.

Art. 16. Die Nationalversammlung ordnet an, daß zum Gedächtnis dieser zum Wohle Frankreichs gefaßten Beschlüsse eine Medaille geprägt und in allen Pfarrgemeinden und Kirchen des Königreiches zum Dank ein Tedeum gesungen werden soll.

Art. 17. Die Nationalversammlung erklärt König Ludwig XVI. feierlich zum *Wiederhersteller der französischen Freiheit.*

Art. 18. Die Nationalversammlung wird sich in corpore zum König begeben, um Seiner Majestät den eben gefaßten Beschluß vorzulegen, ihr ihre ehrerbietigste Dankbarkeit zu bezeugen und sie um die Erlaubnis zu bitten, das Tedeum in der Königlichen Kapelle singen zu lassen und selbst an ihm teilzunehmen.

Art. 19. Die Nationalversammlung wird unmittelbar nach Errichtung der Verfassung die nötigen Gesetze für die Entwicklung der in vorliegendem Beschluß verankerten Prinzipien erlassen. Den Beschluß sollen die Abgeordneten, zusammen mit dem Dekret vom 10. dieses Monats, in alle Provinzen schicken, um ihn dort drucken, veröffentlichen, auch von der Kanzel predigen und überall, wo es nötig ist, anschlagen zu lassen.

* Siehe Mat. Nr. 4.3.4.2.

Duvergier (Mat. Nr. 3.7), Bd. 1, S. 33–35. Zit. nach: *Grab* (Mat. Nr. 3.5), S. 33–36.

4.2.2.2 Nationalisierung der Kirchengüter (Dekret der Nationalversammlung, 2.11.1789)*

Art. 1. Alle kirchlichen Güter sollen zur Verfügung der Nation stehen, mit der Einschränkung, daß unter der Aufsicht und nach den Weisungen der Provinzen, auf angemessene Weise für die Kosten des Gottesdienstes, den Unterhalt der Priester und die Armenpflege gesorgt wird.

Art. 2. Bei den Verfügungen, welche die Bestreitung des Unterhaltes der Priester betreffen, müssen für jede Pfarrstelle mindestens 1200 Livres jährlich veranschlagt werden, nicht eingerechnet die dazugehörige Wohnung und Gärten.

* Siehe Mat. Nr. 4.2.2.3, 4.3.4.2.

Archives parlementaires (Mat. Nr. 2.4.1.), Bd. 9, S. 649. Zit. nach: *Grab* (Mat. Nr. 3.5), S. 43.

4.2.2.3 Die Assignaten (19.12.1789)

Das Dekret vom 19. Dezember [1789] richtete eine *außerordentliche* Kasse ein, die hauptsächlich die Erlöse aus dem Verkauf der Kirchengüter aufnehmen sollte; diese Güter dienten als Pfand für die Ausgabe von Scheinen, den *Assignaten,* regelrechten Schatzanweisungen mit einem Zinssatz von 5 %, die nicht in barem Geld, sondern in Bodenbesitz rückzahlbar waren. In dem Maße, wie man [zu Nationalgütern deklarierte] Kirchengüter verkaufte, würden dann die Assignaten zurückfließen. Dann sollten sie vernichtet und auf diese Weise die Staatsschuld nach und nach getilgt werden. Die Krondomänen mit Ausnahme der Wälder und Schlösser, deren Nutznießung der König sich vorbehalten wollte, und die Mehrzahl der kirchlichen Güter sollten ebenfalls verkauft werden; diese machten einen Gesamtwert von 400 Millionen [Livres] aus. Die Auswirkungen dieser Maßnahme waren unübersehbar. Die Assignate verwandelte sich sehr schnell in Papiergeld; ihre Entwertung [siehe Mat. Nr. 4.4.2.2] führte die Revolution in ungeheure ökonomische und soziale Schwierigkeiten. Auf der anderen Seite bewirkte der im März 1790 einsetzende Verkauf der Nationalgüter eine gewaltige Eigentumstransaktion, deren Nutznießer – wohlhabende Bürger und Bauern – dadurch ein für allemal an die neue Ordnung gebunden wurden.

Soboul (Mat Nr. 4.1.1.1), S. 142 f.

4.2.2.4 Das Gesetz Le Chapelier (14.6.1791)

Artikel 1. Die Abschaffung aller Korporationen von Bürgern gleichen Standes und Berufes ist eine der wesentlichen Grundlagen der französischen Verfassung; es ist daher verboten, sie de facto, unter welchem Vorwand, in welcher Form auch immer, wiederzubegründen.

Artikel 2. Die Bürger, die dem gleichen Stand oder Beruf angehören – Unternehmer, Ladenbesitzer, Handwerker – dürfen, wenn sie sich versammeln, weder einen Präsidenten noch Sekretäre noch Syndikusse bestimmen, Listen führen, Beschlüsse fassen oder Statuten hinsichtlich ihrer angeblichen gemeinsamen Interessen ausarbeiten.

Artikel 3. Es ist allen Verwaltungen oder Gemeindebehörden untersagt, irgendwelche Eingaben oder Petitionen im Namen eines Standes oder Berufszweiges entgegenzunehmen und darauf eine Antwort zu erteilen; es wird ihnen im Gegenteil zur Pflicht gemacht, alle auf solche Weise etwa zustandegekommenen Beschlüsse für null und nichtig zu erklären und sorgfältig darüber zu wachen, daß sie weder Geltung erlangen noch ausgeführt werden.

Artikel 4. Wenn gegen den Geist der Freiheit und der Verfassung Bürger des gleichen Berufes, Handwerkes oder Gewerbes Beschlüsse fassen bzw. untereinander Absprachen treffen mit dem Ziel, den Beitrag ihres Gewerbefleißes oder ihrer Arbeit einhellig zu verweigern oder nur zu einem abgesprochenen Preise zu leisten, so werden solche Beschlüsse und Abmachungen, ob eidlich beschworen oder nicht, für verfassungswidrig, gegen die Freiheit und die Erklärung der Menschenrechte verstoßend und damit für null und nichtig erklärt: dies zu erklären, sind die Verwaltungs- oder Gemeindebehörden verpflichtet. Die Urheber, Anführer oder Anstifter, die diese Beschlüsse angeregt, verfaßt oder bei ihrer Abfassung den Vorsitz geführt haben, werden auf Verlangen des kommunalen Anklägers vor das Polizeigericht geladen, zu je 500 Livres Geldstrafe verurteilt und für die Dauer eines Jahres von der Ausübung aller aktiven Bürgerrechte sowie der Teilnahme an den Urwählerversammlungen ausgeschlossen.

Artikel 5. Es ist allen Verwaltungs- und Gemeindebehörden verboten – widrigenfalls ihre Mitglieder persönlich zur Verantwortung gezogen werden –, Unternehmer, Handwerker und Gesellen, die die obenerwähnten Beschlüsse oder Absprachen anstiften oder unterzeichnen, bei irgendwelchen öffentlichen Arbeiten in ihrem Berufszweig zu beschäftigen oder ihre Beschäftigung zu gestatten, es sei denn, sie erscheinen aus freiem Willen auf der Kanzel des Polizeigerichts, um jene Beschlüsse in aller Form zu widerrufen.

Artikel 6. Wenn die obenerwähnten Beschlüsse oder Absprachen, Flugblätter und Rundschreiben irgendwelche Drohungen gegen diejenigen Unternehmer, Handwerker oder Tagelöhner enthalten, die von auswärts kommend an einem Ort Arbeit suchen, oder gegen diejenigen, die sich mit einem niedrigeren Lohn zufrieden geben, wird jeder, der dazu mit Wort oder Tat anstiftet, aufhetzt oder seine Unterschrift hergibt, mit einer Geldstrafe von 1000 Livres und 3 Monaten Gefängnis bestraft.

Artikel 7. Jeder, der gegen Arbeiter, die die von den Verfassungsgesetzen garantierte Freiheit der Arbeit und des Gewerbes in Anspruch nehmen, mit Drohungen oder Gewalt vorgeht, wird strafrechtlich verfolgt und als öffentlicher Ruhestörer nach der Strenge der Gesetze bestraft.

Artikel 8. Alle von Handwerkern, Arbeitern, Gesellen und Tagelöhnern gebildeten oder angezettelten Zusammenschlüsse, die sich gegen die für jedermann ohne Unterschied der Person und gegenüber allen einvernehmlich ausgehandelten Arbeitsbedingungen geltende Berufs- und Gewerbefreiheit richten oder gegen Maßnahmen der Polizei und die Ausführung von auf diesem Gebiet ergangenen Gerichtsurteilen, ebenso wie gegen die öffentliche Versteigerung und Zusprechung der verschiedenen Geschäftsunternehmungen, gelten als aufrührerische Zusammenrottungen und werden als solche, sobald dies auf legalem Wege beantragt wird, von den Organen der öffentlichen Gewalt zerstreut und ihre Urheber, Anstifter und Rädelsführer sowie alle, die Ausschreitungen und Akte offener Gewalt begangen haben, mit der ganzen Strenge des Gesetzes bestraft.

Archives parlementaires (Mat. Nr. 2.4.1.), Bd. 27, S. 210 f. Zit. nach: *Grab* (Mat. Nr. 3.5), S. 49–51.

4.2.3 Der Kampf gegen den inneren und äußeren Feind

4.2.3.1 Der Kampf gegen die Kirche: Der Priestereid (27. 11. 1790) *

Artikel 1. Die Bischöfe, ehemalige Erzbischöfe und im Amt verbliebene Pfarrer sind gehalten, soweit sie es noch nicht getan haben, den Eid zu leisten, zu dem sie durch ... die Artikel 21 und 38 des Dekretes vom 12. Juli betreffend die Zivilverfassung des Klerus, verpflichtet sind: sie schwören demnach gemäß diesem Dekret, mit Eifer über die Gläubigen der ihnen anvertrauten Diözese oder Pfarrgemeinde zu wachen, der Nation, dem Gesetz und dem König treuergeben zu sein und mit allen ihren Kräften an der von der Nationalversammlung beschlossenen und vom König angenommenen Verfassung festzuhalten. Und zwar schwören die, die sich zum gegenwärtigen Zeitpunkt in ihren Diözesen oder Pfarrgemeinden aufhalten, innerhalb acht Tagen, die, die von ihnen abwesend, aber in Frankreich sind, innerhalb eines Monats und die, die sich im Ausland aufhalten, innerhalb zwei Monaten, immer vom Tage der Verkündung vorliegenden Dekretes an gerechnet.
Artikel 2. (dehnt die Eidespflicht auf die übrige Geistlichkeit aus)
Artikel 3. (trifft Anordnungen für die Öffentlichkeit der Eidesleistung)
Artikel 4. (bestimmt, daß die an der Nationalversammlung teilnehmenden Geistlichen ihren Eid dort leisten.)
Artikel 5. Von denjenigen der genannten Bischöfe, vormaligen Erzbischöfe, Pfarrer und anderen staatlichen Kirchenbeamten, die den ihnen jeweilig vorgeschriebenen Eid innerhalb der festgesetzten Fristen nicht geleistet haben, wird angenommen, daß sie auf ihr Amt verzichtet haben, und Neubesetzung wie im Falle einer Vakanz durch Amtsniederlegung veranlaßt ... Zu diesem Zweck ist der Bürgermeister gehalten, acht Tage nach Verstreichung der gesetzten Fristen die Versäumnis der Eidesleistung anzuzeigen. ...
Artikel 6. (bestimmt, daß Geistliche, die den Eid leisten, aber nachträglich dem Gesetz den Gehorsam verweigern oder zu einer Mißachtung aufrufen, strafrechtlich verfolgt, ihrer Einkünfte und des Rechtes auf Bekleidung bürgerlicher Ämter für verlustig erklärt werden sollen).
Artikel 7. Diejenigen der genannten ... staatlichen Kirchenbeamten, die ihr Amt behalten haben und die Eidesleistung verweigern, ebenso wie diejenigen, deren Pfründen erloschen sind, und die Mitglieder der gleichfalls aufgehobenen Orden der Weltpriester werden, sofern sie sich – als Einzelperson oder als Körperschaft – weiterhin irgendwelcher öffentlichen Amtshandlungen anmaßen, als Ruhestörer der öffentlichen Ordnung verfolgt und mit den gleichen Strafen wie oben angegeben bestraft.
Artikel 8. Desgleichen werden als Ruhestörer der öffentlichen Ordnung verfolgt und nach der Strenge der Gesetze bestraft alle Geistlichen oder Laien, die sich zusammenschließen, um ein Komplott zur Mißachtung der vom König angenommenen oder sanktionierten Dekrete der Nationalversammlung zu schmieden oder um Widerstand gegen ihre Durchführung zu organisieren oder dazu aufzuhetzen.

* Siehe auch Mat. Nr. 4.2.2.2, 4.3.4.2; der Kampf gegen die Kirche wurde durch das Dekret über die eidverweigernden Priester vom 29. 11. 1791 erheblich verschärft.

Archives parlementaires (Mat. Nr. 2.4.1), Bd. 21, S. 80 f. Zit. nach: *Grab* (Mat. Nr. 3.5), S. 48 f.

4.2.3.2 Barnave: Die Revolution beenden (15.7.1791)

... und ich sage: heute ist jede Veränderung verhängnisvoll, heute ist jede Fortsetzung der Revolution unheilvoll. Ich stelle eine Frage, die von nationalem Interesse ist: werden wir die Revolution beenden oder werden wir sie von neuem beginnen? Wenn Ihr einmal der Verfassung mißtraut, wo wird der Punkt sein, an dem Ihr dann einhalten werdet, und vor allem, wo werden Eure Nachfolger einhalten?
Ich habe vor einiger Zeit gesagt, daß ich den Angriff der fremden Mächte und der Emigranten nicht fürchte; aber heute sage ich mit derselben Aufrichtigkeit, daß ich die Fortsetzung der Unruhen und Gärungen fürchte, die uns so lange beschäftigen werden, als die Revolution nicht vollständig und friedlich beendet ist: von außen her kann niemand Schaden anrichten, aber man fügt uns von innen her großen Schaden zu, wenn man uns mit unheilvollen Gedanken beunruhigt, wenn eingebildete Gefahren, die um uns her geschaffen wurden, im Volk einigen Bestand gewinnen und jenen Männern einigen Einfluß verschaffen, die sich ihrer bedienen, um das Volk ständig in Aufruhr zu halten. Man fügt uns viel Leid zu, wenn man diese revolutionäre Bewegung dauernd macht, die alles zerstört hat, was es zu zerstören galt, die uns an den Punkt geführt hat, wo wir einhalten müssen; sie wird nur durch einen friedlichen und gemeinsamen Entschluß beendet werden können, durch eine Vereinigung, wenn ich so sagen darf, von allem, was die Zukunft der französischen Nation ausmachen kann. Denken Sie daran, meine Herren, denken Sie immer daran, was nach Ihnen geschehen wird! Ihr habt getan, was gut war für die Freiheit und die Gleichheit; keine willkürliche Gewalt ist verschont worden, keine Anmaßung der Eigenliebe, keine widerrechtliche Besitzergreifung von Eigentum ist ungestraft geblieben; Ihr habt alle Menschen vor dem Gesetz gleichgemacht, Ihr habt dem Staat wiedergegeben, was ihm genommen wurde: daraus ergibt sich diese große Wahrheit, daß wenn die Revolution noch einen Schritt weitergeht, sie dies nicht ohne Gefahr tun kann; daß auf der Linie der Freiheit die erste Handlung, die noch folgen könnte, die Vernichtung des Königtums wäre; und daß auf der Linie der Gleichheit die erste Handlung, die noch folgen könnte, der Angriff auf das Eigentum wäre *(Beifall)*.
Ich frage all jene, die mich verstehen, all jene, die wie ich meinen, daß, wenn die Unruhen wieder beginnen, wenn die Nation noch weitere große Erschütterungen zu erleiden hat, wenn große Ereignisse folgen werden oder auch nur zu befürchten sind, wenn alles, was das Volk in Unruhe versetzt, ihm allmählich zur Selbstverständlichkeit wird, wenn der Einfluß des Volkes sich weiterhin in den politischen Ereignissen geltend macht; ich frage all jene, sage ich, die wissen, daß, wenn die Dinge so verlaufen, die Revolution nicht beendet ist; ich frage Sie: Gibt es noch eine andere Aristokratie zu zerstören als die des Eigentums? Meine Herren, die Männer, die Revolutionen machen wollen, machen dies nicht mit Lehrsätzen aus der Metaphysik; man reißt einige Stubenphilosophen mit sich, einige Gelehrte, die sich auf Geometrie verstehen, von Politik jedoch nichts; solche Leute werden ohne Zweifel mit Abstraktionen genährt. Aber die Menge, derer man sich bedienen muß, die Menge, ohne die man keine Revolution macht, kann man nur durch Realitäten mit sich reißen; man kann sie durch durch greifbare Vorteile rühren!
Ihr alle wißt, daß die Nacht des 4. August der Revolution mehr Arme gegeben hat als alle verfassungsmäßigen Beschlüsse! Aber welche Nacht des 4. August könnte es für jene noch geben, die weiter gehen wollen, wenn es nicht Gesetze gegen das Eigentum sind! Und selbst wenn solche Gesetze nicht gemacht werden, wer wird uns dann garantieren, daß

mangels Entschlossenheit der Regierung, daß, wenn wir die Revolution nicht beendet haben werden und der Bewegung, die sie fortpflanzt, nicht Einhalt geboten, ihre fortschreitende Tätigkeit nicht das von selber tun wird, was das Gesetz nicht auszusprechen wagte? Es ist also jetzt wahrlich an der Zeit, die Revolution zu beenden; sie erhält also erst heute ihren eigentlichen großen Charakter; es ist also an dem, daß die Revolution in den Augen Europas und der Nachwelt als etwas gelten wird, das entweder für die französische Nation oder für einige Individuen gemacht worden ist; wurde sie für die Nation gemacht, dann muß sie in dem Augenblick anhalten, da die Nation frei ist, da alle Franzosen gleich sind; setzt sie die Unruhe jedoch fort, dann ist sie nur noch der Nutzen einiger Männer, dann ist sie entehrt, dann sind auch wir entehrt.

Heute, meine Herren, muß jedermann erkennen, daß es im Interesse der Allgemeinheit liegt, daß die Revolution einhält: diejenigen, die verloren haben, müssen einsehen, daß es unmöglich ist, sie rückgängig zu machen und daß es nur noch darum gehen kann, sie zu domestizieren. Diejenigen, die sie gemacht und gewollt haben, müssen einsehen, daß sie an ihrem letzten Ziel ist, daß das Glück ihres Vaterlandes und ihr eigener Ruhm es erforderlich machen, daß sie nicht länger andauert. Alle haben dasselbe Interesse: die Könige selbst, wenn tiefe Wahrheiten zuweilen bis zum Rat eines Königs dringen können, wenn zuweilen die Vorurteile, die sie umgeben, die gesunden Ansichten einer großen und philosophischen Politik bis zu ihnen vordringen lassen können, die Könige selbst müssen einsehen, daß für sie ein großer Unterschied liegt zwischen dem Beispiel einer durchgreifenden Reform in der Regierung und dem Beispiel der Abschaffung des Königtums; daß, wenn wir hier einhalten, sie immer noch die Könige sind; daß selbst die Probe, die diese Institution bei uns zu bestehen hatte, der Widerstand, den sie gegen ein aufgeklärtes und sehr aufgebrachtes Volk geleistet hat, der Triumph, den sie in den ernsthaftesten Diskussionen errungen hat; all diese Umstände, sage ich, bestätigen für die großen Staaten das System des Königtums; sie müssen einsehen, daß neue Ereignisse ein anderes Urteil herbeiführen könnten, und daß, wenn sie ihre wirklichen Interessen nicht leeren Hoffnungen opfern wollen, auch für sie die Beendigung der Französischen Revolution das Beste ist. ...

Ph.-J.-B. Buchez / P. C. Roux-Lavergne (Hrsg.): Histoire parlementaire de la Révolution française ou Journal des assemblées nationales. Bd. 11. Paris 1834, S. 54–68. Zit. nach *Peter Fischer* (Hrsg.): Reden der Französischen Revolution. München: Deutscher Taschenbuch Verlag 1974, S. 136–138.

4.2.3.3 Der Krieg

4.2.3.3.1 Brissot: Für den Krieg (16. 12. 1791)
... Seit sechs Monaten, eigentlich schon seit dem Beginn der Revolution, überlege ich, welche Partei ich unterstützen soll. Zauberkunststücke unserer Gegner werden es nicht dahinbringen, daß ich die Revolution im Stich lasse. Überlegungen und Tatsachen haben mich zu der Überzeugung gebracht, daß für ein Volk, das nach tausend Jahren Sklaverei die Freiheit erobert hat, der Krieg ein Bedürfnis ist. Der Krieg ist notwendig, um die Freiheit zu befestigen; er ist notwendig, um sie von den Lastern des Despotismus zu reinigen; er ist notwendig, um Männer zu entfernen, welche sie vergiften könnten. Lobt den Himmel für die Mühe, die er sich gemacht hat und dafür, daß er Euch die Zeit gegeben hat, Eure Verfassung aufzurichten. Ihr habt Rebellen zu strafen und Ihr habt auch die

Stärke dazu; also entschließt Euch, es zu tun. Ich möchte denjenigen meine Hochachtung bezeigen, die redlich und patriotisch die gegenteilige Meinung unterstützen; doch ich beschwöre sie, meine Gründe zu prüfen und zu widerlegen. Falls ich mich geirrt haben sollte, werde ich ihre Meinung verteidigen, ich werde sie auch vor der Nationalversammlung verteidigen; aber wenn sie sich haben irreführen lassen, dann mache ich mich anheischig, auch noch den letzten ihrer Einwände zu vernichten. Alle hier anwesenden Deputierten müssen ebenso denken; welches Unglück, wenn unsere Meinung hinsichtlich einer Sache geteilt wäre, die über das Glück Frankreichs entscheiden wird. In zwei Jahren hat Frankreich seine friedlichen Mittel erschöpft, um die Rebellen in seinem Schoß zurückzuführen; alle Versuche, alle Aufforderungen waren fruchtlos; sie beharren auf ihrer Rebellion, die fremden Fürsten beharren darauf, sie in derselben zu unterstützen: kann man noch schwanken, ob man sie angreifen soll? Unsere Ehre, unser öffentlicher Kredit, die Notwendigkeit, unsere Revolution moralisch zu machen und zu konsolidieren – all das macht es uns zum Gesetz. Denn wäre Frankreich nicht entehrt, wenn es nach der Vollendung seiner Verfassung eine Handvoll Aufwiegler dulden würde, die seiner zu Recht bestehenden Staatsgewalt Hohn sprechen würden; wäre Frankreich nicht entehrt, wenn es länger Beleidigungen hinnähme, die ein Despot nicht vierzehn Tage geduldet hätte. Ein Louis XIV. erklärte Spanien den Krieg, weil sein Gesandter vom spanischen Gesandten beleidigt worden war; und wir, die frei sind, sollten auch nur einen Augenblick schwanken!

Was sollen sie denn von uns denken? Daß wir unfähig sind, gegenüber den fremden Mächten zu handeln oder daß die Rebellen uns Ehrfurcht einflößen? Das würden sie ja nur als Zeichen dafür ansehen, daß wir uns in einem Zustand der Verwirrung befinden. Was also wird das Ergebnis dieses Krieges sein? Wir müssen uns rächen oder uns damit abfinden, für alle Nationen ein Schandmal zu sein; wir müssen uns rächen, indem wir diese Räuberbande vernichten oder uns damit abfinden, daß die Parteiungen, die Verschwörungen, die Verwüstungen ewig werden und die Frechheit unserer Aristokraten noch größer wird, als sie es jemals war. Die Aristokraten glauben an die Armee von Koblenz; von daher rührt die Halsstarrigkeit dieser Fanatiker. Wollt Ihr mit einem Schlag die Aristokratie, die Widerspenstigen* und die Unzufriedenen vernichten: dann zerstört Koblenz; das Oberhaupt der Nation wird gezwungen sein, nach der Verfassung zu regieren, wird zu der Einsicht kommen müssen, daß sein Heil nur in der Anhänglichkeit an die Verfassung liegt, wird gezwungen sein, seine Handlungen nach der Verfassung zu richten.

* Gemeint sind die eidverweigernden Priester.

Ph.-J.-B. Buchez / *P. C. Roux-Lavergne* (Hrsg.): Histoire parlementaire de la Révolution française ou Journal des assemblées nationales. Bd. 12. Paris 1834, S. 409–411. Zit. nach: *Peter Fischer* (Hrsg.): Reden der Französischen Revolution. München: Deutscher Taschenbuch Verlag 1974, S. 144 f.

4.2.3.3.2 Robespierre: Gegen den Krieg (2. 1. 1792)

... Sollen wir Krieg führen oder Frieden schließen? Sollen wir unsere Feinde angreifen, oder sie in unsern Wohnungen erwarten? Ich glaube, daß dieser Ausdruck die Frage nicht unter allen ihren Beziehungen und in ihrer ganzen Ausdehnung darstellt. Welche Partei müssen die Nation und ihre Vertreter ergreifen, in den Verhältnissen, in denen wir uns befinden, in Rücksicht auf unsere inneren und äußeren Feinde? Das ist der wahre Gesichtspunkt, unter dem man sie betrachten muß, wenn man sie ganz begreifen und mit der ganzen Genauigkeit verhandeln will, die sie erfordert. Was auch die Frucht unserer Anstrengungen sein kann, vor allem ist es wichtig, die Nation über ihre wahren Interessen und über die ihrer Feinde aufzuklären; es ist wichtig, der Freiheit nicht ihre letzte Hilfsquelle zu nehmen dadurch, daß man den öffentlichen Geist in dieser kritischen Lage irreführt. Ich will versuchen, diese Aufgabe zu erfüllen, indem ich besonders die Meinung des Herrn Brissot beantworte.

Wenn geistreiche Gedanken, wenn ein glänzendes und prophetisches Gemälde von dem Erfolge eines durch die brüderliche Zustimmung aller Völker der Erde beendigten Krieges genügende Gründe sind, um eine so ernste Frage zu entscheiden, so muß ich gestehen, daß Herr Brissot sie vollständig gelöst hat; aber seine Rede scheint mir einen Fehler zu enthalten, der nichts ist in einer akademischen Rede, aber von einiger Wichtigkeit in der größten aller politischen Diskussionen; er ist unaufhörlich dem Fundamentalpunkte der Frage ausgewichen, um sein ganzes System für sich auf einer unbedingt verderblichen Grundlage zu errichten.

Gewiß, ich liebe ebensosehr wie Herr Brissot, einen Krieg, der unternommen wird, um die Herrschaft der Freiheit auszubreiten, und ich würde mich auch dem Vergnügen hingeben können, zum voraus alle möglichen Wunder davon zu erzählen. Wenn ich Herr über das Schicksal Frankreichs wäre, wenn ich nach meinem Belieben seine Kräfte und seine Hilfsquellen lenken könnte, so würde ich schon seit langer Zeit eine Armee nach Brabant geschickt haben, ich würde den Lüttichern zu Hilfe geeilt sein und die Ketten der Holländer gebrochen haben; diese Feldzüge sind ganz nach meinem Geschmack. Ich würde nicht, es ist wahr, den rebellischen Untertanen den Krieg erklärt haben, ich würde ihnen sogar den Willen genommen haben, sich zu versammeln; ich würde viel gefährlicheren und uns viel näheren Feinden nicht gestattet haben, sie zu beschützen und uns im Innern ernsthaftere Gefahren zu erwecken.

Aber in der Lage, in der ich mein Vaterland sehe, werfe ich einen unruhigen Blick um mich und frage mich, ob der Krieg, den man führen wird, der sein wird, den uns die Begeisterung verheißt; ich frage mich, wer ihn vorschlägt, wie, in welchen Umständen und warum? ...

Es ist verdrießlich, daß die Wahrheit und der gesunde Menschenverstand diese glänzenden Voraussagungen Lügen strafen; es liegt in der Natur der Dinge begründet, daß der Gang der Vernunft langsam fortschreitet. Die lasterhafteste Regierung findet in den Vorurteilen, in den Gewohnheiten, in der Erziehung der Völker eine mächtige Stütze. Der Despotismus selbst verdirbt den Geist der Menschen so weit, daß er sich anbeten läßt und die Freiheit auf den ersten Anblick verdächtig und fürchterlich macht. Die ausschweifendste Idee, die in dem Kopfe eines Politikers entstehen kann, ist die, zu glauben, daß es für ein Volk genüge, mit bewaffneter Hand bei einem fremden Volke einzubrechen, um es zu zwingen, seine Gesetze und seine Verfassung anzunehmen. *Niemand liebt die bewaffneten Missionare; der erste Rat, den die Natur und die Klugheit geben, ist der, sie als Feinde zurückzuschlagen*[1]. Ich habe gesagt, daß eine solche Invasion die Idee einer Eroberung der Pfalz und die Erinnerung an die letzten Kriege leichter erwecken, als konstitutionelle Ideen hervorsprießen lassen würde, weil die Masse des Volkes in diesen Gegenden besser diese Tatsachen kennt, als unsere Verfassung. Die Berichte aufgeklärter Männer, welche sie kennen, widersprechen allem, was man uns von der Sehnsucht erzählt, mit der sie nach unserer Verfassung und unsern Armeen seufzen sollen. Bevor die Wirkungen unserer Revolution sich bei den auswärtigen Völkern fühlbar machen können, muß sie zuerst befestigt sein. Ihnen die Freiheit geben wollen, bevor wir selbst sie erobert haben, heißt nur unsere Sklaverei und zugleich die der ganzen Welt befestigen; man bildet sich über die Dinge nur eine übertriebene und abgeschmackte Idee, wenn man bedenkt, daß von dem Augenblick an, wo ein Volk sich eine Verfassung gibt, alle anderen Völker in demselben Augenblick dieses Signal beantworten werden. ...

[1] Hervorhebung des Übersetzers.

Gesammelte Schriften und Reden von *Maximilien Robespierre*. Nach der französischen Ausgabe von *Laponneraye*. Bd. 1. Leipzig 1851, S. 157–196. Zit. nach: *Fischer* (Mat. Nr. 4.2.3.3.1), S. 146–148.

4.2.3.3.3 Das Manifest des Herzogs von Braunschweig (25. 7. 1792)

Ihre Majestäten der Kaiser von Österreich und der König von Preußen haben mir den Oberbefehl über ihre an der Grenze Frankreichs vereinigten Heere übertragen; ich will also den Bewohnern dieses Königreichs die Gründe angeben, welche diese beiden Fürsten zu ihren Maßregeln bestimmt haben, und die Absichten, welche sie verfolgen.

Diejenigen, welche sich die Regierung in Frankreich angemaßt haben, sind, nachdem sie die Rechte und Besitzungen der deutschen Fürsten im Elsaß und in Lothringen diesen willkürlich entrissen; nachdem sie im Innern die gute Ordnung und die rechtmäßige Regierung gestört und umgestürzt und nachdem sie gegen die geheiligte Person des Königs und seiner erlauchten Familie Gewalttätigkeiten begangen haben, die sich noch täglich erneuern, endlich so weit gegangen, daß sie Sr. Majestät dem Kaiser einen ungerechten Krieg erklärten und in seine niederländischen Provinzen einfielen; einige andere Provinzen des deutschen Reichs hatten unter derselben Ungerechtigkeit zu leiden; und mehrere andere sind der dringendsten Gefahr nur dadurch entgangen, daß sie den Drohungen der herrschenden Partei und ihrer Abgesandten nachgaben.

Se. Majestät der König von Preußen, mit Sr. kaiserl. Majestät durch ein enges Schutzbündnis vereinigt, und selbst ein mächtiges Mitglied des deutschen Reiches, konnten somit nicht unterlassen, seinem Verbündeten und seinen Mitständen zu Hilfe zu ziehen; aus diesem doppelten Grunde übernimmt Se. Majestät die Verteidigung des Kaisers von Deutschland.

Diesem großen Interesse schließt sich noch ein gleich wichtiger Zweck an, welcher den beiden Monarchen sehr am Herzen liegt, nämlich der, der Gesetzlosigkeit im Innern Frankreichs ein Ende zu machen, die Angriffe auf Thron und Altar aufzuhalten, die gesetzliche Gewalt wieder aufzurichten, dem Könige seine Freiheit und Sicherheit wieder zu erstatten, und ihn in den Stand zu setzen, die gesetzmäßig ihm zukommende Gewalt auszuüben.

Überzeugt, daß der gesunde Teil des französischen Volks die Ausschweifungen der herrschenden Partei verabscheut, und daß der größere Teil der Bewohner mit Ungeduld den Augenblick der Hilfe erwartet, um sich offen gegen die verhaßten Maßregeln seiner Unterdrücker zu erklären, fordern Ihre Majestäten dieselben auf, ohne Verzug zur Vernunft, zur Gerechtigkeit, zur Ordnung und zum Frieden zurückzukehren. In dieser Hinsicht erklärt der Unterzeichnete, Oberbefehlshaber der verbündeten Heere, folgendes:

1. Daß die beiden verbündeten Höfe durch unwiderstehliche Gründe zu dem gegenwärtigen Kriege bewogen wurden, daß sie dadurch nur das Heil Frankreichs beabsichtigen, aber keineswegs sich durch Eroberungen bereichern wollen;

2. Daß sie nicht die Absicht haben, sich in die innere Regierung Frankreichs zu mischen; sondern daß sie nur den König, die Königin und die königliche Familie aus der Gefangenschaft befreien, und Sr. allerchristlichsten Majestät die Mittel verschaffen wollen, ohne Gefahr und Hindernis die Einberufungen vorzunehmen, die sie für notwendig finden sollte, um für das Wohl ihres Volkes nach den Versprechungen und so viel von ihr abhängen wird, zu arbeiten;

3. daß die verbündeten Heere die Städte, Märkte und Dörfer, auch die Personen und Güter derer, welche sich dem Könige unterwerfen werden, beschützen, und daß sie zur unmittelbaren Wiederherstellung der öffentlichen Ordnung und Polizei in ganz Frankreich beitragen werden:

5. daß die Generale, Offiziere, Unteroffiziere und Soldaten des französischen Linienheers ebenfalls aufgefordert sind, zu ihrer alten Treue zurückzukehren, und sich auf der Stelle dem König, ihrem rechtmäßigen Fürsten, zu unterwerfen;

6. daß die Mitglieder der Verwaltungsbehörden, der Departements, der Bezirke und der Gemeinden gleichmäßig mit ihrem Leben und mit ihren Gütern zu stehen haben für alle Verbrechen, Brandstiftungen, Ermordungen, Plünderungen und Tätlichkeiten, welche sie in ihrem Gebiete zulassen, und nicht notorisch zu verhindern gesucht haben; daß sie weiterhin ihre Stellen noch ferner zu bekleiden haben, bis Seine allerchristlichste Majestät nach Seiner Befreiung andere Befehle erteilt haben wird, oder bis in Seinem Namen anders verordnet werden wird;

7. daß die Bewohner von Städten, Marktflecken und Dörfern, welche es wagen sollten, sich gegen die Heere Ihrer Majestäten zu verteidigen, und auf dieselben entweder im offenen Felde oder aus den Fenstern, Türen oder andern Öffnungen ihrer Häuser zu schießen, *sogleich nach der ganzen Strenge des Kriegsrechts bestraft und ihre Wohnungen zerstört oder angezündet werden sollen*. Alle Bewohner der besagten Städte, Marktflecken und Dörfer dagegen, welche sich beeilen werden, sich ihrem Könige zu unterwerfen und ihre Tore den verbündeten Truppen zu öffnen, werden sogleich unter den unmittelbaren Schutz derselben gestellt, ihre Personen, ihre Güter und Habseligkeiten werden unter dem Gesetze stehen, und es wird für die allgemeine Sicherheit aller und der einzelnen gesorgt werden;

8. die Stadt Paris und alle ihre Bewohner ohne Unterschied sind schuldig, sich sogleich ihrem König zu unterwerfen, ihn in volle Freiheit zu setzen, und ihm, so wie allen Mitgliedern seiner Familie, die Unverletzlichkeit und die Achtung zu versichern, auf welche nach dem Vernunft- und Völkerrechte die Fürsten gegenüber von ihren Untertanen Anspruch zu machen haben. Ihre Majestäten machen alle Mitglieder der Nationalversammlung, des Departements, der Bezirke und des Gemeinderats, alle Friedensrichter von Paris und wen es sonst betreffen mag, persönlich bei ihrem Leben und bei Strafe, vor einem Kriegsgerichte ohne Hoffnung auf Begnadigung verurteilt zu werden, verantwortlich für alle Vorfälle. Ihre Majestäten erklären ferner auf Ihr kaiserliches und königliches Ehrenwort, daß, wenn das Schloß der Tuilerien gestürmt oder sonst verletzt, wenn die mindeste Beleidigung dem Könige, der Königin und der ganzen königlichen Familie zugefügt, nicht unmittelbar für ihre Sicherheit, ihr Leben und ihre Freiheit gesorgt wird, sie eine beispiellose und für alle Zeiten denkwürdige Rache nehmen und die Stadt Paris einer militärischen Exekution und einem gänzlichen Ruine preisgeben, die Verbrecher selbst aber dem verdienten Tode überliefern werden. Ihre Majestäten versprechen dagegen den Einwohnern von Paris ihre Verwendung bei Sr. allerchristlichsten Majestät, um ihnen Begnadigung für

ihre Fehler und Irrtümer zu verschaffen und die kräftigsten Maßregeln zu nehmen, um ihre Personen und Güter zu sichern, wenn sie die obige Aufforderung schnell befolgen werden. ...
Gegeben im Hauptquartier Koblenz am 25. Juli 1792.
Unterzeichnet: *Karl Wilhelm Ferdinand*
Herzog von Braunschweig-Lüneburg.

Archives parlementaires (Mat. Nr. 2.4.1), Bd. 47, S. 372 ff. Zit. nach: *Grab* (Mat. Nr. 3.5), S. 108–111.

4.3 Die Radikalisierung der Revolution: Die jakobinische Republik (10. 8. 1792 – 9. Thermidor 1794)

4.3.1 Journée: 10. August 1792

4.3.1.1 Bericht eines Augenzeugen*

... Um neun Uhr morgens am 10. zogen die bewaffneten Haufen, sich gebärdend wie rasend Tolle, vorbei an meinem Fenster gegen die Tuilerien zu, dem Aufenthalt des Königs. Ich verließ sogleich mein Zimmer, um zu sehen, was es geben würde. Ich kam noch vor Ankunft der Horde in den Garten der Tuilerien. Ich sah einen großen bewaffneten Haufen von braven Schweizern und Nationalgarden sich langsam vom Schlosse weg gegen die Nationalversammlung hinbewegen. Der König, seine Schwester, seine Frau und seine zwei Kinder waren in ihrer Mitte. Der brave Röderer, Generalprokurator des Departements, unfähig, zur Ruhe noch etwas zu wirken, hatte den König gebeten, sich mit den Seinigen in die Mitte der Nationalversammlung zu begeben; der einzige Weg, um ihr Leben zu sichern. – Ich sah den König hineingehen und war glücklich genug, mich auch hineinzudrängen. – Nie vergesse ich diesen merkwürdigen Anblick. Der König stellte sich zur Seite des Präsidenten. Die Frauenzimmer setzten sich gegenüber auf eine Bank an den Schranken der Nationalversammlung. – Aber der König durfte da nicht bleiben, weil die Konstitution in seiner Gegenwart den Gliedern der Nationalversammlung zu verhandeln verbietet, und ihre Verhandlungen waren doch notwendig. Es entstand die Frage: Wo ihn hintun? – Während der Beratungen darüber lag der König auf seine Hände gestützt, mit dem Bauche halb über den Tisch, der vor dem Präsidenten stand. Kindisch läppisch und kindisch gutmütig, sorglos und unbekümmert, in diesem ernsten, gefährlichen Augenblick auch ohne die mindeste Spur von Würde, von Überlegung, von Ideenarbeit, hörte er den Reden für und wider der verschiedenen Mitglieder zu, ohngefähr wie einer, der zum erstenmal so etwas hört und in einer dummen Erstarrung halb lachend zu sich sagt: „Das ist doch närrisch." Gegenüber saß die Königin, in deren Gesicht man erstaunt war, alles, alles, gleichsam doppelt gehäuft zu finden, was man am Könige vermißte. Sie hatte Rock und Kamisol an von blauem Zitz mit weißen Blumen, ein einfaches weißes Tuch ohne Spitzen und Verzierung um ihren Hals, eine Art von Haube auf ihrem Kopf. Sie hatte den Dauphin auf ihrem Schoß – einen kleinen, bildschönen Knaben. Sie drückte ihn zuweilen an sich, mit Beklemmung, als dächte sie, was wird aus dir werden? Sie sah tiefsinnig und kummervoll von Zeit zu Zeit um sich her, sie faßte mit Ernst und hoher Verachtung jedes Mitglied ins Auge, dem in diesem Augenblick die Schonung und Menschlichkeit unglimpfliche Ausdrücke entschlüpften. Ich versichere Sie, die Königin war sehr rührend in diesem Augenblicke. ...

Der brave Röderer hielt darauf einen Vortrag, worin er auseinander setzte, was er zur Erhaltung der öffentlichen Ruhe hatte tun wollen und nicht hatte tun können. Er sagte, er habe der Schweizergarde, die das Schloß bewache, Befehl gegeben, nicht anzugreifen, aber Gewalt mit Gewalt zurückzutreiben, wenn man das Schloß bestürmen wolle! – Bald darauf hörte man die ersten Kanonenschüsse. Die Nationalversammlung erstarrte auf einige Augenblicke. Sie sprach hernach aus Angst. Ich entfernte mich und war hernach immer in der Nähe des Gefechts! weil ich nicht mehr zurück konnte; denn alle Zugänge der Nationalversammlung waren besetzt, und man feuerte von allen Seiten. – – Die Horde von Pikenträgern und Föderierten war gegen das Schloß angezogen und hatte die Schweizergarde aufgefordert, es zu übergeben. Diese hatte sich geweigert. Die Föderierten feuerten, die Schweizer feuerten wieder. Auf beiden Seiten ladete man die Kanonen mit Mitraille. Die Schweizer, kaum tausend Mann, verließen sich auf die Unterstützung der Nationalgarde, aber diese ließ sie schändlicherweise im Stich, floh zum Teil, machte zum Teil gemeinschaftliche Sache mit der angreifenden Horde. Die armen Schweizer, bestürmt von allen Seiten, überwältigt von der Menge, streckten endlich das Gewehr. Ihrer waren nur wenige im Gefecht geblieben. Aber jetzt, nachdem sie sich ergeben hatten, fiel man jämmerlich über sie her, zwanzig über einen und ermordete sie jämmerlich. Man hat sie totgeschlagen, wo man sie fand; in den meisten Straßen von Paris lagen Leichen. Ich habe Szenen gesehen, worüber die Menschheit schaudert. Man hat sie lebendig ins Feuer geworfen; man hat sie geschunden und verstümmelt. Weiber, immer die wütendsten, die grausamsten, sogen ihr Blut. Selbst die toten Körper blieben von keiner Art der Mißhandlung frei. Abends führte man die verstümmelten Leichname fort, dreißig bis vierzig auf einem Wagen; oben darauf setzten sich Pikenträger, triumphierend, immer gegen die toten, nackten Körper noch wütend. – Ihre zerrissenen Kleidungsstücke, ihre Köpfe auf Stangen hat man im Triumph umhergetragen. Man hat die Schweizer in den Häusern aufgesucht, die Türhüter waren. – Und diese braven Schweizer alle folgten ihrer Order, verteidigten ihren Posten und taten also ihre Pflicht. – Es sind außerdem viele Menschen erschlagen worden, und auch von der Partei der Horde sind im Gefecht eine große Menge geblieben. Auf dem Schlosse ist alles zu unterst zu oberst gekehrt, alles verrückt worden. Viele kleine Häuser drum herum, Kasernen und dergleichen stehen noch im Feuer. – Der König ist an demselben Tage seiner Amtsverrichtungen entsetzt, seine Einkünfte sind eingezogen worden, denn kein Mensch in der Nationalversammlung wagte, der herrschenden Partei zu widersprechen. Der Pöbel schwärmt noch wütend in den Straßen umher. Man reißt die Bildsäulen der Könige, diese Meisterstücke der Kunst, die Zierden der öffentlichen Plätze, nieder. Sogar die von Heinrich IV., dem besten der französischen Könige, dem Frankreich so viel zu danken hat, ist nicht unverschont geblieben. Man fürchtet für noch mehrere Ausschweifungen, denn man ist des Pöbels nun gar nicht mehr Meister. Zucht und Ordnung ist verloren. ...

* Der Augenzeuge Justus Erich Bollmann (1769–1821) hielt sich von Februar bis August 1792 in Paris auf. Er übte eine Vielzahl von Tätigkeiten aus, z. B. internationaler Kaufmann, Politiker, Fabrikant, Farmer, Arzt.

J. E. Bollmann: Brief an seinen Vater vom 12. 8. 1792. In: *Landauer* (Mat. Nr. 4.1.2.1). Bd. 2, S. 289–294.

4.3.1.2 Dekret der Gesetzgebenden Versammlung (10. August 1792)

Angesichts der Tatsache, daß die das Vaterland bedrohenden Gefahren ihren Gipfel erreicht haben;
daß es für die Gesetzgebende Versammlung keine heiligere Pflicht gibt als die, jedes Mittel zu seiner Rettung einzusetzen; ...
angesichts aller dieser Tatsachen dekretiert die Nationalversammlung wie folgt:
Artikel 1. Das französische Volk wird aufgefordert, einen Nationalkonvent zu bilden. Die Sonderkommission wird morgen einen Plan, betreffend den Charakter und Zeitraum dieses Konvents, vorlegen.
Artikel 2. Der Träger der Exekutivgewalt wird vorläufig seiner Befugnisse enthoben, bis der Nationalkonvent über die Maßregeln entschieden hat, die er zur Sicherung der Volkssouveränität und Durchsetzung von Freiheit und Gleichheit für erforderlich hält.
Artikel 3. Die Sonderkommission legt im Laufe des Tages Richtlinien über die Bildung eines neuen Ministeriums vor. Die gegenwärtig amtierenden Minister üben vorläufig ihre Befugnisse weiter aus.
Artikel 4. Die Zahlungen aus der Zivilliste bleiben bis zur Entscheidung durch den Nationalkonvent gesperrt. Die Sonderkommission legt innerhalb vierundzwanzig Stunden den Entwurf eines Dekrets über das dem König während seiner Suspendierung zu gewährende Gehalt vor. ...

Archives parlementaires (Mat. Nr. 2.4.1), Bd. 47, S. 645 f. Zit. nach: *Grab* (Mat. Nr. 3.5), S. 115 f.

4.3.1.3 Marat: „Der Volksfreund" an die französischen Patrioten (10. August 1792)

Meine lieben Landsleute!
Ein Mann, der um euretwillen lange Zeit Ächtung erduldet hat, verläßt heute seinen unterirdischen Schlupfwinkel, um sich zu bemühen, den Sieg in eure Hände zu legen. ...
Der ruhmreiche Tag des 10. August 1792 kann für den Triumph der Freiheit entscheidend sein, wenn ihr euren Vorteil zu benutzen versteht.
Viele der Tyrannenknechte liegen tot im Staub, eure unversöhnlichen Feinde scheinen gelähmt, aber sie werden nicht säumen, aus ihrer Erstarrung aufzuwachen und sich furchtbarer als je zu erheben. Erinnert euch an den Prozeß des Châtelet nach den Ereignissen des 5. und 6. Oktobers. Hütet euch, der Stimme falschen Mitleids nachzugeben. Hütet euch, nachdem ihr euer Blut vergossen habt, um das Vaterland vor dem Abgrund zu retten, daß ihr nicht die Opfer der geheimen Ränke eurer Feinde werdet, hütet euch, daß ihr nicht in finsterer Nacht von einer wütenden Soldateska von euren Lagern gerissen und in Kerkerhöhlen geworfen werdet, wo ihr eurer Verzweiflung überlassen bleibt, bis man euch aufs Schafott zerrt. ...
Niemand verabscheut Blutvergießen mehr als ich; aber um zu verhindern, daß das Blut in Strömen fließt, dringe ich in euch, einige Tropfen zu vergießen. Um die Pflichten der Menschlichkeit mit der Sorge für die öffentliche Sicherheit in Einklang zu bringen, schlage ich euch daher vor, die gegenrevolutionären Mitglieder des Stadtrates, der Friedensrichterkollegien, des Departements und der Nationalversammlung auszumerzen. Wenn ihr davor zurückschreckt, so denkt daran, daß das heute vergossene Blut ganz umsonst geflossen sein wird und ihr für die Freiheit nichts erreicht haben werdet.
Vor allem aber haltet den König, sein Weib und seinen Sohn als Geiseln fest und sorgt

dafür, daß man ihn, bis das endgültige Urteil über ihn gesprochen ist, jeden Tag viermal dem Volke zeigt. Und da es nur von ihm abhängt, unsere Feinde für immer zu entfernen, erklärt ihm, daß, wenn die Österreicher und Preußen nicht binnen vierzehn Tagen zwanzig Meilen von unseren Grenzen entfernt sind, um sich nicht mehr bei uns sehen zu lassen, sein Kopf ihm vor der Füße rollen wird. Fordert von ihm, diesen schrecklichen Urteilsspruch mit eigener Hand niederzuschreiben und ihn an seine gekrönten Helfershelfer zu schicken: seine Sache ist es, sie uns vom Halse zu schaffen.
Bemächtigt euch desgleichen der ehemaligen Minister und legt sie in Ketten.
Alle gegenrevolutionären Mitglieder des Pariser Generalstabs müssen hingerichtet, alle vaterlandsfeindlichen Offiziere aus den Bataillonen ausgestoßen werden. Entwaffnet die verrotteten Bataillone Saint-Roch, Filles-Saint-Thomas, Notre-Dame, Saint-Jean-en-Grève, Enfants-Rouges! Man bewaffne alle patriotischen Bürger und rüste sie mit reichlicher Munition aus! ...
Fordert die Einberufung des Nationalkonvents, um den König abzuurteilen und die Verfassung zu reformieren; und fordert vor allem, daß seine Mitglieder nicht durch einen Wahlmännerausschuß, sondern von den Urwählerversammlungen bestimmt werden.
Laßt die Auflösung aller ausländischen und Schweizer Regimenter dekretieren, die sich als Feind der Revolution erwiesen haben.
Und schließlich, laßt durch die Versammlung eurer grausamen Unterdrücker einen Preis auf die landesflüchtigen, verräterischen, aufrührerischen Capets aussetzen! Seid auf der Hut, daß ihr eine so einmalige Gelegenheit, die der Schutzengel Frankreichs euch bietet, euch vor dem Untergang zu retten und eure Freiheit zu sichern, nicht ungenützt verstreichen laßt.

Jean-Paul Marat: Les pamphlets. Hrsg. v. *Charles Vellay.* Paris 1911. Zit. nach: *Grab* (Mat. Nr. 3.5), S. 117–119.

4.3.2 Über Grundsätze und Mittel der Politik

4.3.2.1 Danton

[a]* ... Der Konvent ist eine revolutionäre Körperschaft, er muß Volk sein, wie es das Volk selber ist.
Es ist an der Zeit, daß wir den inneren Feinden den Krieg erklären.
Wie, Bürger, der Bürgerkrieg bricht überall aus, und der Konvent verharrt in Bewegungslosigkeit! ... Ja, Bürger, überall erhebt die alte Aristokratie frech ihr Haupt. Ihr habt die Errichtung eines Tribunals beschlossen, damit die Köpfe der Schuldigen fallen, und Euer Tribunal ist immer noch nicht organisiert! ...
Aber wenn Ihr Säumigen Euch in Paris unter die Leute mischen würdet, dann würde dieses selbe Volk Vernunft annehmen; denn bedenkt es wohl, die Revolution kann nur durch das Volk selbst vollzogen werden: es ist das Instrument der Revolution, und es ist an Euch, dieses Instrument zu lenken.
Vergebens sagt Ihr, daß die Volksgesellschaften von Bürgern wimmeln, die auf absurde und abscheuliche Art öffentliche Anklage erheben. Nun denn, warum geht Ihr nicht unter sie, um sie von ihren Verirrungen abzubringen? Glaubt Ihr es damit erreichen zu können, daß Ihr den überspannten Patrioten als Verrückten frisiert? Die Revolutionen entfachen sämtliche Leidenschaften. Eine große Nation im Zustand der Revolution ist wie

das Erz, das im Schmelzofen brodelt: Die Statue der Freiheit ist noch nicht gegossen, das Erz befindet sich im Verschmelzungsprozeß. Wenn Ihr mit dem Schmelzofen nicht umzugehen versteht, dann wird er Euch alle verschlingen. *(Wiederholter Beifall.)*
Wie ist es möglich, daß Ihr nicht gerade heute die Notwendigkeit verspürt, ein Dekret zu erlassen, das die Feinde der Nation Furcht und Zittern lehrt! Es ist notwendig zu verkünden, daß in jeder Gemeinde jeder Bürger auf Kosten der Reichen, die einen Beitrag entrichten werden (und sie müssen ihn entrichten, das Eigentum wird nicht verletzt werden), es ist notwendig, sage ich, zu beschließen, daß jeder Bürger eine Pike erhält, die von der Nation bezahlt wird. ...
Ich erkläre nun, da man öffentlich für die Konterrevolution spricht, gute Bürger beleidigt, in allen Städten die Konterrevolution predigt und alles beklatscht, was der Republik Schaden bringen könnte, ich erkläre, sage ich, daß jeder, der die Vermessenheit besitzen sollte, in meiner Gegenwart die Konterrevolution herbeizuwünschen und jene herauszufordern (wie es vorgekommen ist), die über Tatkraft verfügen, es durch meine Hand büßen muß, und danach möge mein Kopf fallen ..., zum wenigsten hätte ich dann der Nachwelt ein großes Beispiel gegeben. *(Allgemeiner Beifall.)*
Ich beantrage, daß der Konvent dem ganzen Universum, dem französischen Volk erklärt, daß er revolutionär ist, daß er die Freiheit aufrechterhalten wird, daß er entschlossen ist, alle Schlangen zu erwürgen, die das Vaterland vergiften, alle Ungeheuer zu zerschmettern mittels eines Gesetzes, das, falls notwendig, extrem revolutionär ist.
Dies darf keine unverbindliche Adresse sein, sondern muß eine Erklärung sein, die von Männern abgegeben wird, die sich des Auftrags voll bewußt sind, den sie vom Volk erhalten haben. – Erklärt doch Ihr selber den Aristokraten den Krieg; sagt, daß für das öffentliche Wohl Gesetze jenseits aller normalen Maßnahmen notwendig sind. – Seid schrecklich, seid Volk, und Ihr werdet das Volk retten. ...
[b]* Wenn es wahr ist, daß kein wie auch immer gearteter Schicksalsschlag uns entmutigen kann, dann muß ich hier wiederholen, was ich bereits dem Minister und dem Ausschuß gesagt habe, nämlich daß man der nationalen Tatkraft die politischen Mittel hinzufügen muß. Wo die Kanone nichts ausrichtet, da soll das Gold wirken; und wenn die Guinees von Pitt die Fundamente der Freiheit angreifen, warum dann nicht gleichermaßen die Gegenseite unterminieren? Es ist unsinnig, den Feind allein diese Mittel anwenden zu lassen.
Dem Ausschuß stehen 50 Millionen zur Verfügung. – Ich behaupte, daß wir mit 3 oder 4 Millionen Toulon schon für Frankreich zurückerobert und die Verräter gehenkt hätten, die es den Engländern ausgeliefert haben.
Eure Dekrete haben nichts ausgerichtet? – Nun, hat etwa das verführerische Gold Eurer Feinde nichts ausgerichtet? Ich habt dem Ausschuß 50 Millionen zur Verfügung gestellt; aber diese Summe reicht nicht aus. Sicher wären 20, 30, 100 Millionen gut angelegt, wenn sie der Eroberung der Freiheit dienen.
Man muß den Feind mit allen Waffen bekämpfen; man muß sich seiner eignen Mittel bedienen; man muß sogar die Laster einzelner Menschen ausnutzen. Bedenkt endlich diese neuen Mittel, die der Sache des Volkes zum Triumph verhelfen können. *(Beifall.)*
Wenn man sich mehr der Volksgesellschaften bedient hätte, wenn die ihnen angehörenden Patrioten die Sendboten der Freiheit würden, das ganze Land durcheilt hätten, dann wären Eure Feinde sicherlich weniger frech[1]. Einige Millionen, richtig ausgeteilt, reichen aus, um sie alle mit revolutionären Mitteln zu vernichten. ...

Ich komme nochmals auf meine Ansicht zurück: Ihr müßt endlich gegen die Feinde politische Mittel und revolutionäre Maßnahmen ergreifen [2]. Wenn Ihr diese Triebfeder Eurer Verfassung nicht hinzufügt, dann, ich sage es Euch, wißt Ihr nicht zu regieren und seid des Volkes nicht würdig, das Ihr vertretet. *(Beifall.)*

[1] *Moniteur:* Wenn man in Lyon den Patriotismus der Volksgesellschaften belohnt hätte, dann befände diese Stadt sich nicht im jetzigen Zustand.
[2] Bringt eine Kurbel an einem großen Rade an und gebt so der politischen Maschine eine große Bewegung. Wendet dabei die großen Mittel an, die die Vaterlandsliebe Euch eingibt.
* Reden Dantons vom 27. 3. 1793 (a) und vom 6. 9. 1793 (b).

Discours de *Danton*. Hrsg. v. *André Fribourg*. Paris 1910, S. 299–312, 570–577. Zit. nach: *Fischer* (Mat. Nr. 4.2.3.3.1), S. 289–291, 317 f.

4.3.2.2 Robespierre (25. 12. 1793)

... Wir werden zunächst die Prinzipien und die notwendigen Aufgaben einer revolutionären Regierung entwickeln; dann werden wir die Kräfte aufzeigen, die danach trachten, eine solche Regierung bereits bei ihrer Geburt zu lähmen.
Die Theorie der revolutionären Regierung ist ebenso neu, wie die Revolution, aus der diese Regierung entstanden ist. Man darf sie weder in den Büchern der politischen Schriftsteller suchen, die diese Revolution nicht vorausgesehen haben, noch in den Gesetzbüchern der Tyrannen, die sich damit zufriedengeben, ihre Macht zu mißbrauchen, und die sich wenig um deren Legitimität kümmern.
Die Aristokraten fürchten sich vor diesem Begriff entweder, oder er dient ihnen zur Verleumdung. Für die Tyrannen ist er ein Skandal, für viele andere Leute ein Rätsel. Man wird dieses Wort allen erklären müssen, um wenigstens die guten Bürger für die Prinzipien des öffentlichen Wohls zu gewinnen.
Die Funktion der Regierung besteht darin, alle moralischen und physischen Kräfte der Nation auf das Ziel hinzulenken, zu dessen Verwirklichung sie eingesetzt ist.
Das Ziel der konstitutionellen Regierung besteht darin, die Republik zu erhalten; das Ziel der revolutionären Regierung ist es, die Republik zu begründen.
Die Revolution ist der Krieg der Freiheit gegen ihre Feinde; die Verfassung ist die Herrschaft der siegreichen und friedlichen Freiheit.
Die revolutionäre Regierung muß daher außerordentlich aktiv sein, denn sie führt einen Krieg. Sie ist nicht einheitlichen und starren Regeln unterworfen, denn die Umstände, in denen sie sich befindet, sind stürmisch und bewegt, und sie ist ständig genötigt, neue und wirksame Kräfte gegen neue und dringende Gefahren zu entfalten.
Die konstitutionelle Regierung befaßt sich hauptsächlich mit der Freiheit der Bürger, die revolutionäre Regierung mit der Freiheit des Staates. Unter dem konstitutionellen Regime genügt es fast, die einzelnen Bürger vor den Übergriffen der Staatsgewalt zu schützen; unter dem revolutionären Regime dagegen muß sich die Staatsgewalt selbst gegen alle Parteien, die sie angreifen, verteidigen.
Die revolutionäre Regierung schuldet allen guten Bürgern den ganzen Schutz der Nation; den Feinden des Volkes schuldet sie den Tod. ...
Wenn die revolutionäre Regierung in ihrer Arbeit aktiver und freier sein muß als die gewöhnliche Regierung, ist sie deshalb weniger gerecht und weniger legitim? Nein, sie

stützt sich auf das heiligste aller Gesetze, nämlich auf das Wohl des Volkes, und auf die unbestreitbarste aller Vollmachten, nämlich auf die Notwendigkeit.

Auch ihre Regeln basieren auf Gerechtigkeit und öffentliche Ordnung. Mit Anarchie und Unordnung hat sie nichts gemein. Im Gegenteil! ...

Die ausländischen Mächte sind eine Zeitlang als Schiedsrichter der öffentlichen Ruhe aufgetreten. Nach ihrem Willen war Geld in Umlauf oder es verschwand. Wenn sie es wollten, hatte das Volk Brot; wenn sie es nicht wollten, gab es keines; auf ihr Signal hin bildeten sich vor den Türen der Bäckerläden lange Schlangen, und auf ihr Signal hin zerstreuten sie sich auch wieder. Sie umringen uns mit Meuchelmördern und Spionen. Wir wissen es, wir sehen es, und dennoch leben sie unter uns! Sie sind offenbar für das Schwert der Gesetze unerreichbar. Selbst heute noch ist es schwerer, einen bedeutenden Verschwörer zu bestrafen, als einen Freund der Freiheit der Verleumdung zu entreißen.

Kaum haben wir die falsche Philosophie entlarvt, die von den Feinden Frankreichs ausgeht und zu Ausschreitungen führt, kaum hat der Patriotismus auf dieser Tribüne das Wort „ultrarevolutionär" ausgesprochen, um diese Scheinphilosophie zu bezeichnen, beeilen sich schon die Verräter von Lyon und alle anderen Anhänger der Tyrannei, dieses Wort auf edle und glühende Patrioten anzuwenden, wenn diese das Volk und die Gesetze gerächt haben.

Auf der einen Seite erneuern sie ihr altes System, die Freunde der Republik zu verfolgen, auf der anderen Seite fordern sie Nachsicht für jene Schurken, für die das Vaterland bluten mußte. ...

Was uns betrifft, so werden wir nur Krieg gegen die Engländer, gegen die Preußen, gegen die Österreicher und gegen ihre Verbündeten führen. Ihre Vertilgung ist unsere Antwort auf ihre Flugblätter. Gegen die Feinde im Inneren des Vaterlandes aber haben wir nur unseren Haß.

Nicht in den Herzen der Armen und der Patrioten muß die Angst vor dem Terror herrschen, sondern in den Schlupfwinkeln der fremden Briganten, wo man sich die Beute teilt und das Blut des französischen Volkes trinkt. ...

Wir schlagen vor, ab sofort die Verurteilung jener Fremden und Generäle zu beschleunigen, die der Verschwörung mit den uns feindlichen Tyrannen beschuldigt werden.

Es genügt jedoch nicht, die Feinde des Vaterlandes mit Schrecken zu erfüllen, man muß zugleich seinen Verteidigern helfen. Wir verlangen von der Justiz einige Erleichterungen zugunsten der Soldaten, die für die Freiheit kämpfen und leiden.

Die französische Armee ist nicht nur der Schrecken der Tyrannen, sie ist auch der Ruhm der Nation und der Menschheit. Auf ihrem Siegesmarsche rufen unsere tapferen Krieger „Es lebe die Republik", sie sterben unter dem Eisen der Feinde, und ihr Ruf „Es lebe die Republik", ihre letzten Worte, sind Hymnen an die Freiheit, ihre letzten Seufzer sind Huldigungen an das Vaterland.

Robespierre (Mat. Nr. 4.3.4.1), S. 563–566, 575–579.

4.3.2.3 Ein Sansculotte [1]

Ein Sansculotte, Ihr Herren Schufte? Das ist einer, der immer zu Fuß geht, der keine Millionen besitzt, wie Ihr sie alle gern hättet, keine Schlösser, keine Lakaien zu seiner Bedienung, und der mit seiner Frau und seinen Kindern, wenn er welche hat, ganz schlicht im vierten oder fünften Stock wohnt.

Er ist nützlich, denn er versteht ein Feld zu pflügen, zu schmieden, zu sägen, zu feilen, ein Dach zu decken, Schuhe zu machen und bis zum letzten Tropfen sein Blut für das Wohl der Republik zu vergießen.

Und da er arbeitet, kann man sicher sein, weder im Café Chartres auf ihn zu stoßen, noch in den Spielhöllen, wo man konspiriert; weder im Nationaltheater, wenn man den *Freund der Gesetze*[2] gibt, noch im Vaudeville bei der Aufführung der *Keuschen Susanne*[3], noch in jenen literarischen Kabinetten, wo man Euch für 2 Sous, die ihm so kostbar sind, mit der *Chronique* und dem *Patriote Français* Gorsas' Unflat[4] vorsetzt.

Am Abend tritt er vor seine Sektion, nicht etwa mit einer hübschen Larve, gepudert und gestiefelt, in der Hoffnung, daß ihn alle Bürgerinnen auf den Tribünen beachten, sondern vielmehr, um mit all seiner Kraft die aufrichtigen Anträge zu unterstützen und jene zunichte zu machen, die von der erbärmlichen Clique der regierenden Politikaster stammen.

Übrigens: Ein Sansculotte hat immer seinen Säbel blank, um allen Feinden der Revolution die Ohren abzuschneiden. Manchmal geht er mit seiner Pike ruhig seiner Wege; aber beim ersten Trommelschlag sieht man ihn nach der Vendée gehen, zur Alpenarmee oder zur Nordarmee[5]. ...

Gott beschütze das Volk! Gott verdamme die Aristokraten! rief letztens ein echter englischer Sansculotte, ein Freund des berühmten Doktor Priestley[6], dessen Haus und Schriften von den Aristokraten in Birmingham angezündet wurden, wie alle Welt weiß. Hier der Schluß der Rede[7], die er hielt, nachdem er sein gut Teil von einigen Gläsern Punsch getrunken hatte: „Brüder und Freunde, wollt Ihr Eure Revolution retten? Zertretet die Schlange Brissot, die Viper Guadet, das Reptil Vergniaud, den Schuft Barbaroux, den süßen Pétion, den Hund und Heuchler Roland und all die andern Schurken der Clique: Gensonné, Boyer-Fonfrède, Rabaut, Buzot usw., usw., usw.[8], dann wird's gehen[9]!"

[1] Dieser Entwurf für eine Veröffentlichung wurde bei dem Verfasser Vingternier beschlagnahmt. Vingternier, geb. 1764, war Soldat, Handwerker und Mitglied der sansculottischen „Defenseurs de la République" [Verteidiger der Republik].
[2] „L'ami des lois", Komödie von Jean Louis Laya, Uraufführung 1793.
[3] „La chaste Susanne", Operette von Gilbert.
  Girondistische Blätter. Gorsas, Mitglied des Konvents, ein führender Journalist der Gironde [nach deren Sturz (2. 6. 1793) hingerichtet].
[5] Hiermit endet das eigentliche Stück, das folgende Anhängsel hat offenbar nichts damit zu tun.
[6] Britischer demokratischer Agitator, der mit der Französischen Revolution sympathisierte.
[7] Im Original zuerst englisch, sodann in französischer Übersetzung.
[8] Alles führende Girondisten [die nach dem Sturz der Gironde verfolgt wurden. Pétion, Roland und Buzot begingen Selbstmord, die übrigen wurden hingerichtet].
[9] Anspielung auf das Revolutionslied „Ça ira".

Walter Markov / Albert Soboul (Hrsg.): Die Sansculotten von Paris. Dokumente zur Geschichte der Volksbewegung 1793–1794. Berlin (Ost): Akademie-Verlag 1957, S. 3–5.

4.3.2.4 Die Anfänge der Frauenrechtsbewegung

In den Jahren 1789 bis 1793 wurden in zahlreichen Frauenversammlungen, die sich unter dem Namen „Société des femmes republicaines et révolutionnaires" [Gesellschaft der republikanischen und revolutionären Frauen], „Amies de la Constitution; [Freundinnen

der Verfassung] etc. konstituierten, Petitionen, die sämtlich für die volle politische, ökonomische und gesetzliche Gleichberechtigung der Frau eintraten, verfaßt und an die damaligen Machthaber entsandt. In diesen sogenannten Clubs nahmen neben Mme. *Roland* und *Olympe de Gouges* eine führende Stellung ein: Mme. *Tallien, Théroigne de Méricourt, Rose Lacombe,* Mme. *Robert* née Kéralio, welche die erste Frauenzeitung mit ausgesprochen feministischer Tendenz „Le journal de l'État et du Citoyen" [Die Staats- und Bürgerzeitung] gründete. Doch begnügten die Frauen sich keineswegs damit, durch Petitionen ihre Wünsche zu befürworten; sie wohnen den Beratungen des Konvents, der Nationalversammlung bei und nehmen, oft als das treibende, anspornende Element, vielfach mit den Waffen in der Hand, aktiven Anteil an allen großen politischen Ereignissen und Umwälzungen jener Zeit. *Theodore Stanton,* der Herausgeber von „Woman Question in Europe"[1] sagt über die Geschichte der Frauen jener Zeit: „die Geschichtsschreiber der französischen Revolution haben die Rolle, welche die Frauen in jener Epoche spielten, niemals voll gewürdigt, teils aus Vorurteil, teils weil das Material schwer zugänglich ist". Einer der bedeutendsten Freunde, die der Frauensache in jenen Tagen erwuchsen, war *Condorcet,* der edle, weitsichtige und kühne Sekretär der Akademie der Wissenschaften. In seinem Entwurf einer Konstitution der französischen Republik, den er im Auftrag des Konvents verfaßte und demselben im Juni 1793 vorlegte, erklärte er die völlige Gleichberechtigung aller Bürger, ohne Unterschied des Geschlechtes. ...
Die von Condorcet entworfene Konstitution wurde zwar vom Konvent acceptiert, trat aber niemals in Kraft. Im Gegenteil, noch in demselben Jahre, am 9. Brumaire 1793, wurde durch Aufhebung der Frauenclubs und Gesellschaften allen frauenrechtlerischen Bestrebungen die Lebensader unterbunden. Die Teilnahme der Frauen an der politischen Bewegung war den Machthabern, vor allem *Robespierre* und *Danton,* nur so lange wertvoll erschienen, als sie deren Einfluß zur Erreichung ihrer eigenen Zwecke für notwendig hielten. Doch als die Frauen sich nicht damit begnügen wollten, nur Werkzeuge zu sein, sondern für sich eine selbständige politische Anteilnahme forderten, stellte man diesen Wunsch als gefährlich und unweiblich hin. Das Comité de la sûreté générale [Allgemeiner Sicherheitsausschuß] ersuchte den Konvent, „im Interesse der öffentlichen Sicherheit" alle Frauenversammlungen zu verbieten, und der Citoyen *Amar* begründet diesen Antrag mit der Behauptung, dass die Frauen nicht fähig wären zu ernstem Nachdenken und grossen Entschlüssen, *dass ihr Platz am häuslichen Herde sei!* Einige Tage nach dem Erlass dieses Dekrets erschienen in der Nationalversammlung einige Abgesandte der Frauenklubs, um gegen die Aufhebung derselben zu protestieren, doch kaum begannen sie ihre Rede, als sämtliche Männer sich erhoben und „Zur Tagesordnung" riefen, so dass den Frauen nichts andres übrig blieb, als sich unter einer Flut von Spott- und Schimpfreden zurückzuziehen. Zwölf Tage später versuchten sie noch einmal Schritte bei der Gemeindeversammlung, wurden aber mit heftigem Murren empfangen, und der Bürger *Chaumette* erhob sich und sagte: „Ich beantrage, dieses Murren im Protokoll zu verzeichnen. Es ist eine Huldigung, dargebracht der guten Sitte. Der Raum, wo der Magistrat seine Beratungen pflegt, muss jedem Wesen verboten werden, *das die Natur beleidigt."*

---

[1] London 1884.

Anna Pappritz: Die Geschichte der Frauenbewegung in Frankreich. In: Handbuch der Frauenbewegung. Hrsg. v. *Helene Lange* und *Gertrud Bäumer.* Tl. 1: Die Geschichte der Frauenbewegung. Berlin: Moeser 1901, S. 363–366.

4.3.3 Die Verfassung

4.3.3.1 Die Parteigruppierungen des Nationalkonvents

Die dritte Nationalversammlung, der Nationalkonvent, wurde nach allgemeinem, gleichem, aber indirektem und meistens nicht geheimem Wahlrecht gewählt. Die Wahlbeteiligung war nach den stürmischen Ereignissen des 10. August 1792 geringer als bei früheren Wahlen. – Die Abgeordneten kamen bis auf zwei Handarbeiter aus dem Bürgertum; 250 von 749 Abgeordneten waren Juristen. Die Sansculotten, die wesentlichen Anteil am 10. August gehabt hatten, waren nicht im Nationalkonvent repräsentiert, wohl in den Versammlungen der 48 Pariser Sektionen.

Drei große lockere Parteigruppierungen kristallisierten sich bis November heraus: die Girondisten, die Bergpartei (Montagnards) und die sogenannte Dritte Partei, die auch als „Plaine" (Ebene) oder „Marais" (Sumpf) bezeichnet wurde. Am 21. 9. 1792 beschloß der Konvent einstimmig die Abschaffung des Königtums und die Erklärung Frankreichs zur Republik. Der 22. 9. wurde zum Beginn des Jahres I der Französischen Republik erklärt. – Am Anfang spielten die Girondisten die führende Rolle und stellten etwa 200 Abgeordnete gegenüber rund 100 Montagnards. Aber nach der Verschärfung der militärischen und wirtschaftlichen Lage seit dem Winter gelang es der Bergpartei unter Führung Robespierres den Einfluß der Girondisten zurückzudrängen, die auch den Jakobinerklub verließen. Seitdem waren Montagnards und Jakobiner nahezu identisch. Während der Krisensituation im Frühjahr 1793, gesteigert durch den gegenrevolutionären Aufstand in der Vendée, rückte die Bergpartei zunehmend nach links. Im Bündnis mit den Pariser Sansculotten stürzte sie in den Journées vom 31. 5. bis 2. 6. 1793 die Girondisten, die ihren Widerstand zusammen mit anderen gegenrevolutionären Kräften – Royalisten, eidverweigernde Priester, der Kirche verbundene Bauern – in der Provinz fortsetzten. Die „Plaine", zu der beispielsweise Sieyès zu rechnen ist, näherte sich in dieser Phase der Bergpartei.

Die wesentliche Regierungsarbeit wurde – besonders nach dem Sturz der Girondisten – von Konventsausschüssen geleistet, von denen der am 6. 4. 1793 errichtete Wohlfahrtsausschuß die meisten Kompetenzen hatte. Robespierre machte den Wohlfahrtsausschuß zunehmend zum Instrument seiner Politik. Die generelle Legitimation der revolutionären Regierung beruhte auf dem Konventsbeschluß vom 10. 10. 1793: „Die vorläufige Regierung ist bis zum Frieden revolutionär." Die Diktatur des Wohlfahrtsausschusses endete mit dem Sturz Robespierres am 9. Thermidor (27. 7.) 1794.

Arbeitstext nach *Furet / Richet* (Mat. Nr. 2.4.3), S. 228–268; *Karl Griewank:* Die Französische Revolution 1789–1799. 4. Aufl. Köln/Wien: Böhlau 1972, S. 67–81; *Soboul* (Mat. Nr. 3.5), S. 239–247.

4.3.3.2 Der Prozeß Ludwigs XVI.

4.3.3.2.1 Saint-Just: Für den Tod des Königs (13. 11. 1792)

... Ich will beweisen, daß der König gerichtet werden kann; daß die Meinung Morissons [42], der an der Unverletzlichkeit festhält, so falsch ist wie die des Ausschusses, der ihn als Bürger richten will, und daß er gerichtet werden muß nach Grundsätzen, die weder mit der einen Meinung noch mit der anderen etwas zu schaffen haben. Ich sage, der König

muß als Feind gerichtet werden; wir haben ihn weniger zu richten als zu bekämpfen. . .
Eines Tages wird die Menschheit, wenn sie von unseren Vorurteilen so weit entfernt ist wie wir von denen der Vandalen, erstaunen über die Barbarei eines Jahrhunderts, in dem man sich ein Gewissen daraus machte, einen Tyrannen zu richten, in dem das Volk, das einen Tyrannen zu richten hatte, ihn erst zum Rang eines Bürgers erhob, ehe es seine Verbrechen prüfte. Man wird erstaunen darüber, daß man im 18. Jahrhundert weniger fortgeschritten war als zur Zeit Cäsars: der Tyrann wurde geschlachtet mitten im versammelten Senat, ohne andere Förmlichkeiten als 22 Dolchstiche, ohne andere Gesetze als die Freiheit Roms. Und heute scheut man sich, einem Mann den Prozeß zu machen, der der Mörder eines Volkes, der ergriffen worden ist auf frischer Tat . . .
In einer anderen Zeit würde manche edle Seele sagen, einem König muß der Prozeß gemacht werden, nicht wegen der Verbrechen seiner Verwaltung, sondern wegen des Frevels, daß er überhaupt König war; denn diese Anmaßung kann nichts auf der Welt rechtfertigen; und mit welchen Selbsttäuschungen, mit welchen Gewohnheitslügen sich das Königtum verkleiden mag, es bleibt ein ewiges Verbrechen, gegen das jeder Mensch das Recht hat, sich zu erheben und zu bewaffnen, es ist eines jener Attentate, die selbst die Verblendung eines ganzen Volkes nicht rechtfertigen kann. Solch ein Volk begeht durch das Beispiel, das es gegeben hat, ein Verbrechen gegen die Natur. . . . Man kann nicht herrschen und dabei schuldfrei sein, der Aberwitz ist offenbar. Jeder König ist Rebell und Usurpator. – So eilt denn, den König zu richten; denn jeder Bürger hat dasselbe Recht auf ihn wie Brutus auf Cäsar.

[42] Ein Abgeordneter des Konvents, der unmittelbar vor Saint-Just gesprochen und erklärt hatte, der König sei nicht richtbar, da es keine Gesetze gäbe, nach denen man ihn richten und bestrafen könne.

Buchez / Roux (Mat. Nr. 4.2.3.3.1), Bd. 20, S. 329 ff. Zit. nach: *Paul Hartig* (Hrsg.): Die Französische Revolution. 4. Aufl. Stuttgart: Klett 1975, S. 44 f.

4.3.3.2.2 R. de Sèze: Verteidigung des Königs (26. 12. 1792)

. . . Ohne Zweifel kann die Nation heute erklären, daß sie kein monarchisches Regiment mehr will, weil dieses ohne Unverletzlichkeit seines Hauptes nicht bestehen kann; sie kann eben wegen dieser Unverletzlichkeit auf diese Verfassungsart verzichten; aber sie kann sie nicht auslöschen für die ganze Zeit, in der Ludwig den verfassungsmäßigen Thron eingenommen hat. Ludwig war unverletzlich, solange er König war; die Abschaffung des Königtums kann an seiner Rechtslage nichts ändern. Das einzige, was daraus gefolgert werden kann, ist, daß man ihm die Strafe der bereits vorgenommenen Abdankung nicht mehr zuerkennen kann, aber hieraus allein geht schon hervor, daß man ihm eine andere nicht mehr zufügen kann. So kommen wir zu dem Schluß, daß, wo es kein anwendbares Gesetz gibt, auch kein Richten stattfinden kann und daß, wo kein Richten stattfindet, auch keine Verurteilung möglich ist. Ich spreche von Verurteilung! Aber nehmt euch in acht; nehmt ihr Ludwig die Unverletzlichkeit des Königs, so seid ihr ihm wenigstens die Rechte des Bürgers schuldig; denn ihr könnt nicht bewirken, daß Ludwig aufhört, König zu sein, wenn ihr erklärt, ihn richten zu wollen, und daß er wieder König wird in dem Augenblick, da ihr das Urteil sprecht. Wollt ihr nun aber Ludwig als König richten, dann frage ich euch: Wo sind die schützenden Formen, die jeder Bürger kraft unveräußerlichen Rechtes verlangen kann? Ich frage euch: Wo ist jene Teilung der Gewalten, ohne die weder Verfassung noch Freiheit möglich ist? Ich frage euch: Wo sind die Geschworenen für Anklage und Urteil, die den Bürgern durch das Gesetz als Geiseln zum Schutz ihrer Sicherheit und Unschuld gegeben sind? ... Mit einem Wort, ich frage euch: Wo sind alle jene strengen Vorkehrungen, die das Gesetz bestimmt hat, damit der Bürger, selbst wenn er schuldig ist, nur durch das Gesetz getroffen wird? Bürger, ich spreche mit der Offenheit eines freien Mannes: ich spähe unter euch nach Richtern und bekomme nur Ankläger zu Gesicht. Ihr wollt richten über Ludwig und seid selbst seine Ankläger! Ihr wollt richten über Ludwig und habt euer Urteil schon ausgesprochen! ... Ludwig soll weder die Rechte des Bürgers noch die Vorrechte des Königs haben! Er soll weder in der alten noch in der neuen Rechtsstellung geachtet werden! Welch absonderliches und unbegreifliches Geschick! ...

Buchez / Roux (Mat. Nr. 4.2.3.3.1), Bd. 22, S. 17–19. Zit. nach: *Hartig* (Mat. Nr. 4.3.3.2.1), S. 46 f.

4.3.3.3 Die Verfassung der Französischen Republik (24. 6. 1793)*

Erklärung der Menschen- und Bürgerrechte

...

Art. 1. Das Ziel der Gesellschaft ist das allgemeine Glück.
Die Regierung ist eingesetzt, um dem Menschen den Genuß seiner natürlichen und unveräußerlichen Rechte zu verbürgen.
Art. 2. Diese Rechte sind Gleichheit, Freiheit, Sicherheit, Eigentum.
Art. 3. Alle Menschen sind von Natur und vor dem Gesetz gleich.
Art. 4. Das Gesetz ist der freie und feierliche Ausdruck des allgemeinen Willens; es ist für alle das gleiche, sei es, daß es schützt, sei es, daß es bestraft; es kann nur das befehlen, was gerecht und der Gesellschaft nützlich ist; es kann nur das verbieten, was ihr schädlich ist.
Art. 5. Alle Bürger sind zu den öffentlichen Ämtern in gleicher Weise zugelassen. Freie Völker kennen bei ihren Wahlen keine anderen Gründe der Bevorrechtung als Tugend und Talent.
Art. 6. Die Freiheit ist die Macht, die dem Menschen erlaubt, das zu tun, was den Rechten eines anderen nicht schadet; sie hat als Grundlage die Natur, als Maßstab die Gerechtigkeit, als Schutzwehr das Gesetz. Ihre moralische Begrenzung liegt in dem Grundsatz: „Was du nicht willst, das man dir tu, das füg auch keinem andern zu."
Art. 7. Das Recht, seinen Gedanken und Meinungen durch die Presse oder auf jede andere Art Ausdruck zu geben, das Recht, sich friedlich zu versammeln, die freie Ausübung von Gottesdiensten können nicht untersagt werden.
Die Notwendigkeit, diesen Rechten Ausdruck zu geben, setzt das Vorhandensein oder die frische Erinnerung an Despotismus voraus.
Art. 8. Die Sicherheit beruht in dem Schutz, den die Gesellschaft jedem ihrer Glieder für die Erhaltung seiner Person, seiner Rechte und seines Eigentums zusichert.
Art. 16. Das Recht auf Eigentum ist das, das jedem Bürger erlaubt, seine Güter, seine Einkünfte, den Ertrag seiner Arbeit und seines Fleißes zu genießen und über sie nach seinem Gutdünken zu verfügen.
Art. 19. Ohne seine Einwilligung darf niemand des geringsten Teiles seines Eigentumes beraubt werden, wenn es nicht die gesetzlich festgestellte öffentliche Notwendigkeit erfordert, und unter der Bedingung einer gerechten und vorher festgesetzten Entschädigung.
Art. 21. Die öffentliche Unterstützung ist eine heilige Schuld. Die Gesellschaft schuldet

ihren unglücklichen Mitbürgern den Unterhalt, indem sie ihnen entweder Arbeit verschafft oder denen, die außerstande sind, zu arbeiten, die Mittel für ihr Dasein sichert.
Art. 22. Der Unterricht ist für alle ein Bedürfnis. Die Gesellschaft soll mit aller Macht die Fortschritte der öffentlichen Aufklärung fördern und den Unterricht allen Bürgern zugänglich machen.
Art. 23. Die gesellschaftliche Bürgschaft besteht in der Tätigkeit aller, um einem jeden den Genuß und die Erhaltung seiner Rechte zu sichern: diese Bürgschaft beruht auf der Volkssouveränität.
...

* Die Verfassung legte u. a. das allgemeine und direkte Männerwahlrecht fest. Sie wurde aber nie in Kraft gesetzt, da das Inkrafttreten erst für die Friedenszeit vorgesehen war.

Franz (Mat. Nr. 3.3), S. 373–377.

4.3.4 Wirtschafts- und Sozialpolitik

4.3.4.1 Robespierre: Über das Eigentum (24. 4. 1793)

... Ich werde zunächst einige notwendige Artikel anregen, um eure Theorien über das Eigentum zu vervollständigen; dieses Wort möge niemanden beunruhigen. Niedrige und gemeine Seelen, die nur am Gold hängen! Ich will eure Schätze nicht antasten, wie zweifelhaft auch deren Herkunft sein mag. Ihr sollt wissen, daß dieses Agrargesetz[1], von dem ihr so viel gesprochen habt, nur ein Hirngespinst ist, das einige Schurken erfunden haben, um dumme und leichtgläubige Menschen zu erschrecken; es wäre sicherlich keine Revolution notwendig, um der Welt zu zeigen, daß extreme Mißverhältnisse der Besitztümer die Quelle für viele Mißstände und viele Verbrechen sind, aber wir sind nicht weniger überzeugt, daß eine Gleichheit des Besitzes ein Traumgespinst ist. Ich persönlich glaube, daß eine solche Gütergleichheit weit weniger für das Glück des einzelnen notwendig ist als für das Heil der Allgemeinheit. Es geht eher darum, die Armut zu einem ehrbaren Stand zu machen, als den Reichtum zu ächten. ...
Wie sollten also aus tiefer Überzeugung die Grundsätze des Rechtes auf Eigentum aufstellen; das ist um so notwendiger, als es kein Recht gibt, das die Vorurteile und Laster der Menschen in dichtere Schleier zu hüllen versucht hätte.
Fragt einen dieser Händler mit Menschenfleisch, was Eigentum ist; er wird euch einen langen Sarg zeigen, den er ein Schiff nennt und in den er lebendige Menschen eingepfercht und festgekettet hat, und er wird euch sagen: „Diese Menschen sind mein Eigentum, ich habe sie für so und so viel pro Kopf gekauft."
Befragt jenen Edelmann, der Ländereien und Untertanen besitzt oder für den, wenn er sie nicht mehr besitzt, die Welt aus den Fugen geraten ist, er wird etwa die gleichen Ideen über das Eigentum vor euch entwickeln.
Fragt die stolzen Glieder aus der Dynastie der Kapetinger; sie werden euch sagen, das heiligste aller Eigentümer sei unstreitig ihr seit alters her ererbtes und geübtes Recht, die 25 Millionen Menschen, die das Territorium Frankreichs bewohnen, nach ihrem Belieben zu unterdrücken, zu knechten und in legaler und monarchischer Weise auszunutzen.
In den Augen all dieser Leute hat das Eigentum gar keine moralische Grundlage. Warum

scheint eure Erklärung der Rechte den gleichen Irrtum zu enthalten? Als ihr die Freiheit definiert habt, das erste Gut und das heiligste Recht des Menschen, das er von der Natur empfangen hat, da habt ihr ganz richtig gesagt, daß die Freiheit ihre Grenzen in den Rechten des Nächsten hat; warum habt ihr diesen Grundsatz nicht auch auf das Eigentum angewandt, das doch ebenfalls eine soziale Einrichtung ist? Als ob die ewigen Gesetze der Natur weniger unverletzbar wären als die Konventionen der Menschen. Ihr habt eine Vielzahl von Artikeln verfaßt, um eine möglichst große Freiheit in der Ausübung des Eigentumsrechtes zu gewährleisten, und ihr habt nicht ein einziges Wort gesagt, um den legitimen Charakter des Eigentums zu bestimmen, so daß eure Erklärung nicht für die Menschen im allgemeinen, sondern für die Reichen, die Spekulanten, die Wucherer und die Tyrannen gegeben zu sein scheint. Ich schlage vor, diese Mängel zu beseitigen und die folgenden Wahrheiten einzusetzen:

Artikel 1. Das Eigentum ist das Recht eines jeden Bürgers, über den Teil der Güter frei zu verfügen, der ihm durch das Gesetz garantiert wird.

Artikel 2. Das Eigentumsrecht ist wie jedes andere Recht durch die Verpflichtung eingeschränkt, die Rechte des Nächsten zu respektieren.

Artikel 3. Das Eigentum darf weder die Sicherheit, die Freiheit, die Existenz noch das Eigentum unserer Mitmenschen beeinträchtigen.

Artikel 4. Jeder Besitz und jeder Handel, der diesen Grundsatz verletzt, ist unlauter und unmoralisch.

... Ich schlage vor, diesen Grundsatz [der progressiven Besteuerung] mit folgenden Worten in einem Artikel niederzulegen:

„Die Bürger, deren Einkommen die für ihren Lebensunterhalt notwendige Summe nicht übersteigt, sollen von der Verpflichtung entbunden werden, zu den öffentlichen Ausgaben beizutragen; die anderen sollen progressiv je nach der Größe ihres Vermögens die Lasten tragen."

Das Komitee hat fernerhin völlig vergessen, an die Pflichten der Brüderlichkeit zu erinnern, die alle Menschen und alle Nationen vereinigen, und an ihr Recht auf gegenseitige Unterstützung. Das Komitee scheint die Grundlagen des ewigen Bundes der Völker gegen die Tyrannen nicht gekannt zu haben. Man könnte meinen, eure Erklärung sei für eine kleine Herde menschlicher Kreaturen gegeben worden, die in einem Winkel der Welt eingepfercht ist, nicht aber für eine riesige Familie, der die Natur die ganze Erde zu ihrem Besitz und zu ihrer Wohnstatt gegeben hat.

Ich schlage vor, dieses große Versäumnis durch einige folgende Artikel nachzuholen. Diese Artikel können euch nur die Achtung aller Völker einbringen; allerdings können sie auch den Nachteil haben, daß sie euch unwiderruflich mit allen Königen entzweien. Ich muß aber gestehen, daß mich dieser Nachteil nicht sonderlich schreckt; er kann diejenigen keineswegs beunruhigen, die nicht die Absicht haben, sich mit den Königen zu versöhnen.

Dies sind nun meine vier Artikel:

Artikel 1. Die Menschen aller Länder sind Brüder; die verschiedenen Völker müssen sich wie die Bürger eines Staates untereinander nach Kräften helfen.

Artikel 2. Wer eine Nation unterdrückt, erklärt sich zum Feinde aller Nationen.

Artikel 3. Wer gegen ein Volk Krieg führt, um den Fortschritt der Freiheit aufzuhalten und die Menschenrechte auszulöschen, soll von allen Völkern verfolgt werden, und zwar nicht als gewöhnlicher Feind, sondern als rebellierender Mörder und Brigant.

Artikel 4. Die Könige, die Aristokraten und die Tyrannen, welcher Nation auch immer sie angehören, sind Sklaven, die gegen den Souverän der Erde, d. h. gegen das Menschengeschlecht, und gegen den Gesetzgeber des Universums, d. h. gegen die Natur, revoltieren.

[1] Unter dem „Agrargesetz" verstand man in jener Zeit die Aufteilung der Besitztümer und die Angleichung der Vermögen. Diese Forderung war zweifellos zu einer verworrenen Vorstellung in den Köpfen vieler armer Leute, vieler besitzloser Bauern, vieler Tagelöhner, Arbeiter und kleiner Handwerker geworden, deren harte Existenz die Revolution kaum gebessert hatte, während sie den Besitz der Bourgeoisie festigte und das reiche Großbauerntum auf mächtigen Gütern begründete. Aber zu diesem Zeitpunkt gab es im Konvent niemanden, der den Grundsatz eines solchen Gesetzes unterstützt hätte.

Maximilien Robespierre: Ausgewählte Texte. Hamburg: Merlin Verlag 1971, S. 396–407.

4.3.4.2 Die endgültige Beseitigung der Feudalität und der Verkauf der Nationalgüter

Die persönlichen (Feudal-)Rechte, aus denen die Abhängigkeit des Bauern entsprang, wurden bereits in der Nacht des 4. August [1789] aufgehoben; so etwa die Zehnten. Die (Feudal-)Rechte, die auf dem Boden lasteten, wurden am 15. März 1790 für loskäuflich erklärt. Die Gesetzgebende Versammlung beseitigte den Loskauf der Nebeneinkünfte am 18. Juni 1792 und sämtlicher Rechte nach dem 25. August – die Fälle, in denen die ursprüngliche Urkunde nachgewiesen werden konnte, ausgenommen. Der Konvent schaffte sie schließlich unwiderruflich ab und ordnete an, die Feudalurkunden zu verbrennen.
Der Verkauf der Nationalgüter war für die Aristokratie ein ebenso schwerer Schlag. Als erste wurden die Besitzungen des Klerus zu Nationalgütern erklärt [Mat. Nr. 4.2.2.2] und seit dem 2. November 1789 der Nation zur Verfügung gestellt. Nach dem 10. August [1792] gab es keine Ausnahmen mehr; nacheinander wurden die Kirchenvermögen (19. August 1792), die Besitzungen des Malteserordens (19. September 1792), die der Kollegien (8. März 1793) und der Fürsorgeanstalten (23. Messidor II – 11. Juli 1794) beschlagnahmt. Dann wurden am 9. Februar 1792 die Güter der Emigranten der Nation übergeben, der Erlaß wurde am folgenden 30. März bestätigt; ihr Verkauf wurde am 17. Juli 1792 beschlossen. ...
Im Departement Nord verschwand der Grundbesitz des Klerus (1789 betrug er 20 % des gesamten Bodens), der Anteil des Adels fiel von 22 % auf 12 % im Jahre 1802: daran läßt sich der Niedergang der Aristokratie ermessen. Der bürgerliche Besitz stieg dagegen in diesem Departement im gleichen Zeitraum von 16 % auf mehr als 28 %, derjenige der Bauern von 30 % auf mehr als 42 %: diese Zahlen erscheinen aber erst dann im richtigen Licht, wenn man an die mächtige Bevölkerungszunahme in den nördlichen Gegenden zu dieser Zeit denkt.

Soboul (Mat. Nr. 4.1.1.1), S. 517 f., 523.

4.3.4.3 Sektion „Sans-Culottes": Adresse an den Nationalkonvent (2.9.1793) *

Abgeordnete des Volkes!
Wie lange noch werdet Ihr es dulden, daß Royalismus, Anmaßung, Egoismus, Intrige und Geiz zusammen mit dem Fanatismus unsere Grenzen der Tyrannei ausliefern und überall Verwüstung und Tod verbreiten? Daß die Hamsterer über die ganze Republik hin Hungersnot herrschen lassen, in der schimpflichen Hoffnung, mit Hilfe fremder Despoten

die Patrioten einander umbringen zu lassen und auf ihren blutenden Leibern den Thron wiederaufzurichten? Beeilt Euch, die Zeit drängt. ...

Daher beschließt die Vollversammlung der Sektion „Sans-Culottes", die der Meinung ist, es sei Pflicht aller Bürger, die Maßnahmen vorzuschlagen, die ihnen geeignet erscheinen, um wieder zu Überfluß und Ruhe im Staat zu kommen, den Konvent zu bitten, daß er dekretieren möge:

1) Die ehemaligen Adligen sollen keinerlei militärische Funktionen ausüben noch irgendein öffentliches Amt bekleiden dürfen, welcher Art es auch sei; die ehemaligen Priester, Parlamentsräte und Finanzleute sollen aus allen Verwaltungs- und richterlichen Funktionen entfernt werden.

2) Alle Hauptnahrungsmittel sind unveränderlich auf den Preis der sogenannten „früheren Jahre" 1789 bis 1790 festzusetzen, jedoch in Ansehung ihrer unterschiedlichen Qualität.

3) Ebenso sollen die Rohstoffpreise festgesetzt werden, und zwar so, daß die Industrieprofite, die Arbeitslöhne und die Handelsgewinne, die durch Gesetz in Grenzen gehalten werden, den Industriearbeiter, den Bauern, den Kaufmann in die Lage versetzen, sich nicht nur die Dinge zu verschaffen, die er zum Leben braucht, sondern auch all das, was es ihm angenehm machen kann.

4) Alle Bauern, die durch irgendeinen Zwischenfall keine Ernte hatten, werden aus dem Staatsschatz entschädigt.

5) Jedem Departement wird eine genügende Summe bewilligt, damit der Preis der Hauptlebensmittel für alle Einwohner der Republik gleich ist.

6) Die den Departements bewilligten Summen sind dazu zu verwenden, die Ungleichheiten zu beseitigen, die in den Preisen der Hauptlebensmittel und anderer Dinge entstehen könnten durch Transporte innerhalb der französischen Republik, die jedem ihrer Kinder die gleichen Vorteile einräumen muß.

7) Die Pachtverträge werden aufgehoben und zu dem Preis wieder geschlossen, den sie in den Durchschnittsjahren hatten, die Ihr auswählen werdet, um ein für allemal das *Maximum* der notwendigsten Lebensmittel und anderer Dinge festzusetzen.

8) Es soll ein Maximum für Vermögen festgesetzt werden.

9) Ein einzelner soll nur ein *Maximum* besitzen dürfen.

10) Keiner soll mehr Ländereien pachten dürfen, als für eine festgesetzte Anzahl von Pflügen gebraucht wird.

11) Ein Bürger soll nicht mehr als eine Werkstatt oder einen Laden besitzen dürfen.

12) Alle, die Waren oder Ländereien unter ihrem Namen innehaben, sollen als deren Eigentümer gelten.

Die Sektion „Sans-Culottes" denkt, daß diese Maßnahmen Überfluß und Ruhe wieder herbeiführen, nach und nach die zu große Ungleichheit der Vermögen beseitigen und die Zahl der Besitzenden ansteigen lassen werden.

---

* Bei diesem Dokument handelt es sich nicht um eine Adresse *der* Sansculotten an den Nationalkonvent, sondern um einen Beschluß der Sektion „Sans-Culottes", eine der 48 Pariser Sektionen, die 1790 als Verwaltungseinheiten an die Stelle der 60 Bezirke getreten waren. – Nach Soboul gibt es „zu keinem anderen Zeitpunkt" „eine so exakte und auf das Wesentliche gerichtete Formulierung des sozialen Ideals im Volk: ein Ideal, das dem Status der Handwerker und Ladenbesitzer entspricht, die die Kader der Sansculotterie bildeten und auf ihre Gesellen oder Gehilfen einen entscheidenden ideologischen Einfluß ausübten; ein Ideal, das der Masse der Verbraucher und Kleinproduzenten in den Städten Rechnung trägt, die zugleich allen direkten und indirekten Verkäufern von Lebensmitteln und allen jenen Unternehmern feindlich gesinnt waren, deren expansives Geschäftsgebaren die Gefahr heraufbeschwor, sie auf die Stufe abhängiger Industriearbeiter hinabzustoßen." *(Albert Soboul:* Die Sektionen von Paris im Jahre II. Bearbeitet u. hrsg. v. *Walter Markov.* Berlin [Ost]: Rütten u. Loening 1962, S. 98 f.) Dennoch ist fraglich, ob das in der Adresse formulierte Ideal repräsentativ für die Sansculotten ist oder ob es nur eine singuläre Aussag einer Sektionsversammlung – wie sie sich „zu keinem anderen Zeitpunkt" findet – darstellt. Immerhin billigt Soboul selbst unter der Fülle von Äußerungen, die nach seiner Ansicht von Sansculotten stammen, nur diesem Beschluß den Charakter eines „Programms" zu; s. *Albert Soboul:* Zu den Überlegungen von George Rudé über die Sansculotterie. In: *Grab* (Mat. Nr. 7.1.3), S. 224. Im übrigen gibt es keinen Beleg dafür, daß die Adresse überhaupt dem Nationalkonvent übergeben wurde. Angesichts dieses Umstands vermuten Markov und Soboul: „Vielleicht regte sich in der Sektion nachträglich das Bedenken, sich der schwerwiegenden Anklage wegen Angriffs auf das Eigentum auszusetzen." *Markov/Soboul* (Mat. Nr. 4.3.2.3), S. 137, Anm. 2.

Markov / Soboul (Mat. Nr. 4.3.2.3), S. 137–141.

4.3.4.4 Gesetz über das „große" Maximum
(Festsetzung von Höchstpreisen für Grundlebensmittel und Bedarfswaren, 29.9.1793)

Artikel 1. Die Waren, denen der Nationalkonvent unbedingten Bedarfscharakter zuerkannt hat und für die er einen Maximal- oder Höchstpreis festsetzen zu müssen geglaubt hat, sind: Frischfleisch, Pökelfleisch und Speck, Butter, Speiseöl, Rindfleisch, Salzfisch, Wein, Branntwein, Essig, Apfelwein, Bier, Brennholz, Holzkohle, Steinkohle, Kerzen, Brennöl, Salz, Soda, Zucker, Honig, unbeschriebenes Papier, Leder, Eisen, Gußeisen, Blei, Stahl, Kupfer, Hanf, Leinen, Wolle, Stoffe, Gewebe, alle für die Fabrikation benötigten Rohstoffe, Holzpantinen, Schuhe, Raps und Rübsamen, Seife, Pottasche, Tabak.
Artikel 2. Unter den in der obigen Liste aufgeführten Waren sind die Höchstpreise für erstklassiges Brennholz sowie für Holz- und Steinkohle die gleichen wie im Jahre 1790, zuzüglich eines Zwanzigstels des damaligen Preises. Das Dekret vom 19. August über die Festsetzung der Preise für Brennholz, Kohle und Torf durch die Departements ist hiermit aufgehoben.
Der Maximal- oder Höchstpreis für Kautabak beträgt zwanzig Sous für das Pfund Marktgewicht, derjenige für Rauchtabak zehn Sous; für das Pfund Salz zwei Sous; für Seife fünfundzwanzig Sous.
Artikel 3. Die Höchstpreise für alle anderen in Artikel 1 aufgeführten Lebensmittel und Waren entsprechen im gesamten Geltungsbereich der Republik bis zum September des nächsten Jahren den jeweiligen Preisen von 1790, so wie sie aus den Marktbereichen oder Preislisten jedes Departements hervorgehen, zuzüglich eines Drittels des damaligen Preises und nach Abzug aller fiskalischen und sonstiger Belastungen, denen die Waren damals, unter welchem Rechtstitel auch immer, unterworfen waren. ...
Artikel 7. Alle Personen, welche die in Artikel 1 aufgeführten Waren zu einem höheren als dem festgesetzten und in jedem Departement durch Anschlag bekanntgemachten Höchstpreis kaufen oder verkaufen, zahlen eine gemeinsam aufzubringende gemeindepolizeiliche Geldbuße in Höhe des doppelten Wertes des Kaufobjektes, die der Denunziant erhält. Ihre Namen werden in die Liste der verdächtigen Personen eingetragen, und sie werden als solche behandelt. Der Käufer wird von der oben ausgesprochenen Strafe

befreit, wenn er selbst die Übertretung des Verkäufers zur Anzeige bringt. Jeder Händler ist verpflichtet, in seinem Laden eine deutlich sichtbare Liste mit den Maximal- oder Höchstpreisen seiner Waren auszuhängen.

Artikel 8. Der jeweilige örtliche Maximal- oder Höchsttarif der Löhne, Gehälter, Arbeitsentgelte und Tagelöhne wird, beginnend mit der Verkündung dieses Gesetzes und bis zum September des nächsten Jahres, von den Generalräten der Gemeinden festgesetzt, wobei zu dem Satz von 1790 ein Aufschlag in Höhe der Hälfte hinzukommt.

Artikel 17. Für die Dauer des Krieges ist jede Ausfuhr von Bedarfsartikeln und Grundlebensmitteln ins Ausland, unter welcher Benennnung, in wessen Auftrag auch immer, untersagt, ausgenommen Salz.

Duvergier (Mat. Nr. 3.7), Bd. 6, S. 193–195. Zit.nach : *Grab* (Mat. Nr. 3.5), S. 178 f.

4.3.5 Kampf gegen den inneren und äußeren Feind

4.3.5.1 Gesetz über die Verdächtigen (17. 9. 1793)

Artikel 1. Sofort nach Verkündung des vorliegenden Dekrets werden alle verdächtigen Personen, die sich auf dem Territorium der Republik aufhalten und noch in Freiheit befinden, in Haft genommen.

Artikel 2. Als verdächtige Personen gelten: 1. alle, die sich durch ihr Verhalten oder ihre Beziehungen oder durch ihre mündlich oder schriftlich geäußerten Ansichten als Parteigänger der Tyrannen, des Föderalismus und Feinde der Freiheit zu erkennen gegeben haben; 2. alle, die sich nicht auf die durch das Gesetz vom 21. März dieses Jahres vorgeschriebene Weise über ihre Existenzmittel und die Erfüllung ihrer Bürgerpflichten ausweisen können; 3. alle, denen das Bürgerzeugnis verweigert worden ist; 4. die durch den Nationalkonvent oder seine Kommissare von ihren Ämtern suspendierten oder abgesetzten und nicht wiedereingesetzten Staatsbeamten, insbesondere diejenigen, die kraft des Gesetzes vom 12. August dieses Jahres abgesetzt worden sind oder noch abgesetzt werden müssen; 5. alle diejenigen vormaligen Adligen, ob Männer, Frauen, Väter, Mütter, Söhne oder Töchter, Brüder oder Schwestern sowie Bevollmächtigten der Emigranten, die nicht dauernd ihre Verbundenheit mit der Revolution unter Beweis gestellt haben; 6. alle, die in dem Zeitraum zwischen dem 1. Juli 1789 und der Verkündung des Gesetzes vom 8. April 1792 emigriert sind, auch wenn sie in der durch dieses Gesetz gesetzten Frist oder auch früher nach Frankreich zurückgekehrt sind.

Artikel 3. Die gemäß dem Gesetz vom 21. März dieses Jahres eingesetzten Überwachungsausschüsse bzw. die – sei es durch Erlasse der in Mission bei den Armeen und in den Departements weilenden Volksvertreter, sei es kraft besonderer Dekrete des Nationalkonvents – an ihre Stelle getretenen Ausschüsse werden beauftragt, jeweils für ihren Amtsbereich eine Liste der verdächtigen Personen aufzustellen, Verhaftungsbefehle gegen sie auszustellen und ihre Papiere amtlich zu versiegeln. Die Militärkommandanten, denen die Verhaftungsbefehle ausgehändigt werden, sind, bei Strafe ihrer Absetzung, verpflichtet, sie auf der Stelle auszuführen.

Artikel 4. Die Mitglieder des Ausschusses können die Verhaftung irgendeiner Person nur anordnen, wenn mindestens sieben von ihnen versammelt sind und der Beschluß mit absoluter Mehrheit der Stimmen gefaßt wurde.

Artikel 5. Die als verdächtig verhafteten Personen werden zunächst in das örtliche Untersuchungsgefängnis eingeliefert; in Ermangelung eines solchen werden sie in ihrer Wohnung unter Hausarrest gestellt.

Artikel 6. Innerhalb der darauffolgenden 8 Tage werden die Verhafteten in die staatlichen Gebäude überführt, welche die Departementsverwaltungen sofort nach Erhalt des vorliegenden Dekrets zu bestimmen und für ihren Zweck herzurichten verpflichtet sind.

Artikel 7. Die Verhafteten dürfen zu ihrem Gebrauch die allernötigsten Möbel in dieses Gebäude schaffen lassen; sie bleiben hier bis zum Friedensschluß in Haft.

Artikel 8. Die Haftkosten gehen zu Lasten des Inhaftierten und werden zu gleichen Teilen unter sie aufgeteilt. Die Bewachung wird vorzugsweise Familienvätern und Eltern von an der Front stehenden oder dorthin abgehenden Bürgern anvertraut. Das Gehalt wird für jeden Wärter auf den Gegenwert von eineinhalb Arbeitstagen festgesetzt.

Artikel 9. Die Überwachungsausschüsse übersenden unverzüglich dem Allgemeinen Sicherheitsausschuß des Nationalkonvents eine Liste der von ihnen in Haft genommenen Personen, unter Angabe der Haftgründe und Beifügung der bei ihnen sichergestellten Papiere.

Artikel 10. Die Zivil- und Kriminaltribunale können bei Personen, welche wegen Vergehen angeklagt sind, betreffs derer eine Anklage für unstatthaft erklärt worden ist, oder welche von der gegen sie erhobenen Anklage freigesprochen worden sind, eine Aufrechterhaltung der Haft aus Verdachtsgründen und die Einlieferung in die obengenannten Haftanstalten verfügen, falls dies erforderlich erscheint.

Duvergier (Mat. Nr. 3.7), Bd. 6, S. 172 f. Zit. nach: *Grab* (Mat. Nr. 3.5), S. 176–178.

4.3.5.2 Zahlenmäßiger Anteil an Hinrichtungen in den Departements (1793/94) *

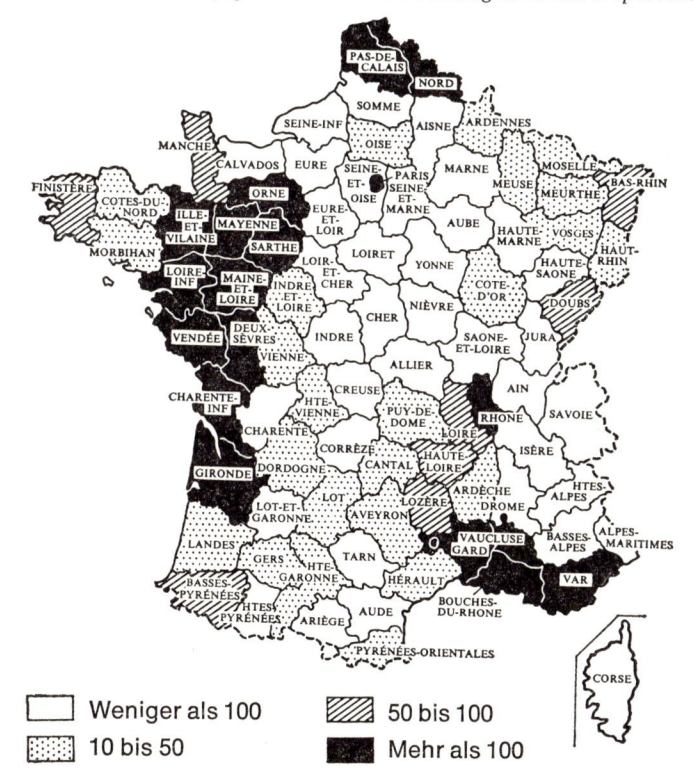

* Die Untersuchung von Donald Greer (The Incidence of the Emigration During the French Revolution, Gloucester/Mass.: Peter Smith 1966) erfaßte 17 000 Exekutionen in 14 Monaten 1793/94. Die obige Darstellung des Anteils der Hinrichtungen in den Departements beruht auf dieser Untersuchung. Nach Bouloiseau ist mit ca. 50 000 Hinrichtungen, d. h. 2 $^0/_{00}$ der Bevölkerung, zu rechnen, da nicht alle Todesfälle aktenkundig wurden und zudem viele Angeklagte im Gefängnis starben.

Marc Bouloiseau: La République jacobine 10 août 1792 – 9 thermidor an II. Paris: Éditions du Seuil 1972, S. 234.

4.3.5.3 Die belagerte Republik (Juli – August 1793)

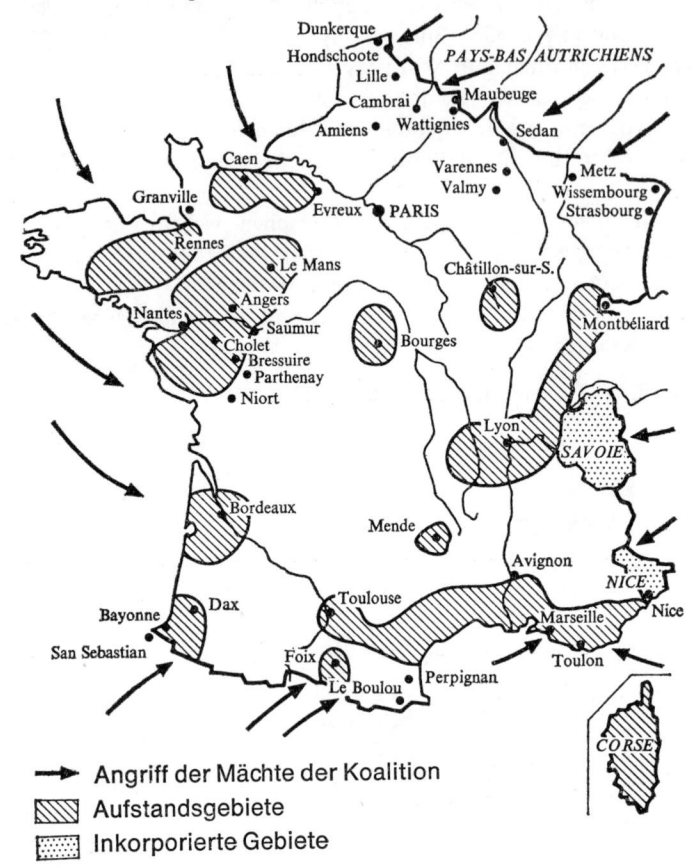

→ Angriff der Mächte der Koalition
▨ Aufstandsgebiete
▦ Inkorporierte Gebiete

Bouloiseau (Mat. Nr. 4.3.5.2), S. 81.

4.3.5.4 Das Volksaufgebot (Levée en masse, 23. 8. 1793)

Der Nationalkonvent beschließt nach Anhörung des Berichtes seines Wohlfahrtsausschusses:

Artikel 1. Ab sofort bis zu dem Augenblick, in dem die Feinde vom Territorium der Republik verjagt sein werden, unterliegen alle Franzosen der ständigen Einberufung zum Heeresdienst.

Artikel 2. Die jungen Männer gehen an die Front, die verheirateten schmieden Waffen und übernehmen den Verpflegungstransport; die Frauen nähen Zelte, Uniformen und tun in den Hospitälern Dienst; die Kinder zupfen aus altem Leinenzeug Scharpie, die Greise lassen sich auf öffentliche Plätze tragen, um den Soldaten Mut und Haß gegen die Könige zu predigen und ihnen die Einheit der Republik einzuschärfen.
Die nationalen Gebäude werden in Kasernen, die öffentlichen Plätze zu Rüstungswerkstätten umgewandelt, die Kellerfußböden ausgelaugt, um Salpeter zu gewinnen.
Artikel 3. Alle Kaliberwaffen werden ausschließlich denen anvertraut, die gegen den Feind marschieren; im Heimatdienst werden Jagdgewehre und Handwaffen verwandt.
Artikel 4. Alle Reitpferde werden zur Vervollständigung der Kavelleriekorps, alle Zugpferde, mit Ausnahme der für die Landwirtschaft gebrauchten, zum Transport der Artillerie und der Verpflegung requiriert.
Artikel 5. Der Wohlfahrtsausschuß wird beauftragt, alle Maßnahmen zu ergreifen, um unverzüglich eine der Lage und Entschlossenheit des französischen Volkes angemessene verstärkte Fabrikation von Waffen aller Art aufzunehmen. Er wird demzufolge ermächtigt, alle zu diesem Zweck für erforderlich gehaltenen Betriebe, Werkstätten und Fabriken einzurichten sowie die zu ihrer erfolgreichen Produktion nötigen Techniker und Arbeiter überall in der Republik zu requirieren. Zu diesem Zweck wird dem Kriegsminister eine Summe von 30 Millionen zur Verfügung gestellt, auszahlbar von den 498 200 000 Livres in Assignaten, die sich als Rücklage in der dreifach gesicherten Kasse befinden. Das Zentralunternehmen der Waffenherstellung wird in Paris eingerichtet.
Artikel 6. Die zur Durchführung dieses Gesetzes ausgesandten Volksvertreter können, in Absprache mit dem Wohlfahrtsausschuß, in ihren Amtsbereichen das gleiche anordnen; sie besitzen dieselben unbegrenzten Vollmachten wie die zu den Armeen entsandten Volksvertreter.
Artikel 7. Niemand kann sich bei dem Wehrdienst, zu dem er einberufen wird, von einem anderen vertreten lassen. Alle Staatsbeamten bleiben auf ihrem Posten.
Artikel 11. Das in jedem Distrikt aufgestellte Bataillon sammelt sich unter einem Banner mit folgender Aufschrift: *Das französische Volk erhebt sich gegen die Tyrannen.*
Artikel 14. Die Grundbesitzer, Landwirte und alle, die über Getreidevorräte verfügen, werden hiermit aufgefordert, die rückständige Steuer, einschließlich der für die beiden ersten Drittel des Jahres 1793 zu entrichtenden, unter Zugrundelegung der für die letzte Steuererhebung geltenden Listen in Naturalien zu bezahlen.
...

Duvergier (Mat. Nr. 3.7), Bd. 6, S. 107 f. Zit. nach: *Grab* (Mat. Nr. 3.5), S. 171–173.

Zur Beurteilung der Jakobinerherrschaft siehe 7.4.

4.4 Die Eindämmung der Revolution: Die bürgerliche Republik (9. Thermidor 1794 – 18. Brumaire 1799)

4.4.1 Die Direktorialverfassung von 1795 und ihre Organe

Die Thermidorianer – Angehörige der Bergpartei, die Robespierre im Thermidor gestürzt hatten – ließen am 22. 8. 1795 im Nationalkonvent eine neue Verfassung verkünden. Die gemäß dieser Verfassung durchgeführten Wahlen waren an den Wahlzensus gebunden.

Die Aktivbürger mußten Steuerzahler und wenigstens 25 Jahre alt sein. Sie wählten die Wahlmänner, die ein Steueraufkommen im Wert des Lohnes für 150 bis 200 Arbeitstage nachzuweisen hatten. Diese Wahlmänner wählten die gesetzgebende Körperschaft. Der gesetzgebende Körper bestand aus zwei Kammern: dem Rat der Fünfhundert, der die Gesetzesinitiative besaß, und dem Rat der Alten mit dem Recht des Einspruchs. Die ausführende Gewalt lag in den Händen eines fünfköpfigen Direktoriums – nach ihm wird die Verfassung von 1795 Direktorialverfassung genannt –, dessen Mitglieder vom Rat der Alten aus einer Vorschlagsliste der Fünfhundert gewählt wurden.
Unter den Parteigruppierungen des gesetzgebenden Körpers bildeten einige wenige Anhänger jakobinischer Ideen die äußerste Linke. Die eigentliche Linke waren die Thermidorianer, die die Staatsführung seit dem Sturz Robespierres innehatten, darunter Politiker wie Barras, die noch an der Terreur beteiligt waren. Die politische Mitte bildeten die sogenannten Direktorialen, die sich bei jeder Grundsatzentscheidung spalteten. Einige Direktoriale, wie das Direktoriumsmitglied La Revellière, nahmen bei diesen Gelegenheiten eine republikanischere Position ein als Carnot, ein weiteres Direktoriumsmitglied. Die Rechte zeigte ebenfalls ein differenziertes ideologisch-politisches Spektrum. Sie verband einzig der – allerdings in verschiedenen Spielarten auftretende – Royalismus.
Die Verfassung zeichnete sich also durch „vielfache Vorsichtsmaßnahmen und Absicherungen" aus, „die schließlich die Machtgrundlagen schwächten und die Herrschaft gefährdeten (jedes Jahr mußte die Hälfte der Stadtbehörden, ein Drittel der Kammern, ein Fünftel der Departementsverwaltungen neu besetzt werden), ohne dabei eine Lösung der stets möglichen Konflikte zwischen Exekutivgewalt und Gesetzgebung ins Auge zu fassen. Die unmittelbare Lage, die andauernde Krise nämlich und die Furcht, die neue Ordnung ihren Feinden auszuliefern, veranlaßte die Thermidorianer, die liberale Verfassung, die sie ja verankern wollten, bereits von Anbeginn an auszuhöhlen" (Soboul, Mat. Nr. 4.1.1.1, S. 436).

Arbeitstext nach: *Grab* (Mat. Nr. 3.5), S. 237–278; *Furet / Richet* (Mat. Nr. 2.4.3), S. 417–422; *Soboul* (Mat. Nr. 4.1.1.1), S. 433–436.

4.4.2 Wirtschafts- und Sozialpolitik zwischen Exekutivgewalt und Gesetzgebung

4.4.2.1 Grundzüge der Wirtschafts- und Sozialpolitik

Das Direktorium übernimmt auch das Erbe der Finanzpolitik des Nationalkonvents, und zwar gerade als die Zustände katastrophal geworden sind. Während das „gute Geld" kaum mehr auftaucht, verlieren die in immer größeren Mengen umlaufenden Assignaten mit jedem Tag an Wert. Die Hundertfranken-Assignaten gelten nur noch 0,75 Franken, und die Preise steigen ins Unermeßliche: Der Finanzspekulant ist König, der Gläubiger ruiniert, der Lohnempfänger dem Elend preisgegeben. ...
Einige Abgeordnete in den Versammlungen setzen sich für die Abschaffung der Assignaten ein. Ihr Hintergedanke dabei ist, die Marktwirtschaft logisch zu Ende zu führen. Weil das im Umlauf befindliche Hartgeld (schätzungsweise 300 Millionen gegenüber 2 Milliarden im Jahre 1789) nicht ausreicht, wollen sie Papiergeld einführen, emittiert von einer Bank der Großkapitalisten, die dem Staat die Zahlungsfähigkeit garantiert. Aber auch auf diesem Gebiet weigert sich die Mehrheit in den Versammlungen, mit der Vergangenheit zu brechen und die Assignaten, das Symbol und Unterpfand der Revolution, preiszugeben.

Um sie wieder aufzuwerten, billigt das Parlament im Dezember 1795 eine Zwangsanleihe von 600 Millionen auf das Vermögen der Reichen. Doch diese vom Bürgertum abgelehnte und bekämpfte Lösung verschafft dem Direktorium nur eine kurze Atempause und mindert seine Popularität erheblich.

Am Vorabend des Feldzugs von 1796 steht das Regime also ohne finanzielle Mittel da. Es hat die private Notenbank abgelehnt, und es bleibt ihm kaum etwas anderes als das alte Verfahren: neues Geld ausgeben, das die Assignaten „aufsaugen" soll, und zwar wieder gedeckt durch – weitere – Verkäufe von Nationalgütern. Am 18. März wird das „Territorialmandat" emittiert, gültig für den Kauf von Nationalgütern, und zwar nicht durch Versteigerung, sondern durch freihändige Veräußerung auf Grund einfacher Schätzung. Ein Teil dieses neuen Papiergeldes fließt dem Staatsschatz zu, der Rest ist für das Umwechseln der Assignaten bestimmt, und zwar zu 30 % des Nennwerts, also weit über dem freien Assignatenkurs. Aber trotz der harten Gesetzesvorschriften, die dem neuen Geld seinen Wert sichern sollen (Zwangskurs, Verbot des Verkaufs gegen Hartgeld, schwere Strafen für jede feindselige oder bloß skeptische Beurteilung vor Dritten), scheitert das Territorialmandat, und zwar nicht nur an den unerbittlichen Realitäten des Außenhandels, sondern mehr noch an dem allgemeinen Mißtrauen im Lande. Zwei Wochen nach der Ausgabe hat der Hundertfrankenschein bereits zwei Drittel seines Wertes verloren! Der Versuch schlägt fehl, noch ehe er recht begonnen worden ist: schon im Mai sieht das Direktorium mit den größten Bedenken dem bevorstehenden Verkauf von Nationalgütern gegen die erste Tranche dieses Papiergelds zum Nennwert entgegen. Aber die Ratsversammlungen teilen diese Bedenken nicht, und so endet der Versuch, neues Geld zu schaffen, mit der katastrophalen Verschleuderung von Nationalgütern im Werte von zwei Milliarden an die Neureichen des Regimes, die sich billig mit Territorialmandaten eingedeckt haben. Erst Ende Juli ringt sich der Gesetzgeber dazu durch, sich der Wirklichkeit anzubequemen: die Ratsversammlungen beschließen, das letzte zum Verkauf anstehende Viertel der Nationalgüter müsse gegen Papiergeld zum Wechselkurs veräußert werden. Die Bestimmung, daß der Kurs alle fünf Tage vom Direktorium festgesetzt werden soll, ist die offizielle Todeserklärung des Territorialmandats, und im Februar 1797 verlieren die Assignaten alter und neuer Form endgültig ihren Geldcharakter. Das große Experiment des Papiergelds der Revolution führt – wie 1720 der Versuch Laws unter dem Ancien Régime – zur Rückkehr zum eigenwertigen Münzgeld. Aber dieses Experiment hat die bis dahin umfassendste und rascheste Vermögensumschichtung in Frankreich bewirkt.

...

Die Finanzkrise ist um so bedrohlicher, als zunächst nichts geschieht, um die Einnahmen und Ausgaben des Staates aufeinander abzustimmen. Die direkten Steuern gehen weiterhin äußerst schleppend ein, und die Schaffung indirekter Steuern scheitert an der Ablehnung der Ratsversammlungen. Krieg und Versorgungskrise führen zu immer neuen Ausgaben für Armee und Einfuhren, denen die Ratsversammlungen jeweils kurzfristig zustimmen, ohne die entsprechenden Einnahmen vorzusehen, geschweige denn einen Gesamtplan für den Staatshaushalt zu erarbeiten. Die vielen provisorischen Maßnahmen und die „außerordentlichen" Einnahmen aus den eroberten Gebieten führen das Regime immer mehr dazu, sich durchzuschwindeln wie ein Schuldner vor dem Bankrott.

...

Die beiden Mißernten 1794 und 1795 führen zur üblichen Verknappung und Verteuerung. Der Bauer, der ohnehin schon wenig Lust zeigte, seine Produkte gegen wertloses Papier abzugeben, hat jetzt kaum mehr etwas zu verkaufen. Die im November 1795 unter dem Zwang der Not wieder eingeführten Beschlagnahmen werden nur halbherzig von den Gemeindebehörden vorgenommen, die vom Lokalegoismus leben und vor allem auch nichts auftreiben können, wo nichts ist. In den Städten trifft der kalte Winter 1795/96 zweifellos von allen Wintern der Revolutionszeit die Unbemittelten am schlimmsten. Überall beweisen ein erschreckendes Anwachsen der Sterblichkeitsziffer und spontane Hungeraufstände eine schwere Krise; in Bettelei und Straßenraub findet die Verelendung ihren Niederschlag: chronische Übel des alten Wirtschaftssystems findet jetzt eine politische Rechtfertigung: an allen Ecken und Enden werden im Namen des Königs und der Religion Postkutschen angehalten und ausgeplündert, werden Käufer von Nationalgütern ermordet, werden abgelegene Höfe überfallen und die Bewohner gefoltert, bis sie ihre „Schätze" preisgeben.

Das Direktorium, das warnende Beispiele früherer Jahre vor Augen, führt in Paris immer neue Kontrollen ein, erläßt immer neue Vorschriften und sorgt immer wieder für Lebensmittelverteilungen an die Bedürftigen. Dennoch leidet in erster Linie das einfache Volk unter der Papierinflation und der Güterverknappung. Im Jahr IV übersteigt im Departement Seine, also in der Hauptstadt, die Zahl der Todesfälle um 10 000 die der Geburten. Da aber der Luxus ungeniert zur Schau getragen wird und die sozialen Spannungen verschärft, richten sich die Vorwürfe prompt gegen die Regierung der Reichen und gegen die „Immerwährenden", die sich nicht gescheut haben, ihre Abgeordnetendiäten in soundsoviel Zentnern Weizen zu bemessen. Ein Bericht des Zentralbüros der Polizei vom 2. Januar 1796 stellt fest, daß in Paris „die Leute vom Lande äußerst unbeliebt sind, ebenso alle Händler, vor allem die Bäcker und Fleischer, deren angebliche Raffgier und Pflichtvergessenheit immer neues Murren und Klagen hervorrufen. Das verzweifelte Publikum ergeht sich in Schmähungen gegen die Beamten der Lebensmittelversorgung und die Behörden. Selbst die Regierung bleibt davon nicht verschont".

Furet / Richet (Mat. Nr. 2.4.3), S. 429–433.

4.4.2.2 Der Verfall der Assignaten und der Territorialmandate (bis April 1796)

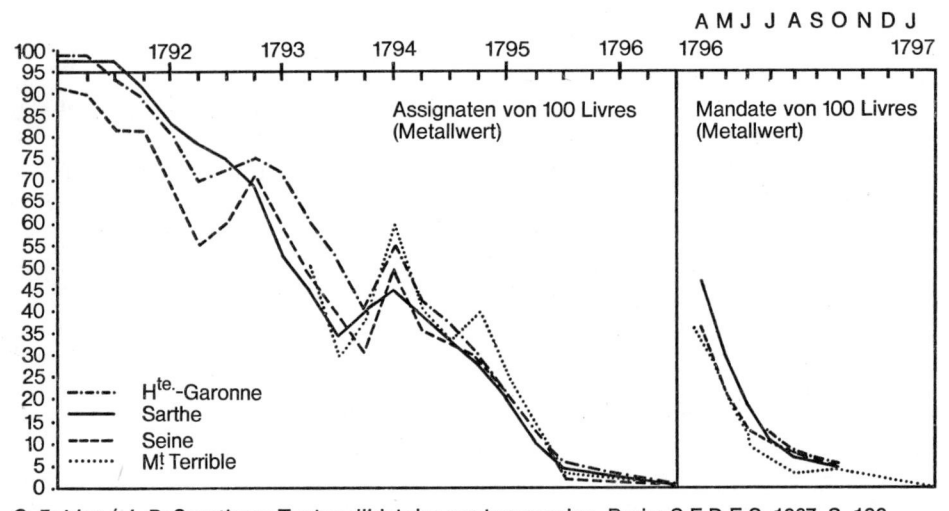

C. Fohlen / J.-R. Suratteau: Textes d'histoire contemporaine. Paris: S.E.D.E.S. 1967, S. 136.

4.4.3 Kampf gegen den inneren und äußeren Feind

4.4.3.1 Journée: Prairial 1795 – Erklärung der Aufständischen (1. Prairial / 20. 5. / 1795) *

Angesichts der Tatsache, daß die Regierung das Volk erbarmungslos Hungers sterben läßt und die Versprechungen, die sie nicht müde wird zu wiederholen, nichts als Lug und Trug sind;

Angesichts dessen, daß die Not den einzelnen Bürger in eine Lage gebracht hat, wo er das unglückliche Los derer, die die Hungersnot täglich in die Gräber schaufelt, beneidet;

Angesichts dessen, daß das Volk sich vor sich selbst und vor der nachfolgenden Generation schuldig macht, wenn es nicht alles daran setzt, seine Ernährungsgrundlage zu sichern und seine Rechte wiederzuerlangen;

Angesichts dessen, daß die Regierung anmaßend, ungerecht und tyrannisch handelt, wenn sie diejenigen, welche genug Mut und Tugend besitzen, um Brot und die allen zustehenden Rechte zu fordern, willkürlich verhaften, von Kerker zu Kerker schleppen und in den Gefängnissen hinmetzeln läßt;

Angesichts dessen, daß eine anmaßende und tyrannische Regierung ihre verbrecherischen Hoffnungen und ihre Stärke lediglich auf die Schwäche, Unwissenheit und Not des Volkes gründet;

Angesichts dessen, daß eine so grausame Regierung nur so lange bestehen kann, als man schwach genug ist, sie zu fürchten und ihr zu gehorchen;

Angesichts dessen, daß die Kavallerie, die die Regierung aus unseren Armeen herausgenommen hat, um diese zu schwächen, den Treueeid nicht der Tyrannis leisten wollte, sondern dem Volk, welches sie zu verteidigen geschworen hat;

Angesichts dessen, daß die Blicke aller Republikaner in den Departements und Armeen auf Paris gerichtet sind, dem man die Schuld für jede Verzögerung zuschieben würde;

Angesichts dessen, daß der Aufstand für ein Volk als Ganzes wie für jeden Teil eines unterdrückten Volkes *das heiligste Recht, die unverletzlichste Pflicht* ist, eine Notwendigkeit ersten Ranges;

Angesichts dessen, daß es Sache des den Unterdrückern am nächsten lebenden Teiles des Volkes ist, diese zu ihren Pflichten zurückzurufen, weil er durch seine Nähe die Wurzel des Übels besser kennt;

Beschließt das Volk wie folgt;

Artikel 1. Noch heute begeben sich ohne weitere Verzögerung die Bürger und Bürgerinnen von Paris *in Massen* zum Nationalkonvent, um von ihm zu fordern:

1. Brot;

2. Die Absetzung der Revolutionsregierung, deren verschiedene Faktionen der Reihe nach sämtlich ihre Macht dazu mißbraucht haben, das Volk zugrunde zu richten, es auszuhungern und zu versklaven;

3. um vom Nationalkonvent die sofortige Proklamation und Inkraftsetzung der demokratischen Verfassung von 1793 zu fordern;

4. die Absetzung der gegenwärtigen Regierung, ihre sofortige Ersetzung durch andere aus den Reihen des Nationalkonvents kommende Persönlichkeiten und die Verhaftung aller in den gegenwärtigen Regierungsausschüssen sitzenden Konventsmitglieder, da sie sich des Verbrechens der Nationsbeleidigung und der Tyrannei gegenüber dem Volk schuldig gemacht haben;

5. die sofortige Freilassung aller Bürger, die in Haft gehalten werden, weil sie Brot ver-

langt und ihre Meinung frei geäußert haben;
6. die Einberufung der Urwählerversammlungen zum 25. Prairial dieses Jahres zwecks Neuwahl aller Behörden; bis dahin haben diese in ihrem Verhalten und in ihrer Amtsführung die Verfassung streng zu beachten;
7. die Einberufung der Gesetzgebenden Nationalversammlung, die den Konvent ablösen soll, auf den 25. Messidor dieses Jahres.
Artikel 8. Die Bürger und Bürgerinnen unterschiedslos aller Sektionen marschieren von jedem beliebigen Ausgangspunkt in brüderlicher Unordnung und ohne die Bewegung ihrer Nachbarsektionen, die sie zum Mitmarschieren veranlassen, abzuwarten, damit die arglistige und treulose Regierung dem Volk nicht länger, wie sie es bisher getan hat, einen Maulkorb anlegen und es von Führern, die sich an sie verkauft haben, wie eine Herde leiten lassen kann.
Artikel 9. Das Volk wird nicht eher Ruhe geben, als bis es den Lebensunterhalt, das Glück, den Frieden und die Freiheit für alle Franzosen gesichert hat.
Artikel 10. Der Schlachtruf des Volkes ist: *Brot und die demokratische Verfassung von 1793.*
Jeder, der während des Aufstandes diese Parole nicht mit Kreide auf seinen Hut geschrieben trägt, wird als Volksaushungerer und Feind der Freiheit betrachtet.
Alle öffentlich gezeigten Fahnen, Standarten oder Feldzeichen müssen ebenfalls diese Parole tragen. Jedes andere Erkennungszeichen ist strengstens untersagt und wird geahndet.

* Die beiden Aufstände der Pariser Sansculotten vom Germinal (1. 4.) und Prairial (20.–23. 5.) 1795 wurden von der Regierung unterdrückt. Der Prairialaufstand wurde mit Hilfe der Nationalgarden aus den wohlhabenderen Sektionen und des Militärs blutig niedergeschlagen.

Buchez / Roux (Mat. Nr. 4.2.3.3.1), Bd. 36, S. 315–318. Zit. nach: *Grab* (Mat. Nr. 3.5), S. 233–236.

4.4.3.2 Die Verschwörung der Gleichen (1796)

Die Verschwörung der Gleichen war der erste Versuch, den Kommunismus Wirklichkeit werden zu lassen. Im Winter des Jahres IV (1795–1796) gelangte Babeuf [siehe Mat. Nr. 3.8], den das Direktorium bald auf eine Tätigkeit im Untergrund eingeengt hatte, angesichts der Unfähigkeit der Regierung und der entsetzlichen Misere des Volkes zu der Auffassung, das gesellschaftliche Gebäude mit Gewalt niederzureißen. Um eine dem Kommunismus ergebene Minderheit gruppierten sich in der Verschwörung Panthéonisten, frühere Jakobiner, wie Amar, Drouet, Lindet, deren Ziele im wesentlichen politisch bestimmt blieben. ...
Die politische Organisation der Verschwörung bedeutete einen Bruch mit den bislang im Rahmen der Volksbewegung angewandten Methoden. Im Mittelpunkt stand eine Führungsgruppe, die sich auf eine kleine Zahl erprobter Kämpfer stützte; dann der Kreis der Sympathisanten, Patrioten und Demokraten im Sinne des Jahres II, die nicht im Verborgenen arbeiteten und das neue revolutionäre Ideal offenbar nicht teilten; schließlich die Volksmassen selbst, die es mitzureißen galt. Eine meisterhaft organisierte Verschwörung, bei der aber das Problem der notwendigen Verbindung mit den Massen augenscheinlich unzureichend gelöst war. So bildete sich neben dem traditionellen Volksaufstand die Lehre von der revolutionären Diktatur heraus, die Marat vorausgeahnt hatte,

ohne sie allerdings genau bestimmen zu können: Wenn der Aufstand zur Machtübernahme geführt hat, ist es naiv, sich in dieser Frage einer nach den Prinzipien der politischen Demokratie gewählten Versammlung zu unterwerfen, selbst wenn diese nach dem allgemeinen Wahlrecht gewählt wurde; es ist unverzichtbar, die Diktatur einer revolutionären Minderheit solange aufrechtzuerhalten, bis die Gesellschaft umgestaltet und die neuen Institutionen eingerichtet sind. Von Buonarotti [Mitglied der Verschwörung] ging diese Vorstellung über auf Blanqui, und wahrscheinlich knüpfte die leninistische Lehre und Praxis der Diktatur des Proletariats an den Blanquismus an. ...
Babeuf setzte unterdessen seine Vorbereitungen fort. Er nahm Fühlung mit einem Komitee aus Konventsabgeordneten auf, das sich zu gleicher Zeit gebildet hatte, und verständigte sich mit ihnen am 18. Floréal (11. Mai); sie sollten Mitglieder der auf Vorschlag des Aufstandskomitees gewählten neuen Versammlung werden. Aber bereits am 11. Floréal (30. April) war die für den Aufstand gewonnene Polizeilegion aufgelöst worden. Obendrein hatte einer von Babeufs Militäragenten, Grisel, die Verschwörer bei Carnot denunziert. Babeuf und Buonarotti wurden am 21. Floréal IV (10. Mai 1796) festgenommen, und alle ihre Papiere wurden beschlagnahmt. Die Verhaftungen häuften sich, da die Staatslenker und die Bourgeoisie noch einmal von Angst ergriffen wurden. ...
Der Prozeß von Vendôme fand erst im Jahre V statt. Barras hätte es vorgezogen, die Verfolgungen einzuschränken, desgleichen auch Leute wie Sieyes, die fürchteten, dem Royalismus in die Hände zu arbeiten. Carnot erwies sich als unversöhnlich und zog das Direktorium mit. In der Nacht vom 9. auf den 10. Fructidor (26.–27. August 1796) wurden die Verschwörer in vergitterten Käfigen nach Vendôme gebracht, ihre Frauen, darunter die von Babeuf und sein ältester Sohn, folgten dem Zug zu Fuß. Der Prozeß wurde erst Ende Februar 1797 vor dem Obersten Gericht eröffnet und dauerte drei Monate. Nach der Verkündung des Todesurteils am 7. Prairial V (26. Mai 1797) versuchten Babeuf und Darthé sich das Leben zu nehmen; blutend wurden sie am nächsten Morgen auf das Schafott geschleppt.

Soboul (Mat. Nr. 4.1.1.1), S. 455–457.

4.4.3.3 Die Etappen des Krieges und der französischen Expansion (1794–1799)

Nach dem Sturz Robespierres (9. Thermidor 1794) führte die französische Expansion an folgenden Fronten zu Annexionen oder Gründungen von Republiken auf eroberten Gebieten: Rheinlande außer Mainz (Übergabe: 29. 12. 1797) – September/Oktober 1794, Einteilung in vier Departements – 4. 2. 1798; Errichtung der Batavischen Republik – 16. 5. 1795; Annexion Belgiens – 1. 10. 1795; Gründung der Helvetischen Republik – 9. 2. 1798; folgende Republiken wurden während Bonapartes Italienfeldzug 1797/98 errichtet: die Cispadanische, die Ligurische, die Cisalpinische und – nach Gefangennahme des Papstes – die Römische Republik. – Am 30. 7. 1795 schlug General Hoche bei Quiberon (Bretagne)) den gefährlichen Aufstand der Royalisten und Emigranten nieder.
Mit dem Frieden zwischen Frankreich und Österreich (Campo Formio, 17. 10. 1797), in dem u. a. der Rhein als Ostgrenze Frankreichs festgelegt wurde, endete der 1. Koalitionskrieg. Lediglich Großbritannien setzte den Krieg bis zum Frieden von Amiens (27. 3. 1802) fort. Mit der Allianz zwischen Rußland und dem Osmanischen Reich (24. 12. 1798) begann der 2. Koalitionskrieg gegen Frankreich. Nach anfänglichen Erfolgen – Vertreibung des Königs von Neapel und Errichtung der Parthenopeischen Republik – erlitt Frankreich

eine Reihe von militärischen Niederlagen und mußte die Auflösung der Cisalpinischen, der Römischen und der Parthenopeischen Republik hinnehmen. – Am 8. 10. 1799 kehrte Bonaparte von seinem am 19. 5. 1798 begonnenen Ägyptenfeldzug zurück.

Arbeitstext nach *Grab* (Mat. Nr. 3.5), S. 315–318.

4.4.3.4 Die Armee – Retter der Republik
Bonaparte*: Proklamation an die Armee, Mailand, 26. Messidor des Jahres V [14. 7. 1797]

Soldaten, heute ist der Jahrestag des 14. Juli. Ihr seht vor Euch die Namen Euerer Kameraden, die für die Freiheit und das Vaterland auf dem Felde der Ehre den Heldentod starben: Sie haben Euch das Beispiel gegeben. Ihr seid ganz und gar der Republik verpflichtet; Ihr seid ganz und gar dem Glück von dreißig Millionen Franzosen verpflichtet; Ihr seid ganz und gar dem Ruhm dieses Namens verpflichtet, der durch Euere Siege einen neuen Glanz erhalten hat.

Soldaten, ich weiß, daß Ihr tief von dem Unglück berührt seid, das das Vaterland bedroht; aber das Vaterland kann nicht wirklich in Gefahr geraten. Dieselben Männer stehen bereit, die ihm zum Triumph über das verbündete Europa verhalfen. Die Berge stehen zwischen uns und Frankreich; Ihr werdet sie mit der Geschwindigkeit des Adlers überwinden, um – falls nötig – die Verfassung zu erhalten, die Freiheit zu verteidigen, die Regierung und die Republikaner zu schützen.

Soldaten, die Regierung wacht über den Schatz der Gesetze, der ihr anvertraut ist. Die Royalisten werden von dem Augenblick an, an dem sie sich zeigen, aufhören zu leben. Seid unbesorgt, und laßt uns bei den Namen der Helden schwören, die an unserer Seite für die Freiheit gestorben sind, laßt uns auf unsere neuen Fahnen schwören:

UNBARMHERZIGER KRIEG DEN FEINDEN DER REPUBLIK UND DER VERFASSUNG DES JAHRES III

Bonaparte

* Bonaparte intervenierte zum ersten Mal in der Innenpolitik, als er im Namen des Nationalkonvents den bewaffneten Aufstand der Royalisten am 5. 10. 1795 in Paris niederschlug. Am 28. 2. 1796 wurde er vom Direktorium mit der Schließung des von Babeuf (siehe Mat. Nr. 4.4.3.2) beeinflußten Pantheonklubs beauftragt. Die Wahlen im Frühjahr 1797, in denen ein Drittel des Gesetzgebenden Körpers neu gewählt wurde, führte zu einer Mehrheit der royalistischen und sehr gemäßigten republikanischen Abgeordneten. Diese Mehrheit wählte ein neues Direktoriumsmitglied ihrer Richtung, mit dem sich das Direktoriumsmitglied Carnot verband. Die ‚Triumvirn', Barras, Reubell und La Revellière, widersetzten sich der Politik der Mehrheit. Als Verbündete kamen für sie nur das Volk – wie 1793/94 – und die Armee in Frage. Ohne den Appell an das Volk in Betracht zu ziehen, wandten sie sich an die republikanischen Generäle um Unterstützung: Hoche, General der Sambre- und Maasarmee, läßt am 1. 7. 1797 Truppen nach Paris marschieren; Bonaparte, der erfolgreiche General des Italienfeldzuges, erläßt die Proklamation vom 14. 7. 1797 und schickt ebenfalls Offiziere und Soldaten nach Paris.

Correspondance de Napoléon Bonaparte, Nr. 2010. Zit. nach: *Jacques Godechot* (Hrsg.), La pensée révolutionnaire 1789–1799. Paris: Armand Colin 1964, S. 278.

4.4.4 Der Staatsstreich vom 18. Brumaire 1799 und das Ende der Revolution

4.4.4.1 Die letzte Krise der Revolution

Die tatsächliche Diktatur, die das Direktorium seit dem Fructidor-Staatsstreich [4. 9. 1797] ausgeübt hatte, hörte nun auf. ... Die Kammern des gesetzgebenden Körpers faßten Beschlüsse, die an das Jahr 1793 erinnerten. Eine Zwangsanleihe gegen die „Reichen" wurde ausgeschrieben, die Stellvertretung für die Besitzenden bei der Aushebung zum Militär wurde vorübergehend aufgehoben und ein „Geiselgesetz" erlassen, wonach Verwandte von Ausgewanderten und politisch Verdächtigen als Bürgen festgesetzt werden konnten, – in der Meinung, damit Vaterlandsverräter und Feinde der Republik mattzusetzen. Dazu kamen unpopuläre Maßnahmen, welche die Kriegslage gebot, wie die Beschlagnahme von Pferden. Hinter alledem aber stand nicht mehr die schreckende und mitreißende Kraft der alten Revolutionsregierung. Das ganze an den Jakobinismus erinnernde Vorgehen der gesetzgebenden Körperschaften erregte nur erneute Unzufriedenheit bei allen Besitzenden, zumal auf dem Lande, wo das parlamentarische Kräftespiel der letzten Jahre wenig Verständnis gefunden hatte. Man war weithin politisch unlustig geworden und sehnte sich nur noch nach Ordnung, Sicherheit und Wohlstand. Die Hoffnung immer breiterer Schichten richtete sich auf eine Macht, die imstande sein würde, mit den äußeren Feinden fertigzuwerden, ohne zunächst das private und wirtschaftliche Leben härteren Eingriffen auszusetzen.

Diese Macht lag bei der Armee. Sie war republikanisch, aber diszipliniert, selbstbewußt durch ihre Siege und ordnungsliebend, – noch mehr, seitdem sie gegenüber den Jahren der ersten Massenerhebung an Zahl vermindert war. Die volkstümlichen Führer der Armeen wollten größtenteils von neuen Sansculottenaktionen ebensowenig wissen wie von den Diktaturgelüsten der zivilistischen Direktoren. Sie hatten schon zunehmend in die Politik eingegriffen und bei allen Staatsstreichen ihre Hand im Spiele gehabt. ...

Die im Frühjahr 1799 drohende Gefahr einer neuen Invasion in Frankreich war bereits vorübergezogen, die Heere der zweiten Koalition waren zum Stehen gekommen, hatten ihre in der Schweiz und in Holland gewonnenen Vorteile wieder verloren und waren unter sich in neuen Zwist verfallen, als im Herbst 1799 der General Napoleon Bonaparte von der ägyptischen Expedition zurückkehrte, auf die ihn das Direktorium entsandt hatte. Als erfolgreicher Feldherr und Staatsgründer wußte er den Blick aller derer auf sich zu richten, die einen Zustand größerer innerer Ordnung und Autorität herbeiwünschten, ohne gewisse Grundgedanken der Revolution aufzugeben. Hatte dieser Gedanke bisher zu „Faktionen" geführt, zu Gruppenbildungen, die ein bestimmtes politisch-ideelles Programm gegen ihre Gegner durchsetzen wollten, so lehnte Bonaparte alle bisherigen Parteiungen ab und vertrat nur das Prinzip der durch die Staatsgewalt zu schützenden inneren Ordnung an sich und des siegreichen Friedens nach außen. Der alte revolutionäre Theoretiker Sieyès, seit Anfang 1799 Mitglied des Direktoriums, ebnete ihm den Weg, die politische und militärische Führung an sich zu reißen. Durch den Staatsstreich vom 18. und 19. Brumaire des Jahres VIII (9./10. November 1799) wurden die gesetzgebenden Körperschaften, der Rat der Alten und der Rat der 500, gezwungen, die ausführende Gewalt in die Hände von drei Konsuln zu geben, deren erster und maßgebender der General Bonaparte war, und eine Kommission zur Ausarbeitung einer neuen Verfassung* gutzuheißen, die dann einer Volksabstimmung unterworfen werden sollte.

---

* Die Konsulatsverfassung vom 13. 12. 1799. Vgl. *Grab* (Mat. Nr. 3.5), S. 289–300.
Griewank (Mat. Nr. 4.3.3.1), S. 108–110.

4.4.4.2 *Proklamation der Konsuln über die Beendigung der Revolution*
(15. Dezember 1799 / 24. Frimaire VIII)

Eine neue Verfassung wird euch vorgelegt.

Sie beseitigt die Unklarheiten, die unter der provisorischen Regierung in den äußeren Beziehungen, in der inneren und militärischen Lage herrschten. Sie stellt an die Spitze der von ihr geschaffenen Institutionen die ersten Beamten, deren Hingabe sich als für ihre Tätigkeit notwendig erwiesen hat.

Die Verfassung gründet sich auf die wahren Prinzipien der Repräsentativregierung, auf die geheiligten Rechte des Eigentums, der Gleichheit und Freiheit.

Die von ihr eingesetzten Gewalten werden stark und zuverlässig sein, wie sie es sein müssen, wenn sie die Rechte der Bürger und die Interessen des Staates schützen sollen.

Bürger, die Revolution hält an den Grundsätzen, die an ihrem Beginn standen, fest. Sie ist beendet.

Bonaparte. Roger Ducos. Sieyès

Buchez / Roux (Mat. Nr. 4.2.3.3.1), Bd. 38, S. 301. Zit. nach: Grab (Mat. Nr. 3.5), S. 300 f.

Zur Beurteilung der bürgerlichen Republik (1794–1799) siehe 7.5.

5. Die neue Ordnung

5.1 Sozio-ökonomischer Wandel

1. Was läßt sich zuallererst über die Durchsetzung der kapitalistischen Produktionsweise sagen? Diese war im allgemeinen weniger eindeutig als in England oder in Deutschland mit der preußischen Revolution *von oben* unter Bismarck. Diese Herrschaft der kapitalistischen Produktionsweise hat es nicht vermocht, den Knoten zu zerschneiden, in dem sich in dieser Übergangsphase die kapitalistische Produktionsweise und die anderen Produktionsweisen in den Produktionsbeziehungen verbanden: Sie hat in Frankreich der Kleinproduktion nicht den Weg verstellt. Vielmehr hat die Französische Revolution endgültig die Basis der Kleinproduktion gestärkt. Einerseits in der Landwirtschaft; aufgrund des absolutistischen Staates und der Rolle des Adels, mithin – wenn man so will – aufgrund des Fehlens einer frühzeitigen Revolution in der Phase der ursprünglichen Akkumulation hat sich die kapitalistische Produktionsweise in der gesamten Gesellschaftsformation nicht mit Hilfe des Grundbesitzes der Grundrentiers durchgesetzt, sondern mittels des Staates vornehmlich durch die Handels- und Industriebourgeoisie. Diese hat „in der Bauernschaft" Unterstützung gegen den Adel gesucht, um sich den großen Landbesitz anzueignen und den Adel zu enteignen. Parallel dazu war das entscheidende Ergebnis der Revolution nicht etwa die Enteignung der ländlichen Produzenten, sondern – wie die jakobinische Diktatur nach der Bauernrevolte gegen die feudalen Strukturen der Landwirtschaft unterstrich – die Erteilung und Ausdehnung des Besitzstatus auf die Kleinbauern. Damit wurden als typisch französisches Phänomen die Parzellenbauern geschaffen, die von nun an und für lange Zeit eine sehr wichtige Rolle auf der politischen Bühne spielen. Dieser ungewöhnliche Triumph der Kleinproduktion manifestierte sich auch im Beispiel der Kleinbourgeoisie, die sich neben dem gemäßigten Fortschritt der Handels- und Industriebourgeoisie im absolutistischen Staat des Adels entwickelt hatte und ihre Basis endgültig durch die Politik des Konvents absicherte. Diese Kleinbourgeoisie blieb in Frankreich – wie das Phänomen des „Radikalismus" zeigt – eine sehr wichtige soziale Kraft, selbst wenn sie sich nicht wie in Deutschland von Anfang an mit dem Kapital verbündet hat: Optierte sie 1848 für die Bourgeoisie, so ergriff sie in der Pariser Kommune für das Proletariat Partei.

Daraus resultiert, daß die ökonomische Entwicklung im Europa des 19. Jahrhunderts, wie es Hobsbawm bemerkt[3], „ein riesiges Paradox enthält: Frankreich. Auf dem Papier gibt es kein anderes Land, das sich schneller hätte entwickeln müssen. Das Land besaß Institutionen, die der kapitalistischen Entwicklung ideal angepaßt waren ... Dennoch verlief die ökonomische Entwicklung in Frankreich langsamer als in anderen Ländern ... Das war die Folge davon, daß der kapitalistische Teil der französischen Wirtschaft sich als Überbau auf der unerschütterlichen Basis des Bauerntums und der Kleinbourgeoisie

---

[3] *E. Hobsbawm:* The Ages of Revolution. 1962, S. 177 ff.

Nicos Poulantzas: Politische Gewalt und soziale Klassen: der französische Fall. In: *Gilbert Ziebura* (Hrsg.): Wirtschaft und Gesellschaft in Frankreich seit 1789. Gütersloh: Kiepenheuer u. Witsch 1975, S. 275–281, hier S. 275 f.

erhob . . ." Diese Situation dauerte in der Folgezeit unter verschiedenen Formen an: Der Rhythmus der technologischen Entwicklung, des Konzentrationsprozesses des Kapitals usw. blieb viel langsamer in Frankreich als in England und in Deutschland; bemerkenswerter Fortbestand der kleinen und mittleren Betriebe etc.

5.2 Die Gesellschaftsordnung im Spiegel des Rechts: Der Code civil (Code Napoléon) (1804)*

Von dem Genusse der bürgerlichen Rechte.
8. Jeder Einländer soll die bürgerlichen Rechte genießen. **
Von den wechselseitigen Rechten und Pflichten der Ehegatten.
213. Der Mann ist seiner Frau Schutz, und die Frau ihrem Manne Gehorsam schuldig.
214. Die Frau ist verbunden, bey dem Manne zu wohnen, und ihm allenthalben hin zu folgen, wo er sich aufzuhalten für gut findet; der Mann ist schuldig, sie aufzunehmen, und ihr alles, was zum Lebensunterhalte erforderlich ist, nach seinem Vermögen und Stande zu entrichten.
215. Die Frau kann ohne Genehmigung ihres Mannes nicht vor Gericht auftreten, selbst alsdann nicht, wenn sie eine öffentliche Handelsfrau ist, wie auch wenn sie mit ihrem Manne in keiner Gütergemeinschaft lebt, oder wenn eine Vermögensabsonderung zwischen beyden statt findet.
217. Die Ehefrau kann, wenn sie gleich mit ihrem Manne in keiner Gütergemeinschaft, oder in einer Vermögensabsonderung lebt, weder schenken, veräußern, ihr Vermögen mit Hypotheken beschweren, noch erwerben, es sey unentgeltlich oder gegen Vergütung, so fern nicht ihr Ehemann bey der Handlung selbst dazu mitgewirkt oder schriftlich eingewilligt hat.
Von der zweyten Heirath.
228. Die Frau kann erst nach zehn Monaten seit der Auflösung einer vorherigen Ehe sich von neuem verheirathen.
Von der Ehescheidung.
229. Der Mann kann die Ehescheidung wegen eines von seiner Frau begangenen Ehebruches verlangen.
230. Die Frau kann wegen eines von dem Manne begangenen Ehebruches die Ehescheidung verlangen, wenn derselbe seine Beyschläferin in dem gemeinschaftlichen Hause gehalten hat.
298. Ist die Ehescheidung wegen begangenen Ehebruches vom Gerichte zugelassen worden, so kann der schuldige Ehegatte sich nie mit seinem Mitschuldigen verheirathen. Die ehebrecherische Frau soll in demselben Urtheile, und auf den Antrag der großherzoglichen Procuratoren, auf eine bestimmte Zeit, die jedoch nicht kürzer als drey Monate, und nicht länger als zwey Jahre seyn darf, zur Einsperrung in ein Arbeitshaus verurtheilt werden.
Von der väterlichen Gewalt.
371. In jedem Alter ist das Kind seinen Eltern Ehrerbietung und Achtung schuldig.
372. Es bleibt unter ihrer Gewalt bis zu seiner Volljährigkeit oder bis es daraus entlassen worden ist.
373. Während der Ehe übt der Vater allein diese Gewalt aus.
374. Das Kind darf das väterliche Haus ohne Erlaubniß des Vaters nicht verlassen, außer

wenn es nach zurückgelegtem achtzehnten Jahre sich freywillig anwerben lassen will.
Von dem Eigentume.
544. Eigenthum ist das Recht, eine Sache auf die unbeschränkteste Weise zu benutzen und darüber zu verfügen, vorausgesetzt, daß man davon keinen durch die Gesetze oder Verordnungen untersagten Gebrauch mache.
545. Niemand kann gezwungen werden, sein Eigenthum abzutreten, wenn es nicht des öffentlichen Wohls wegen und gegen eine angemessene und vorgängige Entschädigung geschieht.
546. Das Eigenthum an einer beweglichen oder unbeweglichen Sache gibt zugleich ein Recht auf alles, was sie hervorbringt, und was durch Natur oder Kunst als Zuwachs mit ihr in Verbindung kommt. Dieses Recht wird das Zuwachsrecht genannt.

* Zum Geltungsbereich des Code siehe Mat. Nr. 5.4.
** Die Übersetzung der franz. Fassung lautet: „Jeder Franzose soll die bürgerlichen Rechte genießen."

Code Napoléon. Einzig officielle Ausgabe für das Großherzogtum Berg. Düsseldorf: In der Großherzoglich-Bergischen Regierungsdruckerey, bei X. Levraux 1810, S. 6, 94–100, 102, 234.

5.3 Der Staatsapparat

Die Revolution bildete den Staatsapparat vollkommen um und paßte die neuen Institutionen in Verwaltung, Justiz und Finanzwesen den allgemeinen Prinzipien der bürgerlichen Gesellschaft und des liberalen Staates an.
Die lokalen Verwaltungskörperschaften waren von der Verfassunggebenden Versammlung nach einem rationalen Plan neu geschaffen worden; das Prinzip der nationalen Souveränität wurde auf sie übertragen: die Verwaltungsbeamten wurden gewählt. Daraus ergab sich Dezentralisation: die Zentralgewalt konnte nicht autoritär über die aus der Souveränität des Volkes hervorgegangenen lokalen Gewalten verfügen. Da die lokalen Autoritäten ein Kollegium bildeten und aus Wahlen hervorgingen, wurde der Verwaltungsapparat geschwächt. Die häufigen Wahlen führten weiterhin zu seiner Unbeständigkeit. Nach der Verfassung von 1791 sollten die Departements- und Bezirksverwaltungen alle zwei Jahre zur Hälfte, die städtischen Magistrate jedes Jahr erneuert werden. Nach der Verfassung des Jahres III war die jährliche Erneuerung eines Fünftels der Departementsverwaltungen und der Hälfte der Magistrate vorgeschrieben. Unter diesen Bedingungen gestaltete sich die Bildung eines fachkundigen Verwaltungspersonals äußerst schwierig, besonders auf der Ebene der städtischen und ländlichen Verwaltungen. Die Mitglieder der Departements- und Bezirksverwaltungen rekrutierten sich aus der Bourgeoisie, die der städtischen Verwaltungen überwiegend aus den mittleren Schichten des Handwerks, Kleinhandels und der freien Berufe. Im Jahre 1793 machte sich eine deutliche Tendenz zur Demokratisierung bemerkbar, und zwar auf der Ebene der Bezirke und noch stärker auf derjenigen der Stadtverwaltungen, da in beide die Sansculotterie eindrang. Auf dem Lande war die Bildung der Verwaltungen oft schwierig, da geschultes Personal fehlte: deshalb kam es zu den kantonalen Verwaltungen in der Verfassung des Jahres III, die sich aus einem Vertreter und einem Beigeordneten aus jeder Gemeinde zusammensetzten; sie scheiterten jedoch.
Die Tendenz zur Zentralisierung wurde im Keim allerdings mit der Vereinfachung der

Institutionen beibehalten. Die Revolutionskrise von 1793 beschleunigte deren Entwicklung. Die Revolutionsregierung schuf die Permanenz der Verwaltungskörperschaften und ersetzte auf dem Umweg über die Säuberung faktisch die Wahl durch die Ernennung. Das Dekret vom 14. Frimaire II (4. Dezember 1793) setzte neben den Stadtbehörden und Bezirksverwaltungen *Nationalagenten* ein, die alle zehn Tage den beiden Regierungsausschüssen Bericht erstatten mußten. Der bürokratische Apparat wurde verstärkt und demokratisiert.

Die Verfassung des Jahres III gab der Notabeln-Bourgeoisie durch die Rückkehr zum Zensuswahlsystem das Verwaltungsmonopol zurück. Sie tendierte aber dahin, die administrative Ausstattung des Staates durch die Ernennung von Exekutiv-Kommissaren, die den städtischen und departementalen Verwaltungen beigeordnet wurden, zu verstärken. Das Direktorium verfolgte andererseits die Reorganisation der Verwaltung auf allen Ebenen, wie man z. B. an dem oft erwähnten Reformwerk von François de Neufchâteau im Innenministerium ablesen kann. Auf der Grundlage dieser institutionellen Neuordnung entstand dann teilweise die Militärdiktatur Bonapartes. Da aber das Wahlprinzip beibehalten wurde, blieb die Unbeständigkeit und manchmal auch die Inkompetenz bestehen. Mit dem Gesetz vom 28. Pluviôse VIII (7. Februar 1800) hob Bonaparte die Wahlen auf und schuf einen Funktionärskader, dessen Autorität in der Ernennung durch ihn selbst lag; so stabilisierte er den Verwaltungsapparat und verstärkte dessen Kompetenz, die im Dienst des autoritären Staates stand.

Soboul (Mat. Nr. 4.1.1.1), S. 546–548.

5.4 Die Auswirkungen der Revolution auf das europäische Staatensystem

Die Revolution und die ihr folgenden Kriege vernichteten viele dieser Überbleibsel der aus dem Mittelalter überkommenen Kleinstaaterei. Das ergab sich vor allem aus der Vorliebe der Revolutionäre für territoriale Vereinheitlichung und Standardisierung, zum Teil aber auch daraus, daß kleinere und schwächere Staaten sich nun für längere Zeit der Gier ihrer mächtigeren Nachbarn ausgeliefert sahen. Offizielle Monumente der Vergangenheit, wie das Heilige Römische Reich oder auch die meisten Stadtstaaten, verschwanden. ...

Nicht weniger bedeutsam waren die durch die französischen Eroberungen hervorgerufenen Wechsel institutioneller Natur. Zum Zeitpunkt der größten französischen Machtausdehnung, im Jahr 1810, wurden das ganze linksrheinische Deutschland, Belgien, die Niederlande und Norddeutschland bis Lübeck, Savoyen, Piemont, Ligurien und das westlich der Apenninen gelegene Italien bis zur Grenze Neapels und auch die illyrischen Provinzen von Kärnten bis einschließlich Dalmatien als Teile Frankreichs direkt von Franzosen regiert. Spanien, der Rest von Italien, das übrige Rheinland-Westfalen und ein großer Teil Polens waren Satellitenstaaten, die zum Teil von Mitgliedern der Familie Bonaparte beherrscht wurden. In all diesen Gebieten – vielleicht mit Ausnahme des Großherzogtums Warschau – wurden automatisch französische Institutionen eingeführt oder dienten als Vorbild für die lokale Verwaltung. Der Feudalismus wurde abgeschafft, französische Gesetzbücher erhielten Geltung. Kaum eine dieser Veränderungen konnten dann – im Gegensatz zu den Grenzveränderungen – rückgängig gemacht werden. Der Napoleonische *Code Civil* blieb (oder wurde wieder) die Grundlage der lokalen Gesetzgebung in Belgien, im Rheinland (auch nachdem es wieder preußisch geworden war) und in Italien. Der abgeschaffte Feudalismus wurde nirgends wieder eingeführt.

Den klügeren Gegnern Frankreichs war es klar, daß sie infolge der Überlegenheit eines neuen politischen Systems und ihrer eigenen Unfähigkeit, die notwendigen Reformen durchzuführen, unterlegen waren. Daher entsprangen die Veränderungen nicht nur der französischen Eroberung, sondern auch aus der Reaktion auf diese Eroberung, und manchmal – wie in Spanien – aus beiden Quellen. ...

Das klare Beispiel einer aus der Reaktion entstandenen Reform bildet Preußen. Hier wurde eine Art Bauernfreiheit proklamiert, eine Armee organisiert, die Elemente der *levée en masse* enthielt, und es wurden Rechts-, Wirtschafts- und Unterrichtsreformen durchgeführt. Diese Reformen entstanden unter dem Eindruck des Zusammenbruchs der Friderizianischen Armee bei Jena und Auerstädt mit dem Ziel, diese Niederlage wettzumachen.

Man kann so gut wie ohne Übertreibung sagen, daß keiner der wichtigen Kontinentalstaaten westlich von Rußland und der Türkei und südlich von Skandinavien aus den zwei Kriegsjahrzehnten ohne eine Veränderung seiner Institutionen nach französischem Muster hervorging. Die einzige Ausnahme stellte wohl der Kirchenstaat dar. Sogar das ultrareaktionäre Königreich Neapel führte den von den Franzosen abgeschafften Feudalismus nach dem Sieg der Konterrevolution nicht wieder ein.

All diese Änderungen der Grenzen, der Gesetze und der Institutionen verblassen aber im Vergleich mit einer dritten Auswirkung der Revolutionskriege – der tiefgehenden Wandlung der politischen Atmosphäre. Den Ausbruch der Französischen Revolution hatten die europäischen Regierungen mit Gelassenheit betrachtet. Plötzlicher Wechsel der Institutionen, Aufstände, die Absetzung von Dynastien und die Hinrichtung von Königen genügten nicht, um Herrscher des 18. Jahrhunderts in Empörung zu versetzen. Sie waren ähnliche Vorgänge gewöhnt und betrachteten die Ereignisse in anderen Ländern in erster Linie im Hinblick auf ihre Auswirkungen auf das Gleichgewicht der Mächte und ihre eigenen Interessen: „Die Aufständischen, die ich aus Genf vertreibe", schrieb Vergennes, der berühmte Außenminister des Ancien régime, „sind englische Agenten, während die Aufständischen in Amerika zu unseren dauernden Freunden werden dürften. Meine Politik beiden gegenüber ist nicht durch die politischen Systeme, die sie vertreten, sondern durch deren Haltung gegenüber Frankreich bestimmt." 1815 hatte sich diese Einstellung gegenüber Revolutionen gänzlich verändert, und diese neue Einstellung beherrschte die Politik der Mächte.

Jetzt wurde erkannt, daß eine Revolution, die in einem Land ausbrach, sich in ein gesamteuropäisches Phänomen verwandeln konnte, daß ihre Doktrinen sich über die Grenzen ihres Ursprungslandes hinaus verbreiten und – was noch schlimmer war – ihre „Kreuzfahrerarmeen" die politischen Systeme des Kontinents in die Luft zu sprengen vermochten. Man wußte jetzt, daß soziale Revolutionen möglich waren, daß Nationen nicht dasselbe waren wie ihre Staaten, Völker nicht dasselbe wie ihre Herrscher, und daß sogar die Armen als selbständige Kraft gegenüber den Reichen auftreten konnten. „Die Französische Revolution", schrieb der Reaktionär de Bonald im Jahr 1796, „ist ein einzigartiges Ereignis in der Geschichte." Diese Phrase ist irreführend – es war ein universelles Ereignis. ...

Eric Hobsbawm: Europäische Revolutionen. Zürich: Kindler 1962, S. 182–189.

6. Zur Theorie des sozialen Wandels

6.1 Der Begriff „Revolution"

Revolutionen sind besondere Formen jenes Verlaufsprozesses, den wir als *geschichtlichen Wandel* bezeichnen. Diesem Wandel sind alle Bereiche des geschichtlichen Daseins unterworfen. Man spricht von politischem, gesellschaftlichem, kulturellem, zivilisatorisch-technischem Wandel, für den das jeweils auslösende Moment auf sehr verschiedenem Gebiet liegen kann. Auf keinen Fall ist es angebracht, von einer gleichbleibenden Basis dieses Wandels und einem dieser Basis zugehörigen Überbau zu sprechen. Die Formen des Wandels selbst wechseln ihrerseits: So gibt es die fast unmerklichen, lang dauernden Entwicklungen, die unter Wahrung von Kontinuität (z. B. bezüglich Institutionen und Organisationen) vor sich gehen, also auf *evolutionärem Weg*. Evolution, verstanden als langsame Anpassung von Institutionen und Lebensformen an veränderte menschliche Lebensbedingungen (der Umwelt, der Technik usw.), ist nicht gleichzusetzen mit Anpassung durch bewußte *Reformen,* welche ebensowohl Einsicht in die Notwendigkeit von Veränderungen voraussetzen wie den Willen zur Wahrung der Kontinuität. Wandel kann sich jedoch auch *eruptiv* vollziehen, in plötzlichen Entladungen und „beschleunigten Prozessen" (J. Burckhardt), so z. B. nach vorhergehenden krisenhaften Zuspitzungen. Durch solche abrupten Vorgänge wird der institutionelle, rechtliche und personelle Zusammenhang einer neuen historischen Phase mit der vorhergehenden gewaltsam unterbrochen. Es ist stets irgendeine dieser Formen von Veränderung, durch die bestehende Rechtsordnungen zerstört und bisher geltende rechtliche und institutionell festgelegte Spielregeln außer Kraft gesetzt werden, welche der Begriff „Revolution" bezeichnet. Gleichzeitig bezeichnet er die Beschleunigung normaler Wandlungsvorgänge und den Austausch von tragenden gesellschaftlichen Führungsgruppen. ...

Je größer der Anwendungsbereich eines Begriffs wird, desto schwieriger ist es, seinen spezifischen Gehalt zu bestimmen. Dies gilt auch für den Begriff „Revolution". Man wird sich daher im einzelnen Fall einer Revolution an die Ereignisse zu halten haben, die im Geschehensablauf durch relativ feste Daten oder Datenketten markiert sind. Diese Ereignisse spielen sich in der Regel innerhalb der politischen Institutionen ab, erfassen aber je nach ihrer Komplexität gesellschaftliche, kulturell-ideologische, materielle Lebensbereiche. Diese Komplexität ist es, die revolutionäre Ereignisse nach ihrer historischen Bedeutung unterscheiden läßt: ein *Staatsstreich* führt beispielsweise nur einen irregulären Regierungswechsel oder – in der Monarchie – eine irreguläre Erbfolge herbei, ohne an der Grundstruktur eines politischen und sozialen Systems etwas zu ändern. Im lateinamerikanischen *Pronunciamento* wird lediglich eine Führungsclique durch eine andere ersetzt. Er kann sogar an die Stelle der üblichen Formen des Wechsels treten. *Rebellionen* können als Form der Wiederherstellung einer bestimmten politischen Struktur und Sozialstruktur, als Akt sozialer Chirurgie verstanden werden, mit dem eine durch Machtmißbrauch von einzelnen oder ganzen Schichten gestörte Ordnung restituiert wird. In der modernen Revolutionssoziologie unterscheidet man solche Vorgänge auf drei Ebenen – auf der Ebene 1. der *Regierung,* 2. der *Regierungsform* und 3. der *Gesellschaftsverfassung* – und bemißt danach den Wirkungsgrad und die Stufe einer revolutionären Aktion. ... Eine Reihe von Aktionen, denen von Zeitgenossen und Historikern die Qualität von Revolutionen zubemessen wird, müssen danach als Revolutionen mit nur begrenztem Wirkungsgrad, d. h. als gewaltsam erzwungener Wechsel von Führungsgruppen und von Staatsformen, bewertet werden. So gesehen, gehört der Staatsstreich Ch. de Gaulles von 1958 zu den Phänomenen auf der ersten, der deutsche Umsturz vom November 1918 zu denen der zweiten Kategorie.

Die *großen* modernen Revolutionen sind insofern Totalrevolutionen, als von ihnen alle Bereiche erfaßt und in verschiedenem Grad dauerhaft umgeformt wurden. Ihnen kommen auch Ausstrahlungen über ihren nationalen Ursprungsherd hinaus zu. Diesen Charakter wird man vor allem der Französischen Revolution, der russischen und der chinesischen zuerkennen können. . . .

Theodor Schieder: Theorie der Revolution. In: *Ders.* (Hrsg.): Revolution und Gesellschaft. Theorie und Praxis der Systemveränderung. Freiburg/Basel/Wien: Verlag Herder 1973, S. 13, 16 f.

6.2 K. Marx: Die Ursache sozialer Revolution

. . . In der gesellschaftlichen Produktion ihres Lebens gehen die Menschen bestimmte, notwendige, von ihrem Willen unabhängige Verhältnisse ein, Produktionsverhältnisse, die einer bestimmten Entwicklungsstufe ihrer materiellen Produktivkräfte entsprechen. Die Gesamtheit dieser Produktionsverhältnisse bildet die ökonomische Struktur der Gesellschaft, die reale Basis, worauf sich ein juristischer und politischer Überbau erhebt, und welcher bestimmte gesellschaftliche Bewußtseinsformen entsprechen. Die Produktionsweise des materiellen Lebens bedingt den sozialen, politischen und geistigen Lebensprozeß überhaupt. Es ist nicht das Bewußtsein der Menschen, das ihr Sein, sondern umgekehrt ihr gesellschaftliches Sein, das ihr Bewußtsein bestimmt. Auf einer gewissen Stufe ihrer Entwicklung geraten die materiellen Produktivkräfte der Gesellschaft in Widerspruch mit den vorhandenen Produktionsverhältnissen oder, was nur ein juristischer Ausdruck dafür ist, mit den Eigentumsverhältnissen, innerhalb deren sie sich bisher bewegt hatten. Aus Entwicklungsformen der Produktivkräfte schlagen diese Verhältnisse in Fesseln derselben um. Es tritt dann eine Epoche sozialer Revolution ein. Mit der Veränderung der ökonomischen Grundlage wälzt sich der ganze ungeheure Überbau langsamer oder rascher um. In der Betrachtung solcher Umwälzungen muß man stets unterscheiden zwischen der materiellen, naturwissenschaftlich treu zu konstatierenden Umwälzung in den ökonomischen Produktionsbedingungen und den juristischen, politischen, religiösen, künstlerischen oder philosophischen, kurz, ideologischen Formen, worin sich die Menschen dieses Konflikts bewußt werden und ihn ausfechten. Sowenig man das, was ein Individuum ist, nach dem beurteilt, was es sich selbst dünkt, ebensowenig kann man eine solche Umwälzungsepoche aus ihrem Bewußtsein beurteilen, sondern muß vielmehr dies Bewußtsein aus den Widersprüchen des materiellen Lebens, aus dem vorhandenen Konflikt zwischen gesellschaftlichen Produktivkräften und Produktionsverhältnissen erklären. Eine Gesellschaftsformation geht nie unter, bevor alle Produktivkräfte entwickelt sind, für die sie weit genug ist, und neue höhere Produktionsverhältnisse treten nie an die Stelle, bevor die materiellen Existenzbedingungen derselben im Schoß der alten Gesellschaft selbst ausgebrütet worden sind. Daher stellt sich die Menschheit immer nur Aufgaben, die sie lösen kann, denn genauer betrachtet wird sich stets finden, daß die Aufgabe selbst nur entspringt, wo die materiellen Bedingungen ihrer Lösung schon vorhanden oder wenigstens im Prozeß ihres Werdens begriffen sind. In großen Umrissen können asiatische, antike, feudale und modern bürgerliche Produktionsweisen als progressive Epochen der ökonomischen Gesellschaftsformation bezeichnet werden. Die bürgerlichen Produktionsverhältnisse sind die letzte antagonistische Form des gesellschaftlichen Produktionsprozesses, antagonistisch nicht im Sinn von individuellem Antagonismus, sondern eines aus den gesellschaftlichen Lebensbedingungen der Individuen hervorwachsenden Antagonismus, aber die im Schoß der bürgerlichen Gesellschaft sich entwickelnden Produktivkräfte schaffen zugleich die materiellen Bedingungen zur Lösung dieses Antagonismus. Mit dieser Gesellschaftsformation schließt daher die Vorgeschichte der menschlichen Gesellschaft ab. ...

Karl Marx: Zur Kritik der Politischen Ökonomie. Vorwort (1859). In: *Karl Marx / Friedrich Engels:* Werke. Bd. 13. Berlin (Ost): Dietz Verlag 1971, S. 8 f.

6.3 Ch. Johnson: Die Ursachen der Revolution

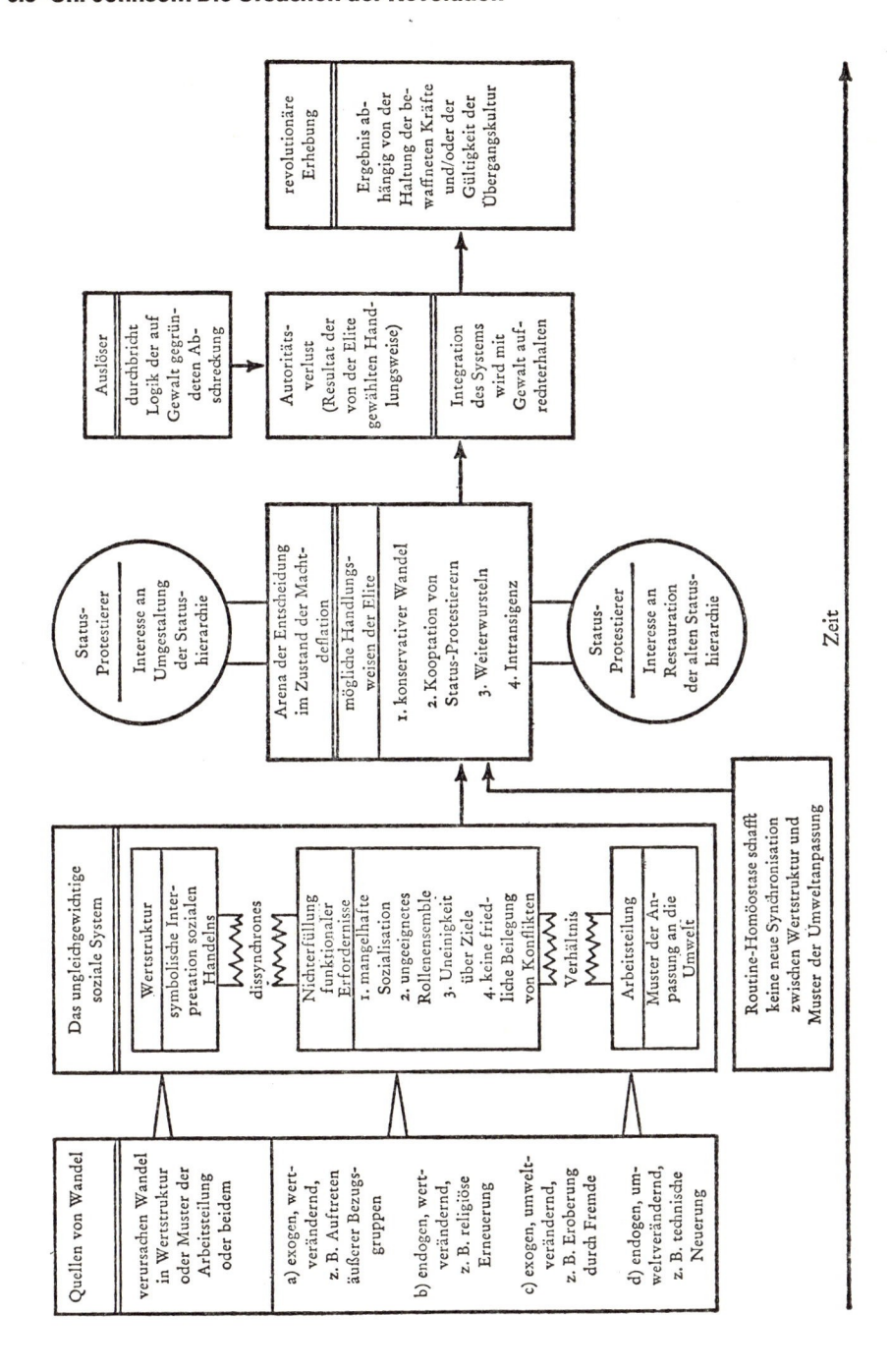

revolutionäre Erhebung — Ergebnis abhängig von der Haltung der bewaffneten Kräfte und/oder der Gültigkeit der Übergangskultur

Auslöser durchbricht Logik der auf Gewalt gegründeten Abschreckung →

Autoritätsverlust (Resultat der von der Elite gewählten Handlungsweise)

Integration des Systems wird mit Gewalt aufrechterhalten

Status-Protestierer — Interesse an Umgestaltung der Statushierarchie

Arena der Entscheidung im Zustand der Machtdeflation
mögliche Handlungsweisen der Elite
1. konservativer Wandel
2. Kooptation von Status-Protestierern
3. Weiterwursteln
4. Intransigenz

Status-Protestierer — Interesse an Restauration der alten Statushierarchie

Das ungleichgewichtige soziale System

- **Wertstruktur** symbolische Interpretation sozialen Handelns — dissynchrones
- **Rollenensemble**
  Nichterfüllung funktionaler Erfordernisse
  1. mangelhafte Sozialisation
  2. ungeeignetes Rollenensemble
  3. Uneinigkeit über Ziele
  4. keine friedliche Beilegung von Konflikten — Verhältnis
- **Arbeitsteilung** Muster der Anpassung an die Umwelt

Routine-Homöostase schafft keine neue Synchronisation zwischen Wertstruktur und Muster der Umweltanpassung

Quellen von Wandel — verursachen Wandel in Wertstruktur oder Muster der Arbeitsteilung oder beidem

a) exogen, wertverändernd, z.B. Auftreten äußerer Bezugsgruppen
b) endogen, wertverändernd, z.B. religiöse Erneuerung
c) exogen, umweltverändernd, z.B. Eroberung durch Fremde
d) endogen, umweltverändernd, z.B. technische Neuerung

Zeit →

Chalmers Johnson: Revolutionstheorie. Köln/Berlin: Kiepenheuer u. Witsch 1971, S. 127.

6.4 A. Glucksmann: Die drei ewigen Etappen der Revolution *

1. Die ideologische Vorbereitung
Ob man es will oder nicht, die Revolution bietet den Beweis für die Wirksamkeit der Idee; bevor die Vernunft die Welt regiert, wälzt sie diese um, „allen wichtigen und offensichtlichen Revolutionen muß im Geist der Epoche eine geheime Revolution vorausgehen, die nicht allen sichtbar ist" ... Ein Gesetz, das hier (von Hegel) auf Christus projiziert wurde, dann bieten die ersten Christen ein weiteres Beispiel dafür, und schließlich wurde es dem Sozialismus zugeschrieben (Engels). Wiedergefunden wie durch Zufall in der Zeit vor 1789: „Man hat gesagt, die Französische Revolution sei von der Philosophie ausgegangen, und nicht ohne Grund hat man die Philosophie Weltweisheit genannt."
Haben die Philosophen während des XVIII. Jahrhunderts ausführlich die Revolution programmiert, die an seinem Ende stand? Die Hypothese erscheint den soliden Historikern einigermaßen gezwungen, aber sie hat Furore gemacht. Schon zwei Jahrhunderte tragen wir unsere Ideen mit den Vorsichtsmaßnahmen eines Feuerwerkes herum und lauern auf die richtige Gelegenheit, um unsere Dynamitstangen zu placieren. „Um eine politische Macht zu stürzen, beginnt man immer damit, die öffentliche Meinung vorzubereiten und ideologische Arbeit zu machen" (Mao Tse-tung). Die rückblickende Illusion ist zäh, obwohl – wie bei jeder Revolution zu bemerken ist – das „man", das sich die Aufgabe gestellt hat, die Meinung vorzubereiten, als erstes überrascht war und beim ersten kräftigen Windstoß umfiel. Voltaire, Diderot und selbst Rousseau, Ratgeber aufgeklärter Despoten, machten nicht 1789 zu ihrem Programm. Auch nicht Lenin den Oktober 1917 (wenigstens vor 1917). Und wenn Mao durch den Marxismus vorbereitet war, so wahrscheinlich auf alles, außer mit Bettlern Umgang zu haben und das flache Land zu revolutionieren. Er mußte auf sonderbare Wegweiser stoßen, Bäume, deren Rinde von ausgehungerten Bauern zerfressen war. Aber das hindert niemand daran, nachher das Programm der Weltrevolutionen in der besten Tradition zu schreiben.

2. Der Terrorismus oder die Steigerung bis zu den Extremen
Die Ausstrahlung der Geister ist tödlich, nicht nur für das in Trümmern liegende „Ancien régime", sondern auch für die Geister selbst. Zu wem auch immer sie sich umdrehen mögen – es herrscht das Gesetz über die Verdächtigen. Weil jeder in seinem Kopf Dynamitgedanken transportiert, ist es verständlich, daß die Revolution die Köpfe rollen läßt – „wie Kohlhäupter", präzisiert Hegel – als Grabmal für die Guillotinierten von 1793.
Diese zweite Etappe haben alle philosophischen Lehrmeister im Sinn, wenn sie über den Todeskampf theoretisieren, sei es der Kampf des Bewußtseins (Hegel), sei es Entfremdung und Klassenkampf (Marx) oder verallgemeinerter Nihilismus, Ära des Ressentiments (Nietzsche). In jedem Fall ist der philosophische Lehrmeister nicht derjenige, der *in* diesem Kampf siegt, sondern derjenige, der *aus* diesem Kampf die Siegespalme davonträgt, indem er seine neue Ordnung errichtet.

3. Eine Revolution beenden können
„Der Fluß kehrt in sein Bett zurück" (Trotzki), und die Stabilisierung setzt sich durch, deren grundlegende Themen Hegel (mit Blick auf Napoleon) gefunden hat: Vereinigung gegen die Bedrohung von außen, Ende der Unruhen, bürgerlicher Friede im Innern, offizielle Neugliederung der Gesellschaft im Hinblick auf Funktionen, Kompetenzen und

Reichtümer. Daraus ergeben sich die großen Aufgaben, die dem Staat von der hegelschen „Vernunft", der „Diktatur des Proletariats" oder der „Herrschaft" im Sinne Nietzsches vorgeschrieben werden: Krieg, politische Beherrschung der Ökonomie, Ordnung und Erziehung der Mehrheit.

Zwischen den letzten beiden Etappen ist die Beziehung enger als zwischen der ersten und der zweiten. Einmal muß der als tödlich angesehene Kampf enden. Der ganze auf den Schild gehobene Radikalismus der maoistischen Kulturrevolutionen verhindert nur, daß sich die Normalisierung in jeder Massenmobilisierung zu Anfang ankündigt. „Sich vorbereiten, um einem Krieg und Naturkatastrophen vorzubeugen, und alles im Interesse des Volkes tun" (Mao), das heißt schon, an die wesentlichen Funktionen zu appellieren, die dem Staat zuerkannt sind, um den durch den Todeskampf entstandenen Abgrund zuzuschütten. Wer am Anfang jeder Revolution über die Allmacht der ideologischen Vorbereitung nachdenkt, wer sie erlebt hat, nicht als Galadiner, sondern als gegenseitige Zerfleischung, der muß notwendigerweise zum Direktorium, zum Kaiserreich oder zur NEP – Übergangsformen einer ewigen dritten Etappe – kommen. ...

Die Wissenschaft dieser Abgründe muß sich ständig selbst kontrollieren, um sich nicht in eben diesen Abgründen zu verlieren und um zu erkennen, wie Trotzki sagt, „in welchem Kapitel der Geschichte" der Revolution man erschießt oder erschossen wird.

* Der junge französische Philosoph A. Glucksmann wird zu der Mitte der siebziger Jahre entstandenen „Neuen Philosophie" gerechnet. Ihre Anhänger waren meistens Befürworter der Mairevolte in Frankreich 1968; sie beurteilen aber nun die Revolution skeptisch oder lehnen sie ab.

André Glucksmann: Les Maîtres penseurs. Paris: Bernard Grasset 1977, S. 138–142.

6.5 Chr. v. Krockow: Reform und Revolution

Was ist eigentlich eine Reform? Darüber pflegen von Fall zu Fall die Meinungen kraß auseinander zu gehen. Das ist verständlich, denn es handelt sich um eine Frage des Standorts und seiner Perspektive: Was die einen entsetzt, was ihnen als Abbruch geheiligter Traditionen, als Umsturz und Vernichtung erscheint, verhöhnen die anderen als pure Beschwichtigung, als „Kosmetik", die vorhandene Übel keineswegs beseitigt, sondern allenfalls örtlich betäubt und überdeckt.

Tatsächlich geht die Zwiespältigkeit des Eindrucks mindestens zum Teil vom Sachverhalt aus; ... Zunächst und vor allem aber kommen offensichtlich gegensätzliche Interessen ins Spiel: Die Nutznießer des Bestehenden neigen, verständlich genug, zu anderen Urteilen als die Benachteiligten. Einigkeit besteht jedoch darin, daß institutionelle Veränderungen zur Debatte stehen: Reformen sind Veränderungen, die auf eingetretene Veränderungen antworten, welche eine Institution mit Funktionsunfähigkeit bedrohen. Eine Bodenrechtsreform soll die Lebensfähigkeit der Städte wiederherstellen, eine Reform des Familienrechts veränderten Anschauungen und Verhaltensweisen Rechnung tragen. Die preußischen Reformen waren dazu bestimmt, die Leistungsmängel des friderizianisch-absolutistischen Staates zu beseitigen, welche die napoleonische Eroberung so unbarmherzig enthüllt hatte; die japanischen Meiji-Reformen sollten die Selbstbehauptung des alten Inselreiches gegenüber einer neuartigen Bedrohung, der Überwältigung durch westliche

Mächte, ermöglichen. Gestritten wird über die Zweckmäßigkeit vorgeschlagener Reformmaßnahmen, über ihre Dosierung, ihr Zuviel oder Zuwenig – und natürlich auch darüber, ob sie überhaupt notwendig und wünschenswert sind.

Der Streit läßt sich nicht schlichten, sondern muß von Fall zu Fall immer neu ausgetragen werden. Aber wenigstens auf der begrifflichen Ebene läßt sich vielleicht ein Einverständnis herstellen durch Abgrenzung in zweifacher Richtung: Zunächst einmal ist gewiß nicht jede Veränderung schon eine Reform. Wenn ein Touristikunternehmen mehr Busse und Charterflugzeuge oder die Bundesbahn Sonderzüge einsetzt, um den Ansturm der Reisenden zu bewältigen, wird man schwerlich von einer Verkehrsreform sprechen, und die Schaffung neuer Studienplätze, der Ausbau alter und die Gründung neuer Universitäten machen noch keine Hochschulreform aus. Anders wäre es, wenn neuartige Verkehrskonzepte entwickelt, wenn die Strukturen der Hochschulen und ihrer Studiengänge umgebildet würden, um dem Massenandrang zu begegnen.

Von Reform zu sprechen ist vor allem dann sinnvoll, wenn die Strukturveränderung bestehender Institutionen auf irgendeine Weise, direkt oder indirekt, eine Umverteilung von *Macht* einschließt, wenn etwa, um bei den angeführten Beispielen zu bleiben, das Monopol eines Verkehrsunternehmens durch die Etablierung neuer Verkehrssysteme gesprengt oder wenn das Entscheidungsmonopol der Ordinarien innerhalb der Universitäten durch ein Mitbestimmungsrecht von Assistenten und Studenten beschnitten wird. Die Umverteilung von Macht läßt die Reform unausweichlich zum Machtkampf, zum politischen Konflikt werden; es geht um handfeste Interessen: Entscheidungsbefugnisse werden geschaffen oder abgeschafft, und mit den Befugnissen hängen meist Fragen des Einkommens und des Ansehens zusammen. ...

Die zweite wichtige Abgrenzung betrifft das Verhältnis von Reform und Revolution. Es ist fraglich, ob diese Abgrenzung dadurch erreicht werden kann, daß man auf irgendeine Weise den Umfang beabsichtigter oder durchgeführter Strukturveränderungen nachzumessen versucht. In Preußen hat sich nach 1807 kaum weniger, in mancher Hinsicht sogar mehr verändert als in Frankreich nach 1789. Dennoch spricht man mit Recht von den preußischen Reformen und von der französischen Revolution. Die Unterscheidung hängt offensichtlich davon ab, ob ein Bruch und ein Wandel in den Legitimationsgrundlagen der Herrschaft stattgefunden hat oder nicht. Die Handlungsfähigkeit der preußischen Reformer hing stets vom schwankenden Vertrauen ihres Königs ab. Die französische Revolution aber zerstörte dieses Fundament traditioneller Herrschaft, obwohl sie deren faktischen Vollzug in der Gestalt des Verwaltungszentralismus keineswegs beseitigte, sondern im Gegenteil noch stärkte und straffte – in Tocquevilles Worten mit dem Resultat, daß, „sooft man später die absolute Gewalt zu stützen versuchte, man sich stets damit begnügte, den Kopf der Freiheit auf einen servilen Rumpf zu setzen" [1].

... Offenbar machen für die Unterscheidung von Revolution und Reform der Zeitablauf und die Dosierung, die Zerlegung einer Umwälzung in Teilschritte, Wesentliches aus. Quantität mag am Ende den qualitativen Umschlag bewirken, der sich auf vielen Gebieten registrieren läßt: Eine Universität beispielsweise mit tausend Professoren und dreißigtausend Studenten ist eben nicht nur eine größere, sondern eine völlig andere als die mit hundert Professoren und dreitausend Studenten. Aber wenn die Veränderung sich nicht über Nacht, sondern allmählich durchsetzt, gewinnen auch die Quanten der kleinen Schritte eine andere Qualität, als diese im Rückblick ihrer Summe zukommt. Entsprechendes gilt für die politische Strategie, die Veränderungen bewirken will. ...

Reformen stellen institutionelle Veränderungen dar, die auf eingetretene oder erwartete Veränderungen antworten, welche eine Institution mit Funktionsunfähigkeit bedrohen. Allerdings läßt sich nicht jede beliebige Veränderung bereits als Reform verstehen. Von Reform zu sprechen ist vor allem dann sinnvoll, wenn der Strukturwandel bestehender Institutionen direkt oder indirekt eine Umverteilung von Macht einschließt und damit politische Konflikte auslöst. Andererseits unterscheidet sich die Reform von der Revolution zwar nicht unbedingt durch das Ausmaß des Wandels, wohl aber dadurch, daß die Legitimationsgrundlage der bestehenden Herrschaftsordnung entweder völlig erhalten bleibt oder nur schrittweise in längeren Zeiträumen verändert wird.

[1] Der alte Staat und die Revolution, 3. Buch, Kap. 8.

Christian Graf v. Krockow: Reform als politisches Prinzip. München: Piper Verlag 1976, S. 11–18.

7. Beurteilungen der Französischen Revolution

7.1 Beurteilungen der Gesamtrevolution

7.1.1 W. Markov / A. Soboul *

Die objektiven Ziele der Revolution wurden trotz des Untergangs ihrer Helden verwirklicht. ... Das Überdauernde war gewiß nicht heroisch: Statt eines blauweißroten Dreiklangs aus Freiheit, Gleichheit und Brüderlichkeit kapitalistische Ausbeutungsformen und Eigentumsverhältnisse samt dem modernen Klassenstaat der Bourgeoisie als dazugehörigem Überbau – der entgegen aller vorzeitigen Versprechung von Wolkenschlössern konkrete, wiewohl schmucklosere geschichtliche Auftrag, den die Umstürzer der politischen und sozialen Weise erfüllen mußten und mit Vehemenz erfüllt haben. Er verlieh Leistungen, Einrichtungen und Leitsätzen der bürgerlichen Gesellschaft Flügel, die Erde zu umwandern. ...
Sie war nicht eine schlechthin bürgerliche, sondern eine bürgerlich-demokratische Revolution und drückte, nach Marx, mehr noch die Bedürfnisse der damaligen Welt als jenes Weltausschnittes aus, in dem sie vorfiel. Eröffnete sie ein neues Großkapital der französischen Geschichte, so schlug der Sieg über die Feudalität in Frankreich, dem stärksten ihrer Kettenglieder, zugleich Bresche in das Gesamtsystem europäischer Feudalherrschaft: Nirgends konnte es sich von den erlittenen Hammerschlägen und Zerrüttungen wahrhaft erholen. Der Zusammenstoß mit ihr war sein Anfang vom Ende, und das Jahr 1815 gewährte nicht mehr als eine Galgenfrist: Erfahrungen und Begriffe, Ideen und Ideale, die in der Französischen Revolution zu Fleisch und Blut gekommen waren, übersprangen alle Verbotstafeln. ...
Dem opferwilligen Einsatz des Volkes verdankte die Revolution ihre aufsteigende Linie und deren Kulmination im Jakobinerstaat. Ihn setzten die Sansculotten in den Stand, sie in den Grenzen der Möglichkeiten ihrer Zeit gegen den inneren und äußeren Feind folgerichtig zu Ende zu führen. Die bürgerliche Revolution in Frankreich konnte insofern zum klassischen Vorbild einer demokratischen Umwälzung werden. ...
Weil die Revolution zwar den allgemeinen gesellschaftlichen Fortschritt beförderte, jedoch dieses unter dem Vorzeichen der Bourgeoisie unternahm und nicht anders unternehmen konnte, mußte sie einen der revolutionären Demokratie immanenten Klassenwiderspruch auch nach außen werfen. Indem sansculottische Alternativen auf die Jakobiner drückten, zwangen sie nicht nur diese zum Erkundungsvorstoß an die äußerste Belastungsgrenze einer bürgerlichen Republik; jenseits von Marat erspähten sie selbst, wie schon [der Historiker] Michelet gesehen hatte, *terra incognita*, unbekanntes Land einer nicht mehr bürgerlichen Revolution: einer Gesellschaft, frei von Unterdrückung, weil frei von Ausbeutung. Ungefügtes und bruchstückhaftes Wunschdenken, das jedoch aus sich verfestigender Erkenntnis floß, daß die geschehende Revolution damit überfordert würde, Auftakt und Türöffner wohl, nicht jedoch Ausführender einer solchen zweiten Verwandlung sein könne, deren Vorstellung sich von einem plebejischen Egalitarismus zu einem aus Literatur in Aktion umschlagenden Kommunismus vorwärtstastete. ...
Seinen Urquell fand Karl Marx in der revolutionären Bewegung der französischen Volks-

massen. Sie „... hatte die kommunistische Idee hervorgetrieben ... Diese Idee, consequent ausgearbeitet, ist die Idee eines neuen Weltzustandes".
So ragt die Große Revolution der Franzosen hervor als ein Meilenstein auf dem langen Weg aus dem feudalen Mittelalter in unsere sozialistische Gegenwart, gehaßt oder bewundert – je nachdem, auf welche Seite der Barrikade sich ihr Betrachter stellt.

* Walter Markov ist ein zeitgenössischer Historiker in der DDR; Albert Soboul ist ein zeitgenössischer französischer Historiker.

Markov / Soboul (Mat. Nr. 2.3.4), S. 433–438.

7.1.2 H. Lüthy *

„La Révolution est un bloc" [„Die Revolution ist ein Block."]; dieses berühmte Wort Clemenceaus ** ist das Dogma der Politiker wie der Geschichtsschreiber und Geschichtslehrer geblieben; sie lassen sich nichts von dem großen Mythos abmarkten, der ungeschieden und unverdaut von Generation zu Generation weitergegeben wird. Die Revolution, wie sie alle offiziellen Festredner der Republik und alle revolutionären Festredner der Linken feiern, die das Recht des Individuums, die Menschenrechte, die Volkssouveränität, die Freiheit und die Gleichheit proklamierte, die Feudalrechte, die Kastenprivilegien und viele alte Mißbräuche und Schikanen abschaffte; und der Amoklauf dieser Revolution, die weder die Menschenrechte noch die Volkssouveränität je zu verwirklichen wagte, die Musterverfassungen dutzendweise schuf und nie anwandte, die im ständig engeren Teufelskreis der Diktatur das als souverän erklärte Volk in Ketten legte, die mit der Erstürmung eines leeren Gefängnisses begann und danach alle Gefängnisse des Landes bis zum Bersten füllte, die Verurteilungs- und Hinrichtungsmethoden industrialisierte, die erstmals die ‚Volksdemokratie' des Terrors und der zwangsmäßigen Einstimmigkeit, des Meinungsdeliktes und der bloßen ‚Verdächtigkeit' als Kapitalverbrechen und der Denunziation als höchster Bürgerpflicht schuf, die Völkerbefreiung verkündete und Europa mit von Paris aus regierten und geplünderten Satellitenstaaten übersäte: all dies ist ‚ein und unteilbar' wie die Republik selbst, es muß en bloc bejaht oder verneint werden, und an diesem Ja oder Nein in Bausch und Bogen erweist sich die republikanische Gesinnung.

* Zeitgenössischer schweizerischer Historiker.
** Bedeutender franz. Politiker (1841–1919), 1917–1919 Ministerpräsident.

Herbert Lüthy: Frankreichs Uhren gehen anders. Zürich/Stuttgart/Wien: Europa Verlag 1954, S. 31 f.

7.1.3 A. Cobban *

Geschichte, sagte Napoleon, ist ein Mythos, an den die Menschen glauben. Ich würde eher sagen, daß sie das nur solange ist, als es für die Menschen von Bedeutung ist, an sie zu glauben. Solange die Vergangenheit lebendig ist, bleibt sie ein Mythos und, wie alles Lebende, verändert sie sich auf natürliche Weise. Die Geschichte der Französischen Revolution lebt weiter, ob in der apokalyptischen Vision eines Carlyle [engl. Schriftsteller,

1795–1881] oder in der gründlichen Gelehrsamkeit eines Lefebvre [franz. Historiker, 1874–1959], und sie verändert sich weiter, weil sie verknüpft ist mit den Hoffnungen und Aspirationen der Menschheit.

Ich bin versucht vorzuschlagen, daß man die Französische Revolution auch in einem anderen Sinn als Mythos bezeichnen könnte. Zuerst, ich muß es gestehen, habe ich daran gedacht, diesem Vortrag den Titel zu geben: „Gab es eine Französische Revolution?" Jedoch es erschien mir ziemlich peinlich, diesen Lehrstuhl einzuweihen, indem man die Revolution ausmerzt; und es wäre sicher taktlos gewesen, unsere französischen Freunde hierin einzuladen und damit zu beginnen, ihre Revolution für sie abzuschaffen. Ich stelle daher eine sicherere Frage: „Was war die Französische Revolution?" Wir waren daran gewöhnt, ihren Beginn mit 1789 anzusetzen. Heute wissen wir, daß sie zumindest 1787 begann. Und wann war sie zu Ende? 1815? Thiers [franz. Politiker und Historiker, 1797 – 1877] und Aulard [franz. Historiker, 1849–1928] beschlossen ihre Revolutionsgeschichten 1799, Mathiez [franz. Historiker, 1874–1932] und Thompson [engl. Historiker, 1878 – 1956] 1794, Guérin [zeitgenössischer franz. Historiker] setzte den Beginn der Reaktion mit 1793 an; Salvemini [italien. Historiker und Politiker, 1873–1957] beendete seine Geschichte 1792, und für manche ist sie niemals zu Ende gewesen. Jedem Schlußdatum entspricht eine andere Interpretation. Es kommt noch schlimmer. Die Revolution ist nicht mehr *eine* Revolution, sie ist zu einer Reihe von Revolutionen geworden – die letzte Fronde des Adels und der Parlamente: die Revolution des tiers état, die Bauernerhebung, der republikanische Aufstand, die Revolte der Sansculotten, der neunte Thermidor und verschiedene Staatsstreiche unter dem Direktorium bis zu dem des 18. Brumaire. Französische Revolution ist in der Tat ein Name, den wir einer langen Reihe von Ereignissen geben. Was er bedeutet, das hängt davon ab, in welchem Licht wir die Beziehung dieser Ereignisse zueinander sehen. In diesem Sinne ist die Französische Revolution, wenn nicht ein Mythos, so doch eine Theorie oder besser eine Anzahl miteinander rivalisierender Theorien.

* 1968 gestorbener engl. Historiker.

Alfred Cobban: The Myth of the French Revolution (1954). In: *Ders.:* Aspects of the French Revolution. 2. Aufl. London: J. Cape 1971, S. 90–111. Zit. nach: *Walter Grab* (Hrsg.): Die Debatte um die Französische Revolution. München: Nymphenburger Verlagshandlung 1975, S. 57–72, hier S. 57 f.; Übersetzung einer von Grab ausgelassen Passage (Aspects, S. 93) von W.D.B.

7.2 Die Diskussion über die Ursachen der Französischen Revolution

7.2.1 J. Michelet

Ah! Es geht um das Volk. Das geht die Herren Generalpächter etwas an. Die Dinge haben sich geändert. Einst waren die Finanziers sehr harte Leute. Heute sind sie alle Philanthropen, sanft, liebenswürdig, großartig; einerseits lassen sie hungern, andererseits ernähren sie. Sie bringen Millionen Menschen auf den Bettelstab, aber sie geben auch Almosen. Sie bauen Krankenhäuser und sie füllen sie. ...

Die beiden privilegierten Stände zahlten, wie es ihnen paßte: der Klerus eine verschwindend kleine freiwillige Abgabe; der Adel zahlte für gewisse Rechte Steuern, aber das, was er gerade deklarieren wollte; die Finanzbeamten registrierten ohne Prüfung, ohne Kontrolle. Der Nachbar zahlte um so mehr. ...

Zartbesaitete Menschen, die Ihr über das Übel, das die Revolution (zweifellos aus mehr als genügend Gründen) gebracht hat, weint, vergießet doch auch ein paar Tränen wegen des Übels, durch das sie verursacht wurde. Seht Euch bitte das Volk an, das am Boden liegt, armer Hiob, unter seinen falschen Freunden, seinen Herren, seinen Rettern, dem Klerus, dem Königtum. Schaut, welche schmerzvollen Blicke es wortlos auf den König wirft.

Jules Michelet: Histoire de la Révolution française. 1847. Zit. nach: *Bertaud* (Mat. Nr. 2.3.3), S. 70.

7.2.2 J. Jaurès

Es ist wohl in der Tat das Gefühl gewachsener wirtschaftlicher Macht, das der Bourgeoisie ihren revolutionären Elan gibt. In unseren drei großen Hafenstädten, Nantes, Marseille und Bordeaux, haben wir die Macht der Handelsbourgeoisie wachsen sehen. In allen Ländern wuchs zur gleichen Zeit die Macht der Industriebourgeoisie, und überall war das Wachstum von solcher Art, daß die Bourgeoisie verdammt war, den Kampf mit den alten sozialen Kräften aufzunehmen. ... Das Wachstum des industriellen und beweglichen Reichtums, der Industrie- und Handelsbourgeoisie verminderte nach und nach die Macht der Aristokratie, die sich auf das Grundeigentum gründete. Es setzte an die Stelle dieser landbesitzenden Aristokratie, dieses zerstückelten und unbeweglichen Feudalsystems durch die Bande des Handels, des Tauschs und der Steuern die unitarische und zentralisierte Gewalt der modernen Monarchien: Und durch das Wachsen einer fleißigeren und volkstümlicheren neuen Klasse hat sich die bürgerliche Demokratie an die Stelle der Oligarchie der Adligen gesetzt. ... Gerade in Frankreich näherte sich die politische Revolution – volle und reife Frucht der wirtschaftlichen Revolution in ihrer kraftvollsten Phase – der vollen Demokratie. ... Die Revolution ist nicht vom Boden des Elends aus aufgestiegen.

Jean Jaurès: Histoire socialiste de la Révolution française. 1. Aufl. Paris 1901–1904. Neuaufl., überarbeitet und mit Anmerkungen versehen von *A. Soboul.* 1. Bd. Paris: Éditions Sociales 1968, S. 145, 192, 208.

7.2.3 C.-E. Labrousse

Die Preise steigen seit Beginn des zweiten Drittels des Jahrhunderts. Man kennt die Folgen. Diese lang anhaltende Bewegung beherrscht alles, setzt alles in Gang. Der Unternehmungsgeist wird angeregt. ... Der wirtschaftliche Fortschritt ist also allgemein, in allen Produktionsbereichen. Es gibt keinen Verlierer. Ausgelöst durch die Erfolge einer elastischen Produktion steigt der industrielle Profit noch mehr als der Profit in der Landwirtschaft und die Rente. ...

Alles scheint also im ökonomischen Gemeinwesen zum besten zu stehen. Wenigstens was die aktiven Bürger betrifft, diejenigen, die über ein wichtiges Produktivkapital verfügen,

Unternehmer und Rentiers. Aber es gibt die passiven Bürger, die Masse der Lohnempfänger in den Städten und auf dem Lande. Zweifellos eine wenig homogene Masse, aber ungeheuer groß – ständig beschäftigte Lohnempfänger, Proletarier im strengen Sinne und Gelegenheitsarbeiter: Parzelleneigentümer, Teilbauern [métayers], Kleinpächter. Auch diese haben alle auf ihre Art aus der wirtschaftlichen Bewegung Vorteile errungen, obwohl sie kein Produkt zu verkaufen hatten. ...

Aber nach dem Strohfeuer des Wohlstandes, das unmittelbar nach dem Siebenjährigen Krieg aufflammte, nach dem außergewöhnlichen Fortschritt von 1763 bis 1770, der den wirtschaftlichen Höhepunkt des Ancien régime kennzeichnet, wendet sich die Lage. Mit Ludwig XVI., einem vom Unglück verfolgten König, dreht sich der Wind. ... Eine Periode der Not, ein Zwischenzyklus der Schrumpfung beginnt.

Das Datum des Beginns des Rückgangs, die Abgrenzung gegenüber der vorhergehenden Periode ist schwer zu präzisieren, weil die Wende weder überall zur gleichen Zeit noch auf die gleiche Art und Weise eintritt. Aber spätestens Ende 1778 ist es eine vollendete Tatsache. Die Preise fallen überall auf breiter Front. ...

Nach der vorrevolutionären Rezession [1778–1787] beginnt 1787 der revolutionäre Zyklus, der in der Krise von 1789 gipfelt und eine Periode von fünf Jahren umfaßt, die 1791 endet. ...

Die revolutionären Ereignisse, große revolutionäre Institutionen entstehen also zu einem großen Teil aus dem Rückgang des Profits und des Lohns, aus der Bedrängnis des Industriellen, des Handwerkers, des Pächters, des ausbeutenden Eigentümers, aus der Not des Arbeiters, des Tagelöhners. Eine ungünstige Konjunktur vereinigt die Bourgeoisie und das Proletariat in einer gemeinsamen Opposition. Die Revolution erscheint gerade in dieser Hinsicht, viel mehr als Jaurès [Mat. Nr. 7.2.2] und Mathiez [franz. Historiker, 1874–1932] dachten, als eine Revolution des Elends. Aber man ahnt auch, daß der letzte Teil des XVIII. Jahrhunderts nicht alles erklärt, daß die Schlußjahre, Jahre der zwischenzyklischen Schrumpfung oder der Krise, nicht allein die Institutionen beeinflußt haben. Die wirtschaftlichen Schwierigkeiten der Herrschaft Ludwigs XVI., die von den Zeitgenossen so nachhaltig empfunden wurden, stellen nichtsdestoweniger nur eine Episode zwischen Regentschaft und Republik dar. Das XVIII. Jahrhundert bleibt im Grunde ein großes Jahrhundert der wirtschaftlichen Expansion, der Hausse kapitalistischer Einnahmen, der Zunahme des bürgerlichen Reichtums und der bürgerlichen Macht. In dieser Eigenschaft bereitet es die Revolution vor, eine Revolution des Wohlstands.

C.-E. Labrousse: La crise de l'économie française à la fin de l'Ancien Régime et au début de la Révolution. Paris: Presses Universitaires de France 1944. Zit. nach: *Eberhard Schmitt* (Hrsg.): Die Französische Revolution. Anlässe und langfristige Ursachen. Darmstadt: Wissenschaftliche Buchgesellschaft 1973, S. 66, 70, 76, 83, 94.

7.3 Zum Problem der Reformen

7.3.1 J. Egret: Das Reformproblem in der Phase der „Vorrevolution"

Gewiß, die Reformen, die 1787 und 1788 durchgeführt wurden, können wie ein von den Umständen aufgezwungener Notbehelf erscheinen, und sie sind es auch in gewisser Hinsicht. Gerade die sofortige Notwendigkeit massiver Einsparungen ist der Grund für die

Vereinfachung der zentralen Finanzverwaltung und für die Militärreform. ... Indes, der Druck der Notwendigkeit stellt die Spontaneität der Reformen in Frage, nicht ihren Wert. Sie stellen die Vollendung von Maßnahmen dar, die seit Beginn der Herrschaft Ludwigs XVI. vorgesehen und in die Wege geleitet waren; sie sind die Frucht der Überlegungen und Erfahrungen einiger der größten Geister des Jahrhunderts und fanden bei der Durchführung die enthusiastische Zustimmung einer Elite der drei Stände.
Die Langsamkeit der Durchführung und die unendliche Rücksichtnahme verraten den übertrieben konzilianten Charakter des wichtigsten Ministers [Brienne], schlecht unterstützt von einem bornierten König, der ihm die in dieser Lage unerläßliche Mitarbeit verweigerte, sich hinterhältig der Verwaltungsreform widersetzte – wie allem, was seine absolute Macht einschränken konnte – und sogar den massiven Einsparungen gegenüber abgeneigt war, die trotzdem der Verschwendungssucht des Hofes auferlegt waren. – Die begrenzten und klugen Reformen, die Lomenie de Brienne und seine Minister verwirklicht haben, hat die Mehrheit der Notabeln gewünscht oder zugelassen. Es ist eine unbegründete Behauptung, wenn man aus den Notabeln von 1787 entschlossene Widersacher gegenüber den Neuerungsgedanken macht, die Calonne vor ihnen entwickelt hatte. Die Notabeln haben nicht die Reformen zurückgewiesen, sondern den autoritären Geist, der das ganze Programm dieses Manns des Staatsrats kennzeichnete. ... Die Mehrheit der Privilegierten war indessen nicht zu Opfern bereit: Die Reformen, sogar die begrenzten und partiellen, verletzten Interessen, bedrohten Vorrechte. ...
Nach dem Rücktritt Lamoignons am 14. September [1788] hatte das Regime nicht nur den Willen verloren, sich selbst zu reformieren, sondern sogar auch den Willen, durch einen Schiedsspruch den unheilbaren Konflikt zu entscheiden, der die nationale Partei gegen die Aristokratie trieb. – Allein zu diesem Zeitpunkt beginnt die Revolution. Wir stoßen damit in der Tat gemäß einer Äußerung von Sainte-Beuve* „auf den genauen und entscheidenden Punkt, wo die Ereignisse begonnen haben, der Führung und dem Rat der Regierenden zu entgleiten, um sich unvorhergesehene und steile Abhänge hinabzustürzen ..."

* Charles-Augustin Sainte-Beuve (1804–1869), franz. Literaturkritiker.

Jean Egret: La Pré-Révolution française (1787–1788). Paris: Presses Universitaires de France 1962, S. 369–372.

7.3.2 A. Soboul: Antwort an J. Egret

In seinem Buch „Die Französische Vorrevolution (1787–1788)"* von 1962 hat J. Egret die Problematik dieser „Zwischenetappe" [1787–1788] wieder aufgegriffen: Das Hauptgewicht wird nicht mehr auf den sozialen Gehalt der Episode gelegt, sondern auf den Reformwillen der Monarchie. ... Wenn auch die grundherrlichen Gerichtsbarkeiten verworfen zu sein schienen, so handelte es sich nicht darum, die feudalen Rechte anzutasten. Die Militärreform nahm auf das Übergewicht des Hofadels Rücksicht, sie verweigerte weiterhin den Nichtadligen den direkten Zugang zu den Offiziersgraden. ... Wenn auch Adel und Klerus einen Teil ihrer Steuerprivilegien verloren, so bewahrten sie doch ihren sozialen Vorrang, der Klerus seine traditionelle Verwaltungsautonomie. Die Reformen stellten nicht die aristokratische Struktur des Ancien régime in Frage. Kann man noch von „Vorrevolution" sprechen, wo es sich um den Auftakt einer bürgerlichen Revolution handelt? Mehr als auf den Reformversuchen scheint das Hauptgewicht dieser „Zwischenetappe" wohl auf dem siegreichen Widerstand der Feudalaristokratie liegen zu müssen. – Aber indem sie die königliche Macht unterminierte, bemerkte sie nicht, daß sie den natürlichen Verteidiger ihrer Privilegien zugrunde richtete. Die Revolte der Aristokratie machte dem Dritten Stand den Weg frei.

* Siehe Mat. Nr. 7.3.1.

Soboul (Mat. Nr. 2.3.4), S. 476.

7.3.3 A. de Tocqueville

Durch die Herrschaft in einer einheitlichen Versammlung mußte der Dritte Stand nicht Reformen, sondern die Revolution herbeiführen.

Das Gleichgewicht der Kräfte änderte sich nicht allmählich, es wurde mit einem Schlag umgestoßen. Der Dritte Stand teilte sich nicht in die übermäßigen Rechte der Aristokratie, die politische Macht ging ungeteilt in andere Hände über, wurde einer einzigen Leidenschaft, einem einzigen Interesse und einer einzigen Idee überantwortet. Das bedeutete nicht Reform, sondern Revolution. ...

Auf jeden Fall scheint es, als ob die Verdoppelung der Mandate für den Dritten Stand und die gemeinsame Stimmabgabe der drei Stände zwei voneinander unzertrennbare Fragen waren. Denn wozu sollte man die Zahl der bürgerlichen Abgeordneten vergrößern, wenn sie dann doch getrennt von denen der anderen Stände berieten und abstimmten? Die Regierung glaubte, beide Fragen trennen zu können.

Necker lenkte damals den Willen des Königs und war im Augenblick zum Idol der Nation geworden. ... Zweifellos wollte er nicht gleichzeitig die Verdoppelung der Mandate für den Dritten Stand und die gemeinsamee Abstimmung der drei Stände. Sehr wahrscheinlich neigte der König zur gleichen Ansicht. Niemand anders als die Aristokratie brachte ihn jedoch wieder davon ab. Sie hatte ihm jüngstens noch getrotzt, hatte die anderen Klassen gegen die Autorität des Königs mobilisiert und hatte sie zum Sieg über die Krone angeführt. Der König war über diese Schläge erbittert, ohne das Geheimnis seiner eigenen Schwäche zu erkennen. Der König lieferte daher die Aristokratie mit Freuden ihren Verbündeten aus, die zu ihren Gegnern geworden waren. Wie sein Minister tendierte er dazu, die Generalstände gemäß den Wünschen des Dritten Standes zusammentreten zu lassen. Aber sie wagten nicht, so weit zu gehen. Sie hielten mitten auf dem Weg inne, nicht weil sie die ihnen drohenden Gefahren klar erkannt hätten, sondern weil ihnen leere Gerüchte zu Ohren gekommen waren. Welcher Mensch oder welche Klasse hat schon einmal erlebt, daß es galt, selbst freiwillig einen erhöhten Platz zu räumen, um nicht von ihm gestürzt zu werden?

Die Regierung entschied also in der Frage der Mandatswahl zugunsten des Dritten Standes, ließ aber das Problem der gemeinsamen Abstimmung in der Schwebe. Von allen denkbaren Entscheidungen war diese gewiß die gefährlichste.

Nichts nützt der Despotie so sehr wie Haß und Eifersucht der Klassen; sie lebt sogar davon, aber nur, wenn Haß und Neid nur schwacher und vorübergehender Natur sind,

gerade stark genug, eine Verständigung zu verhindern, aber nicht stark genug, sie zum Kampf gegeneinander zu bringen. Es gibt keine Regierung, die den gewaltsamen Zusammenstoß der Klassen überlebt, wenn einmal die Klassen aneinander geraten sind.
Es war nun reichlich spät, die alte Verfassung der Generalstände zu erhalten, selbst mit Verbesserungen. Aber diese halbherzige Entscheidung stützte sich auf altes Gewohnheitsrecht, hatte für sich die Tradition und das Gesetz.
Zweifellos kam die gleichzeitige Verdoppelung der Mandate für den Dritten Stand und die gemeinsame Abstimmung der Revolution gleich, aber dann hätte man sie wenigstens selbst gemacht, hätte mit eigenen Händen zwar die alten Institutionen des Landes niedergerissen, dafür aber ihren Einsturz abgemildert. Die Oberklassen hätten sich von vornherein in ihr unabwendbares Schicksal gefügt. Wenn sie das Gewicht der Krone und des Dritten Standes gleichzeitig über sich gespürt hätten, so hätten sie sofort ihre Ohnmacht begriffen. Anstatt verblendet zu kämpfen, um alles zu behaupten, hätten sie darum gekämpft, nicht alles zu verlieren. ...
Wie auch immer die Versammlung der Nation zusammentrat, man muß sich vor Augen halten, daß der Krieg zwischen den Klassen mit Gewalt ausbrechen würde, denn der Haß zwischen den Klassen war bereits zu sehr entflammt, als daß sie noch hätten gemeinsam vorgehen können, und die Macht des Königs war schon zu schwach, um die Klassen noch einmal zusammenzuzwingen. Andererseits hätte man es nicht besser anstellen können, als die Regierung handelte, um den Konflikt zwischen den Klassen sofort und mit tödlichem Ausgang zu provozieren:
1. Die Regierung hatte den Menschen alle Arten von Neuerungen an die Hand gegeben, alle Arten von Hoffnungen erweckt und alle Arten von Leidenschaft erregt.
2. Sie hatte den Klassenkrieg im voraus entfacht.
3. Sie hatte die materielle Gestalt des Dritten Standes selbst angeregt, nachdem sie seine Hoffnungen erregt und seine Leidenschaften entflammt hatte.
Es ist fraglich, ob ausgeklügelter Vorsatz, Scharfsinn und Raffinesse erfolgreicher gewesen wären als Unerfahrenheit und Kurzsichtigkeit. Die Regierung hatte dem Dritten Stand die Möglichkeit gegeben, Mut zu fassen, sich zu disziplinieren und ein Gefühl für seine Stärke zu gewinnen. Seine Dynamik war unermeßlich gestiegen, und die Regierung hatte auch noch sein Schwergewicht verdoppelt. Nachdem die Regierung zugelassen hatte, daß der Dritte Stand alles erhoffen konnte, brachte sie ihn dazu, alles zu befürchten. Die Regierung hatte dem Dritten Stand gewissermaßen den Sieg vor Augen geführt, ihn aber noch vorenthalten. Sie lud den Dritten Stand förmlich ein, den Sieg auch zu erringen.
Fünf Monate lang ließ die Regierung die beiden Klassen ihren alten Haß erneuern und heranreifen, ließ sie die ganze lange Geschichte der gegenseitigen Vorwürfe wiederaufleben, ließ sich die Klassen mit Emotionen bis zum rasenden Haß aufladen, um sie anschließend zusammen in eine Versammlung einzusperren und ihnen obendrein noch als Thema ihrer Debatten die eine Frage aufzugeben, die alle anderen umschloß, die einzige, die sie scheinbar an einem Tag lösen und damit für immer ihren Konflikt beenden konnten.
Was mich am meisten beeindruckt, ist weniger der geniale Verstand derer, die die Revolution förderten und wollten, als die einzigartige Dummheit derer, die sie herbeiführten, ohne sie zu wollen. Beim Anblick der Französischen Revolution staune ich immer wieder über die phantastische Größe des Ereignisses, die Rückwirkungen auf der gesamten Erde, die mehr oder weniger alle Völker verändert hat.

Schaue ich mir anschließend diesen Hof an, der einen so erheblichen Anteil an der Revolution hatte, so sehe ich das gewöhnlichste Bild, das die Geschichte bieten könnte: absolut unfähige Minister, verkommene Priester, nichtige Frauen, habgierige Kurtisanen, einen König mit Tugenden, die entweder sinnlos oder gefährlich waren. Ich sehe aber auch, wie diese kleinen Menschen diese ungeheuren Ereignisse ermöglichen, vorwärtstreiben und auslösen. Sie nahmen nicht nur aktiven Anteil; sie waren mehr als bloßer Zufall und wurden fast zu primären Ursachen. Und ich bewundere die Macht Gottes, der mit so kurzen Hebeln die gesamte Masse der menschlichen Gesellschaft in Bewegung zu setzen vermag.

Alexis de Tocqueville: Das Ancien Régime und die Revolution. Aus dem fragmentarischen 2. Band. In: Tocqueville und das Zeitalter der Revolution. Hrsg. v. *Imanuel Geiss.* München: Nymphenburger Verlagsanstalt 1972, S. 216–219.

7.4 Die Kontroverse über die Jakobinerherrschaft

7.4.1 K. Marx

In der ersten französischen Revolution folgt auf die Herrschaft der *Konstitutionellen* die Herrschaft der *Girondins* und auf die Herrschaft der *Girondins* die Herrschaft der *Jakobiner*. Jede dieser Parteien stützt sich auf die fortgeschrittenere. Sobald sie die Revolution weit genug geführt hat, um ihr nicht mehr folgen, noch weniger ihr vorangehen zu können, wird sie von dem kühnern Verbündeten, der hinter ihr steht, beiseite geschoben und auf die Guillotine geschickt. Die Revolution bewegt sich so in aufsteigender Linie.

Karl Marx: Der 18. Brumaire des Louis Bonaparte (1852). In: *Marx / Engels:* Werke (Mat. Nr. 6.2), Bd. 12, S. 135.

7.4.2 F. Furet

Nicht, daß ich an dieser Metapher [„‚Ausgleiten' der Revolution" als Bezeichnung der Jakobinerherrschaft] unbedingt festhalten möchte, falls sich ein besseres Wort findet. Aber ich halte an dem Gedanken fest, daß der revolutionäre Prozeß in seiner Entwicklung und für diesen relativ kurzen Zeitraum nicht auf den Begriff der „bürgerlichen Revolution" reduziert werden kann, sei diese nun „vom-Volk-gestützt" oder „aufsteigend" oder was auch immer, wie es heute die leninistischen Phrasendrescher schreiben. Denn dieser Prozeß wird in seinem permanenten „Ausgleiten", das seiner sozialen Charakteristik widerspricht, durch eine autonome politische und ideologische Dynamik bestimmt, die man als solche begrifflich fassen und analysieren muß. Unter diesem Gesichtspunkt mehr noch als dem der bürgerlichen Revolution, ist der Begriff der revolutionären Situation oder Krise zu vertiefen: Vorherige Vakanz der Macht und des Staates, Krise der herrschenden Klassen, autonome und parallele Mobilisierung der Volksmassen, gesellschaftliche Herausbildung einer zugleich manichäischen und stark integrierenden Ideologie – all dies sind Züge, die mir für ein Verständnis der außergewöhnlichen Dialektik des französischen revolutionären Phänomens unentbehrlich zu sein scheinen. Die Revolution ist nicht nur der

„Sprung" von einer Gesellschaft zur anderen; sie ist auch die Summe der Modalitäten, durch die ein aufgrund einer Machtkrise plötzlich „geöffnetes Gemeinwesen all das Gesprochene freisetzt, das es in sich trägt. Diese ungeheure kulturelle Emanzipation, der die Gesellschaft nur schwer die Richtung „verlegen" kann, nährt die Machtkämpfe fortan durch egalitäre Übersteigerung; durch die Volksmassen oder zumindest einen Teil von ihnen verinnerlicht, und um so mörderischer, als sie den einzigen Bezug und die neue begründete Legitimität darstellt, ist die revolutionäre Ideologie zum Hauptschauplatz des politischen Gruppenkampfes geworden; durch sie hindurch verläuft die Dialektik der sukzessiven Spaltung der Führungsmannschaften, die die Jahre 89–99 kennzeichnet, und auch die Dialektik der Kontinuität der neuen Eliten. Im Namen der Gleichheit läßt Robespierre, Barnave und Brissot guillotinieren, aber derselben Gleichheit ist auch Sieyes, trotz scheinbarer Untreue, vom Frühjahr 89 bis hin zum 18. Brumaire 99 treu. Die Revolution ist das Imaginäre einer Gesellschaft, das zum Stoff ihrer eigenen Geschichte wird.

François Furet: Der revolutionäre Katechismus. In: *Eberhard Schmitt* (Hrsg.): Die Französische Revolution. Köln/Berlin: Kiepenheuer und Witsch 1976, S. 80 f.

7.5 Die Beurteilung der bürgerlichen Republik (1794–1799)

7.5.1 A. Soboul

Beschränkt auf die engen Grenzen einer auf dem Zensus errichteten Republik, welche Volksklassen und Aristokratie ausschloß, blieb die bürgerliche Nation in ihrem Bestand bedroht; dies um so mehr, je erfolgloser die liberale Praxis sich erwies. Die Notabeln des Thermidor hatten aus Furcht vor dem Royalismus wie vor der Demokratie die Vorsichtsmaßnahmen gegen die Staatsallmacht vervielfacht: das ausgeklügelte verfassungsmäßige Gleichgewicht des Jahres III ließ keine andere Alternative als die zwischen staatlicher Ohnmacht und gewaltsamem Staatsstreich zu. Die Stabilisierungspolitik des Direktoriums, die durch den Ausschluß zweier sozialer Klassen aus der Regierung und damit einer zweifachen inneren Opposition stark bedroht war, hätte auf der Stelle eine Rückkehr zum Frieden erfordert: der Krieg aber dauerte an, und die Eroberungen wurden fortgesetzt. ...
Die sozialen Aspekte des Unternehmens im Brumaire erhellen aus der Leichtigkeit, mit der es gelang: wenn es nicht den Erfordernissen der herrschenden Kräfte der neuen Gesellschaft entsprochen hätte, wäre es nicht erfolgreich gewesen. Die Thermidorianer hatten die gesellschaftliche Herrschaft und politische Macht des konservativen Bürgertums eingesetzt. Das Direktorium hat sie bewahrt. Im Jahre VII [22. 9. 1798–22. 9. 1799] aber schien der jakobinische Druck die Privilegien der Besitzenden zu bedrohen. Soziale Angst kam wieder auf: in dieser Atmosphäre gedieh der Revisionismus. Zwei von der Revolution geschaffene Klassen der neuen Gesellschaft sehnten sich ganz besonders nach Ruhe und sozialer Stabilität. Zunächst die besitzenden Bauern, die in Ruhe arbeiten wollten, ohne daß die Ordnung von den immer wieder neuen Raubzügen gestört wurde. Von restaurativen Bestrebungen wollen sie nichts wissen; diese bedrohten sie mit Wiedereinführung des Zehnten und der feudalen Rechte sowie durch Anfechtung des Kaufs der Nationalgüter bei der friedlichen Nutzung ihres Eigentums. In gleicher Weise aber fürchteten sie sich vor einer Volksbewegung, die nichts als *Anarchie* mit sich bringt und das *Ackergesetz* vorbereitet, mithin die Aufteilung der Güter! Einem Regime, das sie gegen-

über diesen beiden Gefahren schützen konnte, waren sie bereit zu folgen. Sodann sah das Unternehmertum (la bourgeoisie d'affaires) den Aufschwung seiner Geschäfte von der Unbeständigkeit der politischen Ordnung und der Verlängerung des Krieges beeinträchtigt; die fiskalische Gleichheit, die mit der Zwangsanleihe geschaffen werden sollte, erschien ihm als Ungeheuerlichkeit, als ein regelrechtes Ackergesetz. Es wünschte ein politisches System, das seine Interessen schützte, seine Rechte ein für allemal garantierte und ihm die verstärkten Bemühungen um die Erneuerung der Wirtschaft ermöglichte. Unternehmertum und besitzende Bauernschaft bildeten die soziale Grundlage des konsularischen, später des imperialen Regimes. Aus diesen Klassen rekrutierte sich die Mehrheit der Notabeln.

Die Änderung der Verfassung des Jahres III war im XIII. Abschnitt vorgesehen: es handelte sich um ein äußerst kompliziertes Verfahren, das drei aufeinanderfolgende Abstimmungen in den Kammern und in der zusammengetretenen „verfassungsändernden Versammlung" vorsah und dessen Abwicklung sich auf neun Jahre erstreckte. Deshalb stand es nicht zur Debatte. Blieb der Staatsstreich. Sieyes war dazu entschlossen. Wie am 18. Fructidor [4. 9. 1797] mußte man auf die Armee zurückgreifen, um die Mehrheit in den Kammern niederzuzwingen – mit dem Unterschied allerdings, daß im Jahre V die Mehrheit royalistisch, im Jahre VIII hingegen republikanisch gesonnen war. ...

Mit der Liquidierung der Freiheiten, selbst der bürgerlichen, und der Aufrichtung seines persönlichen Regimes hat Bonaparte ganz sicherlich die Pläne der Brumairiens durchkreuzt. Man darf diese Seite jedoch nicht überschätzen. Denn trotz der Macht der Person Bonaparte wurde auch auf diesem Gebiet die Kontinuität nur scheinbar durchbrochen: die Entwicklung hatte bereits mit der Kriegserklärung der Revolution begonnen. Seit Januar 1792 hatte Robespierre sie vorausgesehen. Da der auswärtige und der innere Krieg sich hinzogen und die Bourgeoisie aus Furcht vor der sozialen Demokratie die Unterstützung des Volkes abwies, wurde die Republik der Eigentümer mit unwiderstehlicher Notwendigkeit Schritt für Schritt dazu gedrängt, die Exekutivgewalt hinter ihrer liberalen Fassade zu verstärken. Das Direktorium widmete sich verbissen dieser Aufgabe, verletzte skrupellos die Verfassung, griff scheinheilig zu gewaltsamen Maßnahmen, führte ganz unverhüllt die Kooptation ein, um die Wahlergebnisse zu korrigieren und unternahm zur gleichen Zeit einen ernsthaften Versuch zur Reform und Herstellung der Ordnung. Der herrschsüchtige Bonaparte faßte die Staatsgewalt zusammen, um ihr die erwünschte Wirksamkeit zu geben: er konnte einen Entwicklungsprozeß beschleunigen – ihn anzuhalten hätte nicht in seiner Macht gestanden. ...

Die Revolution ist beendet, bekräftigte Bonaparte bald, um sich das Verdienst der Stabilisierung zuzuschreiben; tatsächlich war sie seit dem Frühjahr 1795 und den bewegten Prairialereignissen abgeschlossen. Seitdem kämpfte die Bourgeoisie in unterschiedlichen Erscheinungsformen, im Kern aber unverändert, für den Stillstand der Revolution. Ob als Thermidorianer, Direktoriale oder Brumairiens – immer ging es ihr darum, die sozialen und politischen Errungenschaften endgültig abzusichern. Indem Bonaparte diese vor einer Wiederherstellung des Ancien Régime und zugleich vor einer Rückkehr zum demokratischen System des Jahres II bewahrte, erfüllte er die Erwartungen der Notabeln. Er versöhnte Aristokratie und bürgerliche Ordnung, Kirche und neuen Staat und löste somit die Versprechen von Neunundachtzig ein.

Soboul (Mat. Nr. 4.1.1.1), S. 442, 508 f., 570 f.

7.5.2 F. Furet / D. Richet

In diesem Jahr VII der Republik ist die Situation des Jakobinismus deshalb so schwierig, weil er sich an Erinnerungen klammern muß, statt sich an Tatsachen halten zu können. Die Abgeordneten können zwar auf die äußere Bedrohung verweisen, um Bestrafung zu fordern und Ausnahmegesetze zu beschließen, aber es fehlt ihnen, was ihre Vorgänger im Jahr II stark gemacht hat: die Unterstützung durch das Volk, das Bündnis mit den Vorstädten. Zweimal, im Jahr III und später beim Auftreten Babeufs, hat die Republik die Pariser Sansculottenbewegung im Namen des Privateigentums zerschlagen und entwaffnet. Die ohnehin in ihrem Schwung nachlassenden revolutionären Aktivisten sind ein für allemal gedämpft worden. Die guten Ernten der folgenden Jahre, die Deflation und die sinkenden Preise haben dann die Volksmassen der Städte vollends eingelullt: als passive Zuschauer sehen sie sich an, wie das Regime der Neureichen zugrunde geht. ...
Alles wirkt darauf hin – der unglückselige Krieg und die Friedenssehnsucht, der Überdruß an der Zwietracht im Lande, die Krise der Autorität, die wachsende Verachtung für das Repräsentativsystem, die Befürchtungen wegen der Zwangsanleihe und des Geisel-Gesetzes und nicht zuletzt die Tatsache, daß Bonaparte weit weg in Ägypten ist. Die Stimmung schlägt um und neigt dem Königtum zu, der einzigen in Jahrhunderten entstandenen und bewährten Zuflucht: der Wunsch, einem einzigen die Sorge für das Wohl aller zu überlassen, ist in Frankreich noch nicht die Sehnsucht nach einem starken Caesar, sondern das Zurückfallen in die monarchische Tradition. ...
Sieyès hat die Rettung der Revolution in die Hand genommen. Barras muß ihn gewähren lassen: er hat seinen Ruf vollends eingebüßt, er intrigiert mit allen, selbst mit den Royalisten, und ist nur noch darauf bedacht, seine Haut zu retten. Der einstige Priester hingegen, den der Dritte Stand von Paris einst gewählt hat, ist ein schönes Beispiel für die nach wie vor aktiven Revolutionäre der ersten Stunde. ... Sieyès kann nur auf die jakobinischen, im Mythos befangenen und töricht sektiererischen Generäle zählen. Vermeiden möchte er alle gar zu ehrgeizigen Partner, die sich versucht fühlen könnten, über ihre Helfershelferrolle hinauszugehen. ...
... Die Landung des Ägyptenfeldherrn bringt ein neues Element in die französische Politik, das Sieyès nicht einkalkuliert hat: die Volkstümlichkeit des Kriegshelden. Das von allen Zeitgenossen und Historikern konstatierte Wiedererwachen monarchistischer Neigungen findet seine Erfüllung in einem korsischen Kleinadeligen, der in die Erretterrolle hineinschlüpft, die eigentlich von der Geschichte dem König von Frankreich vorbehalten schien. Und siehe da: diese Rolle paßt ihm wie angegossen, er spielt sie geradezu hinreißend, weist jede Parteinahme von sich, gibt sich als Schiedsrichter, als Vermittler, als ein neuer Heinrich IV. für die unter dem Einfluß der Nationalidee demokratischer gewordenen Zeiten. Kaum ist er da, steht er schon als Sieger zwischen seinen künftigen Gefährten, weil er inmitten von Notabeln das Volk ist.
Brumaire ist also weder ein Sieg des Bürgertums über die Jakobiner noch ein Sieg der Armee über die Thermidorianer. Es ist ein Komplott von Männern der Revolution, die ihre Errungenschaften vor einer Wiederkehr des Ancien Régime retten wollen. Und in dieses Komplott drängt sich im letzten Augenblick ein Mann, um den man nicht herumkommt: ein Caesar, wo man einen Louis-Philippe [1830–1848] haben wollte.

Furet / Richet (Mat. Nr. 2.4.3), S. 600 f., 605, 608–610.

8. Zeittafel

1787

22. 2.	Reformvorschläge des Finanzministers Calonne auf der ersten Notabelnversammlung seit 1626 (Mat. Nr. 2.5.1).
Juni	Reformedikte Briennes, des Nachfolgers Calonnes.
16. 7.	Das Parlament von Paris fordert die Einberufung der Generalstände, die zuletzt 1614 zusammengetreten waren.
14. 8.	Verbannung des Parlaments von Paris nach Troyes; Aufruhr in Paris.
19. 11.	Offener Konflikt zwischen Ludwig XVI. und dem Parlament von Paris (Mat. Nr. 2.4.2).

1788

Mai-Juli	Revolte von Provinzparlamenten in Rennes, Dijon, Pau, Grenoble; schwere Mißernten im größten Teil Frankreichs.
21. 7.	Gemeinsame Sitzung der drei Stände der Provinz Dauphiné mit Abstimmung nach Köpfen.
8. 8.	Beschluß des Staatsrats über die Einberufung der Generalstände am 1. 5. 1789.
24./26. 8.	Zweite Berufung Neckers zum Finanz- und Premierminister als Nachfolger des am 24. 8. 1788 entlassenen Brienne.
August	Wiedereröffnung der politischen Klubs.
Sept. 1788 – Juni 1789	Reformbroschürenflut (Mat. Nr. 2.3.4).
27. 12.	Beschluß des Staatsrates über die Verdopplung der Kopfzahl des Dritten Standes in den Generalständen; die Frage des Abstimmungsmodus – Abstimmung nach Ständen oder nach Köpfen – bleibt offen.

1789

Januar	Sieyès: Was ist der Dritte Stand? (Mat. Nr. 3.1).
Februar – April	Abfassung der Beschwerdeschriften (Mat. Nr. 3.2).
30. 4.	Gründung des „Bretonischen Klubs", Keimzelle des Jakobinerklubs.
5. 5.	Eröffnung der Generalstände in Versailles (Mat. Nr. 4.1.1.1).
17. 6.	Die Abgeordneten des Dritten Standes erklären sich zur Nationalversammlung (Mat. Nr. 4.1.1.2).
20. 6.	Ballhausschwur.
23. 6.	Offener Konflikt zwischen König und Drittem Stand (Mat. Nr. 4.1.1.3).
9. 7.	Die Nationalversammlung erklärt sich zur Verfassunggebenden Nationalversammlung (Mat. Nr. 4.2.1.1.1).
11. 7.	Entlassung Neckers.
12. 7.	Straßenkämpfe in Paris.
13. 7.	Gründung der Bürgermiliz (Nationalgarde) in Paris; Rückzug der Truppen.

14. 7.	Journée: Sturm der Bastille (Mat. Nr. 4.1.2.1, 4.1.2.2).
15. 7.	Rückberufung Neckers; Wahl La Fayettes zum Kommandanten der Nationalgarde und Baillys zum Bürgermeister von Paris; Beginn der Emigration von Adligen.
16. 7.–	Munizipalrevolution
Anfang	(Mat. Nr. 4.1.2.3);
August	die „Große Furcht" (Mat. Nr. 4.1.3.1).
4.–11. 8.	Abschaffung der Feudalität (Mat. Nr. 4.2.2.1).
26. 8.	Erklärung der Menschen- und Bürgerrechte (Mat. Nr. 3.3).
5.–6. 10.	Proteste wegen Lebensmittelknappheit und Teuerung in Paris; Zug der Pariser nach Versailles; Zwangsumsiedlung des Hofs nach Paris (Tuilerien); Umzug der Nationalversammlung in die Hauptstadt.
2. 11.	Nationalisierung der Kirchengüter (Mat. Nr. 4.2.2.2).
19. 12.	Gesetz über die Ausgabe von Assignaten zur Deckung der Staatsschulden (Mat. Nr. 4.2.2.3).

1790

Januar	Théroigne de Méricourt gründet den „Klub der Freundinnen des Rechts".
April	Gründung des Klubs der Cordeliers.
4. 6.	Umwandlung der 60 Pariser Distrikte in 48 Sektionen.
12. 7.	Zivilverfassung des Klerus.
14. 7.	„Fest der Föderation" am Jahrestag des Sturms auf die Bastille; das Fest wird auch im Hause des Hamburger Großkaufmanns Sieveking in Anwesenheit zahlreicher Befürworter der Revolution wie Klopstock und Voß gefeiert.
31. 10.	Aufhebung der Binnenzölle.
27. 11.	Der Priestereid (Mat. Nr. 4.2.3.1).

1791

2. 3.	Abschaffung der Zünfte und Korporationen.
14. 6.	Gesetz Le Chapelier (Mat. Nr. 4.2.2.4).
20.–21.6.	Fluchtversuch der königlichen Familie.
Juli	Agitation der radikalen Klubs für die Schaffung einer Republik.
15. 7.	Rede Barnaves über die Beendigung der Revolution (Mat. Nr. 4.2.3.2).
16. 7.	Spaltung des Jakobinerklubs; Gründung des Klubs der Feuillants (Mat. Nr. 4.2.1.1.1).
17. 7.	Petition einer Volksdelegation; Blutbad unter den Petitionären auf dem Marsfeld.
3. 9.	Verabschiedung der Verfassung (Mat. Nr. 4.2.1.2).
September	O. de Gouges: Erklärung der Frauen- und Bürgerinnenrechte (Mat. Nr. 3.4.). (siehe auch Mat. Nr. 4.3.2.4).
28. 9.	Dekret über die Gleichberechtigung der Juden (Mat. Nr. 3.5).
1. 10.	Zusammentritt der Gesetzgebenden Nationalversammlung (Mat. Nr. 4.2.1.1.2.1, 4.2.1.1.2.2).
20. 10.	Brissot eröffnet die Propaganda für den Krieg (vgl. Mat. Nr. 4.2.3.3.1).

1792

2.1.	Rede Robespierres gegen den Krieg (Mat. Nr. 4.2.3.3.2).
Febr.–März	Unruhen aufgrund von Hortung und Teuerung.
20.4.	Kriegserklärung Frankreichs an Österreich.
25.4.	Rouget de l'Isle dichtet die Marseillaise (Mat. Nr. 3.6).
27.5.	Dekret über die eidverweigernden Priester.
5.7.	Die Gesetzgebende Nationalversammlung erklärt das Vaterland in Gefahr.
15.7.	Robespierre beginnt die Agitation zum Sturz des Königs.
3.8.	47 von 48 Pariser Sektionen verlangen die Absetzung des Königs.
10.8.	Journée: Sturm auf die Tuilerien (Mat. Nr. 4.3.1).
2.–6.9.	Septembermassaker.
20.9.	Kanonade von Valmy.
21.9.	Zusammentreten des Nationalkonvents; Abschaffung der Monarchie und Errichtung der einheitlichen und unteilbaren Republik (Mat. Nr. 4.3.3.1).
22.9.	Beginn des Jahres I der Französischen Republik.
23.10.	Gründung des Mainzer Jakobinerklubs nach der Eroberung der Stadt durch französische Truppen (21.10.).
6.11.	Eroberung Belgiens.
20.11.	Entdeckung der Geheimpapiere Ludwigs XVI., die Aufschluß über seine Verbindungen zu den Feinden Frankreichs geben.
27.11.	Annexion Savoyens.

1793

21.1.	Hinrichtung Ludwigs XVI. (siehe auch Mat. Nr. 4.3.3.2).
1.2.	Kriegserklärung Frankreichs an England und die Niederlande; Beginn des 1. Koalitionskrieges.
10.3.	Errichtung des Pariser Revolutionstribunals.
11.3.	Beginn des gegenrevolutionären Aufstandes in der Vendée.
17.3.	Eröffnung des Rheinischen Nationalkonvents; Proklamation der ersten durch Volkssouveränität legitimierten Republik in Deutschland.
27.3.	Dantons Rede über revolutionäre Politik (Mat. Nr. 4.3.2.1).
6.4.	Errichtung des Wohlfahrtsausschusses auf Antrag Dantons.
11.4.	Zwangskurs der Assignaten, um die Inflation zu beenden.
24.4.	Robespierres Rede über das Eigentum (Mat. Nr. 4.3.4.1).
4.5.	Dekret über das „Erste" oder „Kleine" Maximum zur Sicherung der Lebensmittelversorgung.
31.5.–2.6.	Journée: Aufstand der Pariser Sansculotten (siehe auch Mat. Nr. 4.3.2.3); Sturz der Girondisten.
10.6/17.7.	Aufhebung aller feudalen Überreste auf dem Lande (vgl. Mat. Nr. 4.3.4.2).
24.6.	Verabschiedung der Verfassung des Nationalkonvents (Mat. Nr. 4.3.3.3).
Juli–August	Die belagerte Republik (Mat. Nr. 4.3.5.3).
23.7.	Einnahme von Mainz durch preußische Truppen.
23.8.	Das Volksaufgebot (Levée en masse, Mat. Nr. 4.3.5.4).
2.9.	Adresse der Sektion „Sans-Culottes" an den Nationalkonvent (Mat. Nr. 4.3.4.3).

17. 9.	Gesetz über die Verdächtigen (Mat. Nr. 4.3.5.1).
29. 9.	Gesetz über das „Zweite" oder „Große" Maximum (Mat. Nr. 4.3.4.4).
10. 10.	Errichtung der „revolutionären Regierung".
24. 11.	Einführung des republikanischen Kalenders; Namensgebung der Tage, Monate und Feste; der Kalender galt offiziell bis zum 31. 12. 1805.
Dezember	Siege über die Aufständischen in der Vendée und Toulon.
25. 12.	Rede Robespierres über die Grundsätze der revolutionären Regierung (Mat. Nr. 4.3.2.2).

1794
4. 2.	Dekret über Abschaffung der Negersklaven in d. Kolonien (Mat. Nr. 3.7).
3. 3.	Einbringung der Ausführungsbestimmungen der Ventôse-Dekrete durch Saint-Just.
5. 4.	Hinrichtung von Danton und Desmoulins.
8. 6.	Fest des „Höchsten Wesens".
10. 6.	Beginn des „Großen Terrors" (Mat. Nr. 4.3.5.2).
26. 6.	Entscheidender Sieg der Revolutionstruppen bei Fleurus (Belgien).
23. 7.	Veröffentlichung des Maximums der Löhne, das den Unwillen der Arbeiter hervorruft.
27. 7.	9. Thermidor des Jahres II: Sturz Robespierres und seiner Anhänger; Hinrichtung ohne Prozeß am 28. 7.
28. 7.	Beginn der Herrschaft der sog. Thermidorianer.
Oktober	Eroberung des linken Rheinufers außer Mainz.
24. 12.	Abschaffung der Maximum-Gesetze.

1795
5. 1.	Invasion der Niederlande.
8. 3.	Wiedereintritt überlebender girondistischer Abgeordneter in den Nationalkonvent.
1. 4.	Journée: Erfolgloser Aufstand der Sansculotten gegen den Konvent.
5. 4.	Friede von Basel zwischen Frankreich und Preußen.
20.–23. 5.	Journée: Erfolgloser Aufstand der Sansculotten (Prairial-Aufstand, Mat. Nr. 4.4.3.1).
22. 8.	Verkündigung der Direktorialverfassung (Mat. Nr. 4.4.1).
1. 10.	Annexion Belgiens.
5. 10.	Niederschlagung eines royalistischen Aufstandes in Paris.
30. 11.	Veröffentlichung von Babeufs „Manifest der Plebejer" (Mat. Nr. 3.8).

1796
19. 2.	Abschaffung der Assignaten (Mat. Nr. 4.4.2.2).
30. 3.	Beginn des Italienfeldzuges Napoleon Bonapartes; Gründungen von Republiken in Italien (Mat. Nr. 4.4.3.3).
10. 5.	Verhaftung Babeufs und der Mitglieder der „Verschwörung der Gleichen" (Mat. Nr. 4.4.3.2); Hinrichtung Babeufs am 27. 5. 1797.
4. 9.	Staatsstreich von drei Direktoren mit Unterstützung Bonapartes (Mat. Nr. 4.4.4.1).

17. 10.	Friede von Campo Formio zwischen Frankreich und Österreich; Ende des 1. Koalitionskrieges; England verbleibt im Kriegszustand mit Frankreich.

1798

4. 2.	Einteilung des annektierten Rheinlands in vier Departements.
15. 2.	Errichtung der Römischen Republik; Gefangennahme des Papstes.
24. 12.	Allianz zwischen Rußland und der Türkei; Beginn des 2. Koalitionskrieges gegen Frankreich (bis 1802).

1799

März–August	Niederlagen der Franzosen auf allen Kriegsschauplätzen, danach Stabilisierung an den Fronten.
8. 10.	Rückkehr Bonapartes von dem am 19. 5. 1798 begonnenen Ägyptenfeldzug.
9. 11.	18. Brumaire: Staatsstreich Bonapartes im Bunde mit Sieyès und Talleyrand, Außenminister seit dem 15. 7. 1797 (Mat. Nr. 4.4.4.1).
15. 12.	Proklamation der Konsuln über die Beendigung der Revolution (Mat. Nr. 4.4.4.2).

9. Literaturhinweise

Die Literaturhinweise beziehen sich nur auf deutschsprachige Literatur. Umfangreiche Bibliographien befinden sich in der unten aufgeführten „Dokumentation" von W. Grab und in der „Einführung" von E. Schmitt.

Quellen:

Fischer, Peter (Hrsg.): Reden der Französischen Revolution. München: Deutscher Taschenbuch Verlag 1974 (dtv, t-b 6029).
Grab, Walter (Hrsg.): Die Französische Revolution. Eine Dokumentation. München: Nymphenburger Verlagsanstalt 1973.
Hartig, Paul (Hrsg.): Die Französische Revolution. 4. Aufl. Stuttgart: Klett Verlag 1973 (Quellen- und Arbeitshefte zur Geschichte und Politik, Nr. 4227).
Ders. (Hrsg.): Die Französische Revolution im Urteil der Zeitgenossen und der Nachwelt. 2. Aufl. Stuttgart: Klett Verlag 1970 (Quellen- und Arbeitshefte zur Geschichte und Politik, Nr. 4254).
Lautzas, Peter: Die Französische Revolution. Ein Beispiel zur Kontinuität und Diskontinuität in der Geschichte. Freiburg/Würzburg: Ploetz 1977 (Ploetz-Arbeitsmaterialien, Geschichte – Sozialkunde – Erdkunde; enthält außer Auszügen aus Quellen und Darstellungen einen Überblick über die Geschichte der Französischen Revolution und Hinweise für den Unterricht).
Markov, Walter / Soboul, Albert (Hrsg.): Die Sansculotten von Paris. Dokumente zur Geschichte der Volksbewegung 1793–1794. Berlin (Ost): Akademie-Verlag 1957.
Pernoud, Georges / Flaissier, Sabine (Hrsg.): Die Französische Revolution in Augenzeugenberichten. Düsseldorf: Rauch Verlag 1962.
Robespierre, Maximilien: Ausgewählte Texte. Deutsch von M. Unruh, mit einer Einleitung von *Carlo Schmid.* Hamburg: Merlin Verlag 1971.
Träger, Claus (Hrsg.): Die Französische Revolution im Spiegel der deutschen Literatur. Leipzig: Ph. Reclam jun. 1975.

Darstellungen

Barnave, Antoine: Theorie der Französischen Revolution. Übersetzt und eingeleitet von *Eberhard Schmitt.* München: Fink Verlag 1972.
Erdmann, Karl Dietrich: Volkssouveränität und Kirche. Köln: Kölner Universitätsverlag 1949.
Furet, François / Richet, Denis: Die Französische Revolution. Frankfurt a. M.: G. B. Fischer 1968.
Geiss, Imanuel (Hrsg.): Alexis de Tocqueville und das Zeitalter der Revolution. München: Nymphenburger Verlagsanstalt 1972.
Göhring, Martin: Geschichte der Großen Revolution. 2 Bde. Tübingen: J. C. B. Mohr (Paul Siebeck) 1950–1951.
Grab, Walter (Hrsg.): Die Debatte um die Französische Revolution. München: Nymphenburger Verlagsanstalt 1975.

Griewank, Karl: Die Französische Revolution 1789–1799. 4. Aufl. Köln/Wien: Böhlau 1972.
Kuhn, Annette: Die Französische Revolution. München: Kösel 1975 (Unterrichtsmodell).
Markov, Walter: Volksbewegungen der Französischen Revolution. Hrsg. v. *Manfred Hahn.* Frankfurt a. M./New York: Campus 1976.
Palmer, R. R.: Das Zeitalter der demokratischen Revolution. Eine vergleichende Geschichte Europas und Amerikas von 1760 bis zur Französischen Revolution. Frankfurt a. M.: Athenaion 1970.
Rudé, George: Die Massen in der Französischen Revolution. München/Wien: Oldenbourg 1961.
Schieder, Theodor (Hrsg.): Revolution und Gesellschaft. Theorie und Praxis der Systemveränderung. Freiburg/Basel/Wien: Herder 1973 (Herderbücherei, Nr. 462).
Schmitt, Eberhard: Einführung in die Geschichte der Französischen Revolution. München: Verlag C. H. Beck 1976.
Ders. (Hrsg.): Die Französische Revolution. Köln: Kiepenheuer u. Witsch 1976.
Soboul, Albert: Die Große Französische Revolution. Ein Abriß ihrer Geschichte (1789 bis 1799). 2. durchgesehene Auflage der deutschen Ausgabe. Frankfurt a. M.: Europäische Verlagsanstalt 1973 (Druck 1976).